HARTWIG PLATE

Ernst Beling als Strafrechtsdogmatiker

Schriften zum Strafrecht

Band 6

Ernst Beling als Strafrechtsdogmatiker

Seine Lehren zur Begriffs- und Systembildung

Von

Dr. Hartwig Plate

Mitarbeiter am Seminar für Strafrecht
und Kriminalpolitik der Universität Hamburg

DUNCKER & HUMBLOT / BERLIN

Alle Rechte vorbehalten
© 1966 Duncker & Humblot, Berlin 41
Gedruckt 1966 bei Alb. Sayffaerth, Berlin 61
Printed in Germany

Den Stoff sieht jedermann vor sich, den Gehalt findet nur der, der etwas dazu zu tun hat, und die Form ist ein Geheimnis den meisten.

Goethe „Maximen und Reflexionen"

Vorwort

Die vorliegende Abhandlung hat der Rechtswissenschaftlichen Fakultät der Universität Hamburg im Jahre 1966 als Dissertation vorgelegen. Ich veröffentliche sie im Gefühl großer Dankbarkeit gegenüber meinem verehrten Lehrer, Herrn Professor Schmidhäuser in Hamburg, der mich — zunächst als Studenten, dann als seinen Assistenten — mit Wohlwollen in meinem strafrechtlichen Arbeiten angeleitet und gefördert und insbesondere auch zu dieser Arbeit unermüdlich Rat und Hilfe beigesteuert hat.

An dieser Stelle möchte ich auch Herrn Professor Engisch in München aufrichtig dafür danken, daß er mir Briefe fachlichen Inhalts aus einer zehnjährigen Korrespondenz mit Ernst Beling zur Verfügung gestellt hat; diese waren mir eine wertvolle Ergänzung der veröffentlichten Äußerungen Belings.

Hamburg, im August 1966

Hartwig Plate

Inhaltsverzeichnis

Einleitung
Das Ziel der Arbeit ... 13

Erstes Kapitel
Die rechtsphilosophischen und rechtstheoretischen Ausgangspunkte Belings ... 15

I. Rechtswissenschaft und Rechtsphilosophie ... 15
II. Der Begriff des Rechts ... 17
III. Der Systemgedanke des Kritizismus ... 20
IV. Die „Juristische Methodenlehre" ... 21

Zweites Kapitel
Die Grundzüge der Strafrechtsdogmatik Belings ... 28

I. Strafrechtliche Methodenlehre ... 28
II. Der gesetzgeberische „Wertungsstandpunkt" des deutschen Strafrechts ... 31
III. Die „apriorische Grundlegung" im Strafrecht (1. Abschnitt) ... 36
   1. Der Handlungsbegriff ... 37
   2. Rechtswidrigkeit und Schuld ... 38
      a) Die „objektive Rechtswidrigkeit" ... 39
      b) Die „Rechtsschuld" ... 41
IV. Präzisierung und Ergänzung des gesetzgeberischen „Wertungsstandpunkts": Die „Deliktstypen" ... 46
V. Die „apriorische Grundlegung" im Strafrecht (2. Abschnitt) ... 47
   1. Der Begriff des „gesetzlichen Tatbestandes" ... 48
      a) Die „deskriptive" Natur des gesetzlichen Tatbestandes ... 49
      b) Die „regulative" Natur des gesetzlichen Tatbestandes ... 53
      c) Die „objektive" Natur des gesetzlichen Tatbestandes ... 54
   2. Der gesetzliche Tatbestand im begrifflichen Bau des Strafrechts ... 56
      a) Die logische Bedeutung des gesetzlichen Tatbestandes für die „objektive Rechtswidrigkeit" ... 56
      b) Die logische Bedeutung des gesetzlichen Tatbestandes für die „Rechtsschuld" ... 57

c) Die logische Bedeutung des gesetzlichen Tatbestandes für „Täterschaft und Teilnahme" 59
d) Die logische Bedeutung des gesetzlichen Tatbestandes für „Begehung und Unterlassung" 64
e) Die logische Bedeutung des gesetzlichen Tatbestandes für „Vollendung und Versuch" 65
f) Die logische Bedeutung des gesetzlichen Tatbestandes für „Tateinheit und Tatmehrheit" 68
3. Zusammenfassung: Die grundbegrifflichen Funktionen des gesetzlichen Tatbestandes 70
VI. Der Begriff des Verbrechens 70

Drittes Kapitel

Entwicklungen in Belings Strafrechtsdogmatik 73

I. Karl Bindings Einfluß 73
II. Die Herausbildung der rechtsphilosophischen und rechtstheoretischen Grundlagen: Entfaltung oder neue Einsichten? 76

Viertes Kapitel

Belings dogmatische Grundlagen aus heutiger Sicht 80

I. Belings „Positivismus" 80
II. Belings Auffassung vom Wesen des Rechts 81
III. Die methodologischen Ansichten Belings 87
   1. Der Systemgedanke des Kritizismus 88
   2. Belings Begriffsbildung 93
   3. Belings Auffassung in der Frage der „Lückenausfüllung" 101

Fünftes Kapitel

Belings Strafrechtswerk im Spiegel der ihm widerfahrenen Kritik 104

A. Die Kritik an Belings „Formalismus" 104
   I. Unbegründete Kritik 105
   II. Die Kritik der „wertbeziehenden Richtung" 107
      1. Die Art der von dieser Richtung geübten Kritik 107
      2. Die abweichenden Ausgangspunkte der „wertbeziehenden Richtung" 110
      3. Berechtigtes und Unberechtigtes an der Kritik der „wertbeziehenden Richtung" 116
   III. Belings „Formalismus" aus heutiger Sicht 116
      1. Die der heutigen Strafrechtsdogmatik zugrunde liegenden Prinzipien der Systematik 116

    2. Belings „Einseitigkeit" 120
    3. Belings „prozessuales Denken" 121
B. *Die Kritik an Belings Tatbestandslehre* 122
  I. Die an Beling anknüpfende Entwicklung der Tatbestandslehre ... 123
    1. Die Kritik an Belings Auffassung, der Tatbestand sei „wertfrei" 124
    2. Die Kritik an Belings Auffassung, der Tatbestand sei „objektiv" 133
    3. Die Kritik an Belings Auffassung, der Tatbestand sei „regulativ" 137
 II. Der heutige Pluralismus in der Tatbestandslehre 138
III. Belings Tatbestandslehre aus heutiger Sicht 140
    1. Belings Tatbestandsbegriff als auch heute noch fruchtbarer Ausgangspunkt in der Tatbestandslehre 142
    2. Berechtigtes und Unberechtigtes am heutigen Pluralismus in der Tatbestandslehre 147
    3. Berechtigte und Unberechtigte Kritik an der Einzelausgestaltung des Belingschen Tatbestandsbegriffes 148
      a) Die Zeitgebundenheit des Belingschen Tatbestandsbegriffes 148
      b) Die ungenügende Beachtung der Belingschen Prämissen 154
      c) Die unberechtigte Preisgabe der Belingschen Differenzierung zwischen „Tatbestand" und „Deliktstypus" 157

Schlußbetrachtung   164

Literaturverzeichnis   165

Abkürzungsverzeichnis

Die für Belings Schriften verwendeten Abkürzungen ergeben sich aus dem Literaturverzeichnis.

ARSP	=	Archiv für Rechts- und Sozialphilosophie
ARWP	=	Archiv für Rechts- und Wirtschaftsphilosophie
AT	=	Allgemeiner Teil
DJT	=	Deutscher Juristentag
GA	=	Goltdammer's Archiv für Strafrecht
G.G.	=	Grundgesetz
G.S.	=	Der Gerichtssaal
H.	=	Heft
Jg.	=	Jahrgang
JR	=	Juristische Rundschau
Jur.Bl.	=	Juristische Blätter
JW	=	Juristische Wochenschrift
JZ	=	Juristenzeitung
Krit. Vierteljahrsschr.	=	Kritische Vierteljahresschrift für Gesetzgebung und Rechtswissenschaft
MDR	=	Monatsschrift für Deutsches Recht
Mon.Krim.Psych.	=	Monatsschrift für Kriminalpsychologie und Strafrechtsreform
N.D.B.	=	Neue Deutsche Biographie
Schw.Z.Str.	=	Schweizerische Zeitschrift für Strafrecht
StGB	=	Strafgesetzbuch
Strafr.Abh.	=	Strafrechtliche Abhandlungen
Stud.gener.	=	Studium generale
ZPO	=	Zivilprozeßordnung
ZStaatsW	=	Zeitschrift für die gesamte Staatswissenschaft
ZStW	=	Zeitschrift für die gesamte Strafrechtswissenschaft

Einleitung

Das Ziel der Arbeit

Ernst Belings[1] Geburt (19. 6. 1866) liegt nunmehr gerade hundert Jahre zurück; es besteht daher besonderer Anlaß, dieses Mannes zu gedenken. Da auch seit seinem Tod (18. 5. 1932) mehr als dreißig Jahre verstrichen sind, ist der zeitliche Abstand hinreichend groß, um den Versuch berechtigt erscheinen zu lassen, sein strafrechtliches Lebenswerk als ein Stück der neueren Geschichte der deutschen Strafrechtswissenschaft zu untersuchen.

Die Betrachtung eines so umfassenden Lebenswerkes wie desjenigen Belings muß allerdings von vornherein auf einen bestimmten Aspekt beschränkt werden. In dieser Arbeit soll in erster Linie zu zeigen versucht werden, warum und inwiefern Belings Strafrechtswerk das Werk eines hervorragenden *Dogmatikers* ist; unter „Dogmatik" wird hierbei zunächst ganz allgemein das Streben nach systematisch-methodischer Einheit verstanden[2]. Gerade darin nämlich liegt das für Belings Werk Kennzeichnende, daß jede strafrechtliche Einzelfrage in einheitlicher, stets bewußt gehandhabter Methode behandelt und das Strafrecht als Ganzes systematisch durchgegliedert und geordnet wird.

Die konkrete Ausgestaltung jenes ganz allgemeinen Begriffs der Dogmatik wird durch die jeweils eingenommene rechtsphilosophische und rechtstheoretische Grundhaltung bestimmt. Welcher Art diese bei Beling ist, worin er insbesondere Wesen und Aufgaben von Begriffsbildung und Systematik sieht, soll zu Beginn dieser Arbeit gezeigt werden.

---

[1] Im Jahre 1912 wurde Beling vom König von Württemberg das Ehrenkreuz des Ordens der württembergischen Krone und damit der persönliche Adel verliehen (siehe *Kern*, G.S. 103 (1933), 44). Er hat jedoch entsprechend seiner schlichten und bescheidenen Art von dem Adelsprädikat keinen Gebrauch gemacht (vgl. *Kern*, a.a.O., 68). Daher soll auch im Rahmen dieser Arbeit sein Name ohne Zusatz genannt werden.

[2] Vgl. z. B. Erik *Wolf*, Strafrechtliche Schuldlehre (1928), 10; Armin *Kaufmann*, Bindings Normentheorie (1954), S. IX f.; *Wieacker*, Festschrift für Erik Wolf (1962), 449; siehe auch *Hoffmeister*, Wörterbuch der philosophischen Begriffe (1955), 174.

Im Anschluß hieran soll der Versuch unternommen werden, sichtbar werden zu lassen, in wie ausgeprägter Weise Belings strafrechtliche Lehren durch diese seine rechtsphilosophischen und rechtstheoretischen Ausgangspunkte bestimmt werden, daß diese geradezu den Schlüssel für das Verständnis seiner Strafrechtslehre bedeuten. Dabei kann es sich freilich nicht um eine erschöpfende Darstellung der gesamten Belingschen Strafrechtsdogmatik handeln; nur ihre *Grundzüge* als der unmittelbare Ausfluß seiner Prinzipien der Begriffs- und Systembildung sollen nachgezeichnet werden.

Dem Versuch, Belings Strafrechtsdogmatik als ein konsequentes Zuendedenken rechtsphilosophischer und rechtstheoretischer Grundgedanken auf strafrechtlichem Gebiet zu verstehen und aufzuzeigen, liegt eine wertende Sicht zugrunde, aus welcher heraus Belings Lebenswerk als eine inhaltlich und zeitlich einheitliche Aussage erscheint; die Entwicklung, welche sein Werk in dem relativ langen Zeitraum seiner Entstehung durchlaufen hat, tritt hierbei in den Hintergrund. Daher beschränkt sich die Arbeit auch darauf, lediglich die an Belings Entwicklung besonders charakteristisch erscheinenden Züge in einem eigenen Kapitel nachzutragen.

Zum Zwecke einer Würdigung sowohl als auch eines tieferen Verständnisses seiner dogmatischen Grundlagen sollen sodann Belings rechtsphilosophische und rechtstheoretische Ausgangspunkte mit den heute herrschenden Grundanschauungen verglichen werden. Anschließend wird eine Würdigung der Belingschen Strafrechtslehre selbst versucht werden. Dies ist freilich nicht in der Weise möglich, daß seine Dogmatik in allen Punkten oder auch nur in ihren wesentlichen Zügen behandelt wird. Die erforderliche Auswahl wird unter dem Gesichtspunkt der an Beling geübten Kritik vorgenommen; zwei ebenso häufige wie zentrale kritische Einwände gegen sein Strafrechtswerk — die freilich miteinander zusammenhängen —, die Kritik an seinem „Formalismus" einerseits, die an seinem Tatbestandsbegriff andererseits, sollen auf ihre Berechtigung hin geprüft werden: Belings Strafrechtswerk wird im Spiegel der ihm widerfahrenen Kritik gewürdigt.

Der Sinn dieser Arbeit wird letztlich darin gesehen, Belings Strafrechtswerk von seinen geistigen Wurzeln und Ausgangspunkten her besser verstehen zu lernen. Mit diesem Versuch kann vielleicht dazu beigetragen werden, daß trotz der heute abweichenden rechtsphilosophischen und rechtstheoretischen Grundanschauungen der Zugang zu Belings Werk frei gehalten wird und zutreffende Aspekte seiner Lehren in der gegenwärtigen strafrechtswissenschaftlichen Diskussion nicht unberücksichtigt bleiben.

Erstes Kapitel

Die rechtsphilosophischen und rechtstheoretischen Ausgangspunkte Belings

I. Rechtswissenschaft und Rechtsphilosophie

In Anlehnung an die kritische Wertlehre des südwestdeutschen Neukantianismus (Windelband, Rickert, Lask, Radbruch) unterscheidet Beling das Gegebene und das Aufgegebene, Wirklichkeit und Wert, den unter die Kategorie des Seins fallenden Bereich und den an der Kategorie des Sollens orientierten[1]. Die empirische Wirklichkeit ist ihm die einzige Art der Realität. Überempirische, absolute Werte dürfen nicht zu realen Lebensmächten hypostasiert werden; sie verleihen den empirischen psychologisch-geschichtlichen Tatsächlichkeiten zwar Sinn und Bedeutung, die empirische Wirklichkeit dient ihnen als Schauplatz und Substrat, aber sie sind „ungeeignet dazu, das Wirkliche um deswillen als bloßen Schein, als unwirklich, zu behandeln, weil es dem überwirklichen Maßstab nicht genügt"[2].

Dementsprechend gibt es für Beling auch nur eine Art von Recht: die empirische Rechtswirklichkeit. Wie anders könnte man bald von deutschem, bald von ausländischem, von neuem und altem Recht sprechen? Wie auch sollte man sich erklären, daß Recht entsteht, sich verändert und dahinschwindet[3]?

Aber aus der Trennung von Wirklichkeit und Wert folgt eine *doppelte Betrachtungsweise:* der Dualismus empirischer und philosophischer Methode[4]. Das Recht — sagt Beling — ist einmal seiner tatsächlichen Inhaltlichkeit nach zu betrachten; gerade dies ist Aufgabe der Rechtswissenschaft. „Es gibt eine Rechtswirklichkeit. Sie ist es, die der Jurist zu erforschen hat, und zwar so, daß *nur der Jurist* sie zu erforschen hat, daß der Jurist *nur sie* zu erforschen hat, und daß seine Auf-

---

[1] Rechtsw. und Rechtsph. (1923), 20; Krit. Vierteljahrsschr. 57 (1925), 100 f.
[2] Rechtsw. u. Rechtsph. (1923), 20; siehe auch *Lask,* Gesammelte Schriften, Bd. I (1923), 279—280.
[3] Rechtsw. u. Rechtsph. (1923), 8, 10, 12.
[4] Vgl. *Lask,* Gesammelte Schriften, Bd. I (1923) 280.

gabe dabei ist, *empirische Erkenntnis* zu gewinnen."[5] Die Rechtswissenschaft liegt ganz im Bereich der „Rechtswirklichkeitsbetrachtung"[6]; sie ist reine Erfahrungswissenschaft[7].

Das Recht ist zum anderen aber auch unter dem Gesichtspunkt seines absoluten Wertgehaltes zu betrachten; dies ist Aufgabe der Rechtsphilosophie. Beling stellt fest: „Die Rechtswirklichkeitsbetrachtung bedarf der Ergänzung durch *Rechtswertbetrachtung* an der Hand der apriorischen, überempirischen, schlechthinnigen, überzeitlichen Gesichtspunkte, der Ideen."[8] Er unterscheidet im Rahmen dieser „Rechtswertbetrachtung" zwei Problemkreise; zunächst erhebt sich für ihn die Frage: „Hat es denn *überhaupt* einen Sinn, wenn Menschen so, wie das beim Recht der Fall ist, ihrerseits Lebensnormierungen aufstellen und gegebenenfalls zwangsweise durchdrücken?"[9] Beling, der „die autonome sittliche Gewissensnorm als das höchste Ideal anerkennt"[10], ist der Auffassung, daß diese Frage nicht mit einer „absoluten Rechtswertbejahung"[11] beantwortet werden kann. „Wer die heteronomen Weisungen des Rechts als der Weisheit letzten Schluß nimmt, dankt damit insoweit, als das Recht spricht, sein Gewissen ab."[12] Aber es wäre nach Belings Meinung doch andererseits eine Unterstellung, anzunehmen, „der einzelne Mensch und das Menschengeschlecht seien von Hause aus derart gut, daß aus äußerer Bindung nur Gewissensverwirrung entspringe, und das Menschenvolk, jener Ketten ledig, in herzerfreuender Sittlichkeit dahinleben werde ... Wer die Menschennatur als von Hause aus gut nimmt, setzt das ideale Ende an den realen Anfang."[13] Daher meint Beling, „daß die irdische Rechtsordnung eine *Vorstufe für das Sittliche* ist ... Ohne daß wir von einer eigentlichen Rechtsidee sprechen könnten, nimmt doch das Recht teil an der Weihe der sittlichen Idee."[14]

Ist somit die Frage, ob der „heteronomen machtmäßigen Normierung"[15] überhaupt ein Wert zukommt, positiv zu beantworten, so erhebt sich für Beling als zweiter Problemkreis innerhalb der „Rechtswertbetrachtung" die „Frage nach dem ‚richtigen Recht'"[16]. „Unser

---

[5] Krit. Vierteljahrsschr. 57 (1925), 100.
[6] Rechtsw. u. Rechtsph. (1923), 21.
[7] Autobiogr. (1925), 23; Krit. Vierteljahrsschr. 57 (1925), 52.
[8] Rechtsw. u. Rechtsph. (1923), 21; Hervorhebung hinzugefügt.
[9] a.a.O., 22.
[10] a.a.O., 24.
[11] a.a.O., 24.
[12] a.a.O., 24
[13] a.a.O., 25.
[14] a.a.O., 26.
[15] a.a.O., 27.
[16] a.a.O., 28.

wertendes Denken" — sagt Beling — „drängt uns zum Ausdenken einer sein sollenden Ordnung sozialen Lebens"[17], eines „Rechtsideals"[18], eines „Musterbildes einer Rechtsordnung"[19]. Bei der Konzipierung eines solchen „Musterbildes einer Rechtsordnung" beschränkt sich die Rechtsphilosophie freilich auf die Herausarbeitung der wesentlichen Züge; Einzelheiten weist Beling der ebenfalls im Bereich der „Rechtswertbetrachtung" liegenden Rechtspolitik zu[20].

II. Der Begriff des Rechts

Wenn das Recht etwas Empirisches ist, so muß nach Belings Auffassung auch der Rechtsbegriff empirisch zu gewinnen sein[21]. Allerdings kann diese Aufgabe nicht von der Rechtswissenschaft selbst erfüllt werden. „Ist ja der Begriff des Rechts der höchste Begriff, den die Rechtswissenschaft kennt, und da eine exakte Definition ein genus proximum setzt, dem der zu definierende Begriff als species untertan ist, so führt der erste Schritt der Definition des Rechts über die Rechtswissenschaft hinaus ins Freie."[22] Beling weist diese Aufgabe daher der Rechtsphilosophie zu[23]. Trotzdem bleibt diese seines Erachtens dabei von der Rechtswissenschaft abhängig. „Es gilt nicht, den Rechtsbegriff einfach zu konstruieren, sondern der Rechtsphilosoph hat lediglich das Rechts-Vorstellungsbild, um das alle Rechtswissenschaft schwingt, der begrifflichen Formulierung entgegenzuführen."[24] Er hat „von dem *Faktum der Rechtswissenschaft*, so, wie sie *tatsächlich betrieben wird*", auszugehen[25]. Fragt man nun nach dem, was sich der Jurist unter „Recht" vorstellt, so zeigt sich, daß er das Recht in sehr zahlreichen Exemplaren kennt: das heutige deutsche Recht, das alte römische Recht usw. Um zum Rechtsbegriff zu gelangen, gilt es nach Belings Meinung daher, die sämtlichen Rechte zur Induktionsbasis zu nehmen und unter Abstraktion der jeweiligen Besonderheiten dasjenige Allgemeine herauszustellen, ohne welches die Vorstellung von „Recht" nicht vorhanden wäre[26].

---

[17] a.a.O., 27.
[18] a.a.O., 27.
[19] a.a.O., 30.
[20] Autobiogr. (1925), 23.
[21] Rechtsw. u. Rechtsph. (1923), 11; Studi filosofico-giuridici (1930), 28; Festschrift für Heck usw. (1931), 8.
[22] Rechtsw. u. Rechtsph. (1923), 12.
[23] a.a.O., 19.
[24] ARWP 20 (1926/27), 58; siehe auch Krit. Vierteljahrsschr., 58 (1927 ff.), 159; Studi filosofico-giuridici (1930), 27; Festschrift für Heck usw. (1931), 7 f.
[25] Studi filosofico-giuridici (1930), 26.
[26] Rechtsw. u. Rechtsph. (1923), 13; Krit. Vierteljahrsschr. 58 (1927 ff.), 157; Studi filosofico-giuridici (1930), 27.

Nun ist nach Beling allerdings zu beachten, daß nicht alles am Rechtsbegriff empirisch ist, daß das Recht eine „eigenartige Gedankenwelt", ein „Sinngefüge" ist. „Die charakteristischen Züge des heutigen deutschen, des alten römischen Rechts usw. und damit des Rechts seinem Begriffe nach ‚beobachtet' der Jurist nicht, er ‚denkt' sie; in der Erfahrungswelt trifft man die Gebilde ‚Miete geht vor Eigen' oder ‚Kauf bricht Miete' usw. nicht an."[27] Alles menschliche Gedankenwerk aber weist einen nicht empirischen Faktor auf: das logisch Denknotwendige, „das die psychologischen Inhalte des tatsächlichen Denkens erst verständlich macht, ihnen, ohne sie sachlich irgendwie zu bestimmen, doch eine notwendige formale Struktur gibt"[28]. Für Beling, der sich selbst als Kritizisten bezeichnet[29], steht fest, daß alles Denken an bestimmte Denkformen, Kategorien gebunden ist, daß es in „fest vorgezeichneten Gedankengeleisen" zu laufen hat[30]. Fragt man sich nun in „kritizistischer Selbstbesinnung"[31] nach den Denknotwendigkeiten, welche erforderlich sind, um die Gedankenwelt jeder beliebigen Rechtsordnung eben als Rechts-Gedankenwelt zu begreifen, so ist es nach Belings Auffassung dies: stets muß es sich um eine „einheitliche Ordnung sozialen Lebens" handeln[32]. „Drei Merkmale sind es, die dieses Sinngebilde charakterisieren: Erstlich: das logisch vorauszusetzende prius ist das äußere Zusammenleben der Menschen; zweitens: ‚Ordnung' des sozialen Lebens in dem hier interessierenden Sinne ist nicht der von uns erkenntnismäßig geordnete Istbestand des äußeren Zusammenlebens, der aus Beobachtung des letzteren erschließbar wäre, sondern ein Soll, eine Norm, nach der das soziale Leben sich abspielen soll; endlich: dieses Soll bewegt sich in der Höhe genereller, nicht auf die Einzelfälle des Lebens in ihrer einmaligen Besonderheit abstellender Fixierung."[33] Dieses „transzendentale Sinngebilde" „Ordnung sozialen Lebens" — ein Gedankeninhalt, „in dem das ‚Soll' als formale Kategorie, bezogen auf das soziale Leben als das Bezugsobjekt, auftritt" — bezeichnet Beling als ein aller Rechtsbetrachtung Zentrales, als eine „transzendental-apriorische Vorhalle für die Rechtsbetrachtung"[34].

Aber es handelt sich für ihn eben auch nur um eine „Vorhalle", um einen „formalen Rahmen", mit dem das Recht ebensowenig identisch sei wie das Bild mit dem seinigen. „Zum Recht" — sagt Beling —

---

[27] Rechtw. u. Rechtsph. (1923), 13.
[28] Krit. Vierteljahrsschr. 57 (1925), 56.
[29] Autobiogr. (1925), 18; Krit. Vierteljahrsschr. 57 (1925), 94.
[30] Methodik (1922), 13.
[31] ZStW 42 (1921), 258.
[32] Rechtw. u. Rechtsph. (1923), 14; Krit. Vierteljahrsschr. 57 (1925), 54.
[33] Rechtsw. u. Rechtsph. (1923), 14.
[34] a.a.O., 32 f.

„gelangen wir erst durch Einordnung eines bestimmten sachlichen Gehaltes, eines So-oder-So-Beschaffenseins der ordnenden Wertungen in das bloße Formgerüst."[35] Hier zeigt sich seines Erachtens nun auch, warum das Recht etwas Empirisches, etwas der Kategorie des Seins Unterfallendes ist: Vom heutigen deutschen Recht, vom früheren römischen Recht usw., d. h. von verschiedenen Rechtsexemplaren spricht man, weil es sich um Ordnungen sozialen Lebens handelt, deren Inhalte jeweils durch einen individuellen Menschenverband als dem „Rechtsordnungssubjekt" bestimmt werden[36]; und zwar muß es sich um einen Menschenverband handeln, „der tatsächlich eine autoritative Rolle spielt, so daß die aufgestellte Ordnung keine rein theoretische Wertung ist, sondern kraft der im Hintergrunde stehenden Machtmittel ein gewisses Maß von Motivationskraft für die Entschließungen der Einzelnen entfaltet"[37]. Allerdings — räumt Beling ein — läuft die Feststellung, die Inhalte einer Rechtsordnung bestimme ein Menschenverband als das Rechtsordnungssubjekt, auf eine Fiktion hinaus: Ein Verband kann einen Willen weder haben noch ihn äußern. Doch handele es sich hier um eine „illustrative Fiktion" für eine „reale Tatsache"[38].

In jedem Verbande nämlich — führt Beling aus — gibt es eine „tonangebende Schicht", bald in breiten Massen, bald aus einer Handvoll Leuten oder gar einem einzelnen bestehend. Innerhalb dieser „tonangebenden Schicht" nun herrschen bestimmte Vorstellungen darüber, in welchen Bahnen sich das gesellschaftliche Leben bewegen soll[39]. Und dieses soziale Phänomen, diese „massenpsychologische Tatsächlichkeit"[40] „ist derjenige Wirklichkeitsfaktor, der *durchgehend* die ‚Positivität' von Normierungsinhalten bedeutet"[41], hier liegt „das letztendige Seinsmoment im Rechtsbegriff"[42]. Von hier aus erscheinen Beling Gesetzes- und Gewohnheitsrecht als nur sekundäre Rechtsquellen: Gesetze nämlich können nur dann Teile eines Rechts werden, wenn die Gesetzgeber kraft der Überzeugung der tonangebenden Schicht legitimiert sind, im Namen des Verbandes rechtsetzend aufzutreten. „Nur deshalb und insoweit, als jene Schicht sie gewähren läßt, wird das Gesetz (positives) ‚Recht', nicht schon, weil es ‚Gesetz' ist."[43] Und das

---

[35] a.a.O., 33.
[36] ARWP 20 (1926/27), 59; Rechtsw. u. Rechtsph. (1923), 14 f.; Studi filosofico-giuridici (1930), 27 f.
[37] Rechtsw. u. Rechtsph. (1923), 15.
[38] a.a.O., 16; Krit. Vierteljahrsschr. 58 (1927 ff.), 172.
[39] Rechtsw. u. Rechtsph. (1923), 16 f.; Festgabe für Heck usw. (1931), 10.
[40] Rechtsw. u. Rechtsph. (1923), 12; Autobiogr. (1925), 19.
[41] Festgabe für Heck usw. (1931), 10.
[42] Rechtw. u. Rechtsph. (1923), 17.
[43] Festgabe für Heck usw. (1931), 10.

Gewohnheitsrecht ist nichts anderes als „verdichtete Volksüberzeugung"[44]. Realgrund alles Rechts ist also jene massenpsychologische Tatsache der Volksüberzeugung, die „entweder unmittelbar oder als in Gewohnheit niedergeschlagen oder als Vollmachtgeberin für die Gesetzgebung Normen entquellen läßt"[45]. So entschieden Beling also betont, daß das Recht etwas Positives, eine empirische Tatsächlichkeit ist — so daß es ihm als ein „Pleonasmus" erscheint, „von ‚positivem' Recht zu sprechen"[46] — so sehr ist er sich doch bewußt, daß er die Grenzen des Gesetzespositivismus überschritten hat. Er bezeichnet selbst seine Auffassung vom Recht als „naturrechtsfreundlich"; denn — sagt er — „die ‚wertenden Vorstellungen der tonangebenden Schicht' sind, so sehr sie eine massenpsychologische Tatsächlichkeit sind, doch inhaltlich weitgehend am Naturrecht orientiert, und so erfüllt dieses, wenn schon nicht in seiner echten Gestalt, so doch in seinem Abglanz in Menschenköpfen, weitgehend den Inhalt des positiven Rechts selbst: man kann von einer ‚Rezeption des Naturrechts in das positive Recht' sprechen"[47].

III. Der Systemgedanke des Kritizismus[48]

Der Begriff des Systems läßt sich nicht in einem bestimmten Sinn festlegen; allgemeingültig kann man nur feststellen, daß es sich um „ein einheitliches, nach Prinzipien angeordnetes, innerlich zusammenhängendes und gegliedertes Ganzes von Erkenntnissen"[49] handeln muß. Ein solcher formaler Systembegriff i. S. der Logik sagt aber nichts darüber aus, wie die Ordnung der Erkenntnisse beschaffen ist, nach welchen Prinzipien sie zu erfolgen hat.

Die Frage nach der Art dieser Prinzipien ist erkenntnistheoretischer Natur; ihre Beantwortung hängt daher von der jeweiligen erkenntnistheoretischen Grundhaltung ab. Beling ist Anhänger des Kritizismus[50]. Danach ist die Wirklichkeit — wie es Lask formuliert, auf den sich Beling öfter bezieht — „ein Erzeugnis kategorialer Synthesen"[51]; Sein

---

[44] a.aO., 10.
[45] a.a.O., 10.
[46] Studi filosofico-giuridici (1930), 28; ebenso Rechtsw. u. Rechtsph. (1923) 14 f.
[47] Festgabe für Heck usw. (1931), 15; ebenso Studi filosofico-giuridici (1930), 30.
[48] Zum folgenden siehe besonders *Mittasch*, Auswirkungen des wertbeziehenden Denkens (1939), 6 ff.
[49] *Eisler*, Handwörterbuch der Philosophie (1922), 652; siehe auch *Coing*, Geschichte und Bedeutung des Systemgedankens (1962), 9.
[50] Siehe oben S. 18.
[51] *Lask*. Gesammelte Schriften, Bd. I (1923), 308.

und Erkennen, Gegenständlichkeit und logische Sphäre stehen einander nicht getrennt gegenüber, sondern bilden eine Einheit; Lask spricht in diesem Sinne von einer „‚Verstandes'-Artigkeit des Seins"[52]. Was die Gegenstände, das Seiende, das Wirkliche, die Dinge usw. immer erst zu solchen mache, das sei das von der Fülle ihrer sonstigen Inhaltlichkeit sich abhebende Logische in seiner Eigenschaft als „Charakter", „Moment", „Epitheton", „Prädikat", „Kategorie" der Gegenständlichkeit, des Seins, der Wirklichkeit, der Dinghaftigkeit usw.[53]. Es ist aus der Sicht des Kritizismus die — wie es wiederum Lask[54] formuliert hat — „Kopernikanische Tat" Kants, erkannt zu haben, daß sich die Erkenntnis nicht nach den Gegenständen richtet, sondern sich die Gegenstände nach den Formen der Erkenntnis richten.

Die gesuchten Prinzipien der Systematik können für den Kritizismus hiernach nur in den Formen der Erkenntnis liegen. Ein System errichten bedeutet für Beling also: den logischen Gehalt sichtbar werden lassen, welcher der Fülle des Inhaltlichen anhaftet.

IV. Die „Juristische Methodenlehre"

Eine solche Herausstellung des logischen Gehalts kann nur gelingen, wenn man sich Rechenschaft über das jeweils einzuschlagende Denkverfahren ablegt. Dies ist der Gegenstand der von Beling sogenannten Juristischen Methodenlehre, der Lehre vom juristischen Denkverfahren[55].

Da das Recht für ihn sowohl eine apriorische als auch eine empirische Seite hat, unterscheidet Beling zwischen zwei Aufgaben der „Juristischen Methodenlehre". Was zunächst das überempirische Moment, die Sinnseite des Rechts anbelangt, so sind „die rechtserkenntnistheoretisch-logischen Richtlinien zur richtigen Erfassung dieser Sinnseite" festzustellen[56]. Dies, die eigentliche *„Juristische Methodenlehre"*, betrachtet Beling als ein Kapitel der Rechtsphilosophie (neben Rechtswertbetrachtung und Bestimmung des Rechtsbegriffs)[57]. Er rechnet hierher vor allem die Herausarbeitung der „fundamentalen rechtlichen Grundbegriffe"[58], die von dem Begriff „Ordnung sozialen Lebens"

---

[52] *Lask*, Gesammelte Schriften, Bd. II (1923), 29.
[53] *Lask*, a.a.O., 31.
[54] a.a.O., 27.
[55] Siehe Rechtsw. u. Rechtsph. (1923), 19; Autobiogr. (1925), 18; Strafprozeßrecht (1928), 20.
[56] Rechtw. u. Rechtsph. (1923), 19.
[57] a.a.O., 19 f.; Autobiogr. (1925), 17 f.
[58] Methodik (1922), 14.

ausstrahlen. Solche „Gesichtspunkte", „rationale Denkformen", *„rechtserkenntnistheoretische Kategorien"* sind für ihn z. B. die Begriffe „Rechtssatz", „Rechtssubjekt", „Rechtmäßigkeit" und „Rechtswidrigkeit", „subjektives Recht" und „Rechtspflicht"[59]. Sie sind seiner Auffassung nach rein formal, dafür aber allgemeingültig, so daß sie — ebenso wie die allgemeinen erkenntnistheoretischen Kategorien — vom Urheber der Rechtsnorm unabhängig sind, vielmehr für diesen „fest vorgezeichnete Gedankengeleise" bedeuten[60]. Diesen juristischen „Grundbegriffen" mißt Beling eine doppelte Funktion bei: Einmal führen sie zu den „notwendigen Grundproblemstellungen", formulieren diese exakt und drücken die Ergebnisse aus[61]; zum anderen sind sie unerläßlich, um die Fülle des Rechtsstoffs, des Rechtsinhaltlichen, zu ordnen; sie sind unter diesem Aspekt „systematisch-ordnende Gesichtspunkte", „konstruktive", „den Rechtsregelungsinhalten vorgelagerte" und diese „einrahmende" „Gedankengebilde"[62].

Bei aller Bedeutung, die die Rechtsgrundbegriffe hiermit haben, darf — wie Beling nachdrücklich betont — aber nicht übersehen werden, daß sie keine Aussage über das Rechtsinhaltliche enthalten. Aus den Formen materielle Regelungsinhalte ableiten zu wollen, wäre „Formalismus"[63], wäre Begriffsjurisprudenz, deren Wesen Beling darin sieht, daß sie — im Gegensatz zu dem „dem empirischen Faktor sein Teil lassenden Kritizismus"[64] — mit ihrem „konstruktiven Apriorismus" Rechtssatzinhalte gewinnen will[65].

---

[59] Rechtsw. u. Rechtsph. (1923), 20; Krit. Vierteljahrsschr. 54 (1919), 113; 57 (1925), 54; 57 (1925), 100; 58 (1927 ff.), 176; G.S. 101 (1932), 2; Strafprozeßrecht (1928), 20.

[60] Methodik (1922), 13.

[61] Siehe z. B. Autobiogr. (1925), 15: „Ohne Formen überhaupt keine fruchtbare Problemstellung"; Krit. Vierteljahrsschr. 57 (1925), 100: „... ohne die (sc. die Grundbegriffe) sich alle Rechtswissenschaft und Rechtsphilosophie von selbst aufheben würde, ohne die sie nicht ein einziges ihrer Einzelprobleme exakt formulieren könnten"; G.S. 101 (1932), 2: Der Jurist müsse mit den Rechtsgrundbegriffen „an die Erforschung der Rechtsregelungsinhalte herantreten, aber nur fragend"; ZStW 42 (1921), 259: Beling bezeichnet die Grundbegriffe als „Problemstellungen und Antwortformulierungen — mehr nicht"; Strafprozeßrecht (1928), 21: „Grundproblemstellungen", „Fragegesichtspunkte" usw.

[62] Autobiogr. (1925), 18; Strafprozeßrecht (1928), S. VI, 21; siehe auch Grundzüge (1925), S. V; Krit. Vierteljahrsschr. 54 (1919), 113: die Grundbegriffe sind zur „Ordnung des Rechtsstoffs bestimmt"; ZStW 44 (1924), 221: „rechts-erkenntnistheoretische Ordnungsbegriffe"; Krit. Vierteljahrsschr. 58 (1927 ff.), 176: „... juristische Kategorien, die als formale Ordnungsgesichtspunkte dem Rechtsbegriff anhaften".

[63] Methodik (1922), 24; Autobiogr. (1925), 15, 18; LvT (1930), 22.

[64] Methodik (1922), 6.

[65] ZStW 42 (1921), 259; GS 101 (1932), 3; Strafprozeßrecht (1928), S. VI.

IV. Die „Juristische Methodenlehre"

Das Denkverfahren, das zur Gewinnung der materiellen Regelungsinhalte, d. h. des jeweiligen empirischen Inhalts der „Ordnung sozialen Lebens", geboten ist, betrachtet Beling als den Gegenstand einer *„juristischen Methodenlehre im engeren Sinne"*[66]. Hier geht es für ihn zunächst um die Feststellung, daß die Jurisprudenz — wie bereits erwähnt[67] — ganz im Bereich der „Rechtswirklichkeitsbetrachtung" liegt, reine Erfahrungswissenschaft ist. Der Jurist hat als bloßes „Rechtserkenntnissubjekt"[68] — in diesem Sinne „wertblind"[69] — zu ermitteln, „welche sachlichen Wertungen sozialen Lebens selbstherrlich, also machtmäßig, von der in dem betreffenden Verbande maßgebenden Schicht mit dem transzendentalen Rechtsformgerüst verbunden worden sind"[70]. Beling sieht einen Mangel darin, daß „die Verkoppelung der lex lata mit der lex ferenda, der Rechtswissenschaft mit der Rechtswertphilosophie und der diese in die Einzelheiten hinein ausmünzenden Rechtspolitik kein Ende nehmen" will[71]. „Es ist freilich" — fährt er fort — „ein liebenswürdiger Zug im Menschen, daß er gerne das Herrliche, zu dem ihn sein Sehnen drängt, in die Wirklichkeit hineinschaut. Aber der Jurist muß in strenger Selbstdisziplin Entsagung üben; er darf — wohlgemerkt als Jurist — nur solche Regelungsinhalte, die er als bestehende erkannt hat, behaupten, und darf Regelungsinhalte, für deren Bestehen in der wirklichen Welt er keinen Nachweis führen kann, nicht behaupten, mag ihm das noch so weh tun. Auch die noch so mißwertige Wirklichkeit bleibt Wirklichkeit."[72]

Wichtigster Gegenstand der „juristischen Methodenlehre im engeren Sinn" ist die *juristische* Begriffsbildung, welche Beling von der *rechtsphilosophischen* Festlegung der „formalen Grundbegriffe" scharf trennt[73]. Die juristische Begriffsbildung führt zu den von Beling sogenannten „rechtssatzmäßigen Begriffen", die der Erfassung der Rechtsregelungsinhalte dienen[74]. Solche „rechtssatzmäßigen Begriffe" oder

---

[66] Vgl. Strafprozeßrecht (1928), 20: „juristische Methode im engeren Sinne".
[67] Siehe oben S. 15 f.
[68] Methodik (1922), 16.
[69] Rechtsw. u. Rechtsph. (1923), 21.
[70] Krit. Vierteljahrsschr. 57 (1925), 100.
[71] Autobiogr. (1925), 23.
[72] a.a.O., 23 f.
[73] Krit. Vierteljahrsschr. 54 (1919), 113.
[74] a.a.O., 113. — Laut *Buchetmann,* Abgrenzung der Verbrechensmerkmale (1934), 29, hat Beling in seinen Vorlesungen über juristische Methodenlehre insgesamt *drei* große Begriffsreihen innerhalb der juristischen Begriffswelt unterschieden; neben die „formalen Grundbegriffe" und „rechtssatzmäßigen Begriffe" stellte er noch die „freien rechtswissenschaftlichen Begriffe". Er maß ihnen jedoch offensichtlich geringe Bedeutung bei. *Buchetmann* (a.a.O., 29) bemerkt dazu: „Hier herrscht nach Beling völlige Freiheit der Wissenschaft. Der Jurist kümmert sich innerhalb dieser Gruppe nicht um Rechts-

— wie er sie im Anschluß an Somló auch nennt[75] — „Rechtsinhaltsbegriffe" sind teleologisch gebildet, d. h. sie werden von den Zweckerwägungen des Rechtsordnungssubjekts — „wohlbekannt unter dem freilich zu engen Namen der ratio legis"[76] — regiert. Allein das vom Rechtsordner verfolgte Ziel — sagt Beling — und die dabei dem einzelnen Begriff zugedachte Funktion sind für seinen Inhalt und Umfang maßgeblich[77]. Freilich dürfen „unter der Flagge des Teleologischen"[78] nicht rechtsfremde Zwecke eingeschleust werden, „seien es aus reiner Seinsbetrachtung (soziologisch) gewonnene, seien es autoritativ von dem seine Rolle als bloßes Rechtserkenntnissubjekt verkennenden und sich zum Willenssubjekt aufwerfenden Juristen selber gesetzte Zwecke."[79] Beling verdeutlicht die teleologische Struktur der „rechtssatzmäßigen Begriffe" an der Schichtung der begrifflichen Elemente des Rechtssatzes. Jeder Rechtssatz — so führt er aus — benennt eine bestimmte Gegebenheit des sozialen Lebens und unterwirft sie einer rechtlichen Bewertung; es treten also zwei Begriffsreihen auf: „Seinsbegriffe", die den Wertungsgegenstand benennen, und selbst normierende „Wertungsbegriffe", die eine rechtliche Bedeutung enthalten[80]. Die letzteren sind unmittelbarer Ausfluß der „rechtseigenen (materiell-normativen) Zwecke"[81]. Aber auch die „Seinsbegriffe" sind — wie Beling im Anschluß an Lask[82] formuliert — „mit einem teleologischen Gespinst überzogen"[83]; d. h. die Gegebenheiten des sozialen Lebens, welche einer rechtlichen Regelung unterworfen werden sollen, werden vom Rechtsordner begrifflich so erfaßt, wie es für seine Zwecke notwendig ist; „der Mensch, die Eisenbahn, der Wein, der Speck sind für

---

erkenntnislehre und nicht um die Rechtsordnung; jeder macht, was er für gut hält. Ein Streit und eine Diskussion über diese Begriffsgruppe ist daher überhaupt nicht möglich."

[75] Siehe G.S. 101 (1932), 2.
[76] Krit. Vierteljahrsschr. 58 (1927 ff.), 176.
[77] Methodik (1922), 14.
[78] a.a.O., 16.
[79] a.a.O., 16.
[80] a.a.O., 15; Krit. Vierteljahrsschr. 58 (1927 ff.), 175. — Nach dem Bericht wiederum von *Buchetmann*, Abgrenzung der Verbrechensmerkmale (1934), 29 Anm. 2, hat Beling in seinen Vorlesungen zur juristischen Methodenlehre neben die „Wertungsbegriffe" und „Seinsbegriffe" — welche er auch als „regierende Begriffe" bzw. „regierte Begriffe" bezeichnete — noch sog. Wertbedingungsbegriffe gestellt. Im „Wertbedingungsbegriff" sah er ein zusätzliches begriffliches Element solcher Rechtssätze, welche die rechtliche Bewertung einer sozialen Gegebenheit von einer bestimmten Bedingung abhängig machen; vgl. auch Methodik (1922), 15.
[81] Methodik (1922), 16.
[82] Gesammelte Schriften, Bd. I (1923), 316.
[83] Methodik (1922), 15; Krit. Vierteljahrsschr. 58 (1927 ff.), 175, G.S. 101 (1932), 3.

IV. Die „Juristische Methodenlehre"

den Juristen immer sozusagen der ‚Rechts'-Mensch, die Rechtseisenbahn, der Rechtswein und der Rechtsspeck, will sagen der Mensch usw. so gesehen, wie der Rechtsordner den Begriff in seiner rechtlichen Funktion gemeint hat."[84]

Im Rahmen der „juristischen Methodenlehre im engeren Sinne" stellt sich schließlich auch das Problem der „Lückenausfüllung"[85]. Bei der Ermittlung der materiellen Regelungsinhalte — führt Beling sinngemäß aus — wird der Jurist auf einzelne Fragen, welche er an das Recht heranträgt, keine oder jedenfalls keine unmittelbare Antwort erhalten. Welches „Denkverfahren" hat er in solchen Fällen einzuschlagen?

Vor allen weiteren Überlegungen ist hier zunächst zu unterscheiden zwischen den Fällen eines „rechtsleeren Raumes"[86] und denen einer „Lücke" im rechtlich geregelten Bereich. In den Fällen eines „rechtsleeren Raumes" gibt es für den Juristen kein „Ausfüllungs"-Problem: „die Rechtstheorie hat sich lediglich auf eine ‚Fehlanzeige' zu beschränken, die Praxis dementsprechend auf reine Negativentscheidung."[87] Beling ist der Auffassung, daß die Rechtsordnung im Hinblick auf einzelne Angelegenheiten des sozialen Lebens keine Normierung aufweist. „Denn" — so argumentiert er — „selbstverständlich steht es im Belieben jedes Rechtsordnungssubjekts, gewisse Partien des sozialen Daseins sich selbst oder der Sitte oder einem fremden Recht usw. zu überlassen ...; ist der empirische Rechtsmachtwille entscheidend dafür, wie die Regelung inhaltlich beschaffen ist, so ist er auch entscheidend für den Umfang, in dem auf das soziale Leben die Hand gelegt ist."[88] Es mag sein — fährt er fort —, daß „vom Standpunkt dessen aus, der nach einer Rechtsregelung sucht und eine solche im Sinne eines idealen Rechts für notwendig erachtet, eine ‚Lücke' vorliegt"[89]. Aber der Jurist, welcher als bloßes „Rechtserkenntnissubjekt"[90] die Rechtswirklichkeit zu ermitteln hat, bleibt auf die machtmäßig festgelegten Wertungen in dem Umfang, in welchem sie einmal vorhanden sind, beschränkt. Es kommt nur eine „normierende Ausfüllung"[91] durch das Rechtsordnungssubjekt selbst in Betracht.

---

[84] G.S. 101 (1932), 3.
[85] Siehe dazu insbesondere Krit. Vierteljahrsschr. 57 (1925), 77 ff.; Autobiogr. (1925), 20; Strafprozeßrecht (1928), 20 f.; Festgabe für Heck usw. (1931), 12 f., 15 f.
[86] Krit. Vierteljahrsschr. 57 (1925), 79.
[87] a.a.O., 80.
[88] a.a.O., 79; siehe auch ARWP 20 (1926/27), 74 f.
[89] a.a.O., 79; ähnlich Rechtsw. u. Rechtsph. (1923), 40.
[90] Methodik (1922), 16.
[91] Krit. Vierteljahrsschr. 57 (1925), 80.

Anders in den Fällen der sog. Lückenausfüllung innerhalb des „vom Recht beschlagnahmten Gebiets"[92]. Beling stellt zunächst klar, daß es in diesem Bereich nur „Gesetzeslücken", nicht aber „Rechts-‚Lücken' " geben kann; denn wer „Rechts-‚Lücken' " behaupten wollte, „würde zugleich behaupten, daß die Angelegenheit rechtlich geregelt sei und daß sie es nicht sei"[93]. Von „Lücken" könne vielmehr nur im Punkte des „geförmelt vorliegenden Materials"[94] die Rede sein. In solchen „Gesetzeslücken" sieht Beling „subjektive Rechtserkenntnislücken" desjenigen, „der bislang nur das Gesetz um Antwort befragt hat"[95]. Ihre Ausfüllung sei Sache der Rechtswissenschaft, die sich dabei leiten zu lassen habe von „allgemeingültigen rechtserkenntnistheoretischen Gesichtspunkten"[96]. „Gibt es aber" — fragt Beling — „allgemeingültige Feststellungen über die notwendige Methode der Lückenausfüllung?"[97]

Beling hält es auf jeden Fall für unzutreffend, die Diskussion über die richtige Methode, insbesondere die über „Interessen-" oder „Konstruktionsjurisprudenz", in der „überpositivrechtlichen Dimension" zu führen, wie es üblicherweise geschehe: „es wird nicht in Begrenzung auf dieses oder jenes Rechtsordnungsindividuum danach gefragt, ob eben dieses diese oder jene Methode normiere, sondern es wird die Methode, die als die richtige verfochten wird, als die für jedes Recht richtige verfochten."[98] Beling wendet sich andererseits aber auch gegen Somló (Juristische Grundlehre, Leipzig, 1917), der „die Methode als etwas positivrechtlich Geregeltes hinstellt", als einen „*Rechtssatzinhalt, der die Art der Erkenntnis des Füllwerkrechts regelte*"; denn das Recht kann nicht normieren, „daß und wie es selbst erkannt werde"[99].

Richtig kann in Belings Augen vielmehr nur eine Lehre sein, welche an das „letztendige Seinsmoment"[100] alles Rechts anknüpft, an die Tatsache nämlich, daß für jede Rechtsordnung eine „tonangebende Schicht" vorhanden ist, deren Wertungen darüber entscheiden, was Rechtens ist[101]. Hierin liegt eine *allgemeingültige* Feststellung. Es ist dies für Beling aber auch die einzige Feststellung, die allgemeingültig getroffen werden kann; denn *was* jeweils im Vorstellungskreis der „tonangeben-

---

[92] a.a.O., 80.
[93] a.a.O., 80.
[94] Womit Beling außer dem Gesetzesrecht auch das Gewohnheitsrecht meint; vgl. a.a.O., 80.
[95] a.a.O., 80.
[96] a.a.O., 80.
[97] a.a.O., 80 f.
[98] a.a.O., 81.
[99] a.a.O., 81 f.
[100] Rechtsw. u. Rechtsph. (1923), 17.
[101] Vgl. oben S. 19

IV. Die „Juristische Methodenlehre"

den Schicht" liegt, ist „historisch-tatsächliche Frage"[102]. Sofern es sich um Gesetzes- oder Gewohnheitsrecht handelt, geht es darum — wie bereits erwähnt[103] —, ob und inwieweit dieses von den Wertvorstellungen der führenden Schicht gedeckt wird. Wo aber „weder Gesetzes- noch Gewohnheitsrecht eingreift, also im ‚Lücken'-Falle, kann es nur darauf ankommen, in welchem Sinne die maßgebende Schicht des Verbandes die Lücke als ausgefüllt ansieht"[104]. Beling hält es nun nicht für zweifelhaft, daß heutzutage nach den Vorstellungen der führenden Schicht die Lückenausfüllung im Wege der Interessenabwägung vorzunehmen ist; die „Interessenjurisprudenz" — führt er aus — „darf sich heute *deshalb* als die richtige Methode bezeichnen, weil das Volk nach Jahrhunderten, in denen es die Juristen Rechtssatzinhalte ‚konstruieren' ließ, heute die Interessenabwägung begehrt, so daß der Konstruktion nur die freilich nicht zu unterschätzende Bedeutung zukommt, die Probleme herauszuarbeiten und die materiellen Ergebnisse formell einzukleiden."[105]

Die Frage nach der richtigen Methode der Lückenausfüllung beantwortet Beling somit „relativ-empiristisch"[106]; aber es handelt sich dabei — wie er Somló entgegenhält — nicht um einen „Rechtssatzinhalt", sondern um eine „*Grundtatsache*, die den Rechtsbestand selber bestimmt"[107].

---

[102] Krit. Vierteljahrsschr. 57 (1925), 81.
[103] Vgl. oben S. 19 f.
[104] Krit. Vierteljahrsschr. 57 (1925), 81 f.
[105] Festschrift für Heck usw. (1931), 16; ähnlich Autobiogr. (1925), 20.
[106] Krit. Vierteljahrsschr. 57 (1925), 82.
[107] a.a.O., 82.

Zweites Kapitel

Die Grundzüge der Strafrechtsdogmatik Belings

Was für das Denkverfahren bei der Erfassung des Rechts als Ganzen festgestellt wurde, das gilt nach Belings Auffassung auch für die Methodik jeder einzelnen Rechtsdisziplin. Auch hier ist zu unterscheiden zwischen der Herausarbeitung der rechtserkenntnistheoretisch-logischen Richtlinien der dem betreffenden besonderen Rechtsteil zukommenden „Sinnseite" einerseits und der Ermittlung der speziellen Rechtsregelungsinhalte mit Hilfe der „rechtssatzmäßigen Begriffe" andererseits. Jeder um die systematische Erfassung seines Rechtsgebiets bemühte Dogmatiker hat sich daher in „kritizistischer Selbstbesinnung" zunächst die Frage vorzulegen: Wenn das von mir zu erfassende Rechtsgebiet „gedacht" werden soll, einerlei wie beschaffen es ist, welches sind die Denknotwendigkeiten für mich, um es zu begreifen[1]? Diese Frage führt dann zu den das „Sinngefüge" des betreffenden Rechtsteils bildenden „Grundbegriffen", und zwar neben allgemeinen, vom Rechtsbegriff als solchem schon ausstrahlenden, eben gerade zu besonderen, nur dieser Rechtsdisziplin eigenen „Grundbegriffen"[2]. Daß auch die besonderen Rechtsgrundbegriffe die doppelte Funktion der Problemstellung und des Ordnens haben, braucht kaum erwähnt zu werden.

I. Strafrechtliche Methodenlehre

So steht auch für den Strafrechtsdogmatiker am Anfang die Frage nach den „Prolegomena" alles Strafrechts, nach den Denknotwendigkeiten dieses Rechtsteils, den „strafrechtserkenntnistheoretischen For-

---

[1] So hat es Beling einmal für das Prozeßrecht formuliert; vgl. ZStW 42 (1921), 258 f.

[2] Krit. Vierteljahrsschr. 57 (1925), 55; Autobiogr. (1925), 15, 18; besonders deutlich bezüglich des Strafprozeßrechts in: Strafprozeßrecht (1928), 20 f. und ZStW 42 (1921), 258 f. — In Belings strafprozeßrechtlichem Werk finden sich des öfteren sehr präzise und grundlegende Äußerungen über methodologische Fragen, die ergänzend herangezogen werden sollen. Die Strafprozeßrechtswissenschaft erscheint Beling weitgehend noch als „ein Bündel mehr oder weniger lose verknüpfter Einzellehren" (Autobiogr. (1925), 22), so daß eine Besinnung auf das Methodische ihm hier wohl besonders wichtig ist.

men"³. Dabei ist nun allerdings zu bedenken, daß die Vorstellung von „Strafrecht" als eines Recht*steils* eine wesentlich konkretere ist als die von Recht überhaupt, und zwar so, daß sich die Vorstellung immer zugleich auf die wesentlichen, dem jeweiligen Strafrecht zugrunde liegenden empirischen Zwecksetzungen bezieht. Eine „apriorische Grundlegung"⁴ im Strafrecht hält Beling aber trotzdem für möglich, indem er davon ausgeht, daß das Strafrecht im Hinblick auf die ihm zugrunde liegenden empirischen Zwecksetzungen zwar eine freie Schöpfung des Gesetzgebers ist, daß diese aber auf Grund des gesetzgeberischen „Willensdenkprozesses" in „denknotwendige Sinnzusammenhänge" einmünden; „gerade dadurch erlangt die strafrechtswissenschaftliche Methodik, die in den Bahnen der erkennenden Logik wandeln muß, ihren die Erkenntnis vertiefenden Hintergrund, indem sie das zu Erkennende als Ergebnis eines Willensdenkprozesses aufzeigt."⁵ „Apriorische Grundlegung" im Strafrecht bedeutet also: Besinnung auf das „Denkgebäude", in welches die sachlichen Wertungen des Gesetzgebers „eingelagert" sind⁶. Beling fährt fort: Auch Willenswerk — und um solches handelt es sich ja bei Gesetzen — unterliegt logischen Anforderungen. Ein Denken gibt es nicht nur beim Erkennen, sondern auch bei den emotionalen Vorgängen des Fühlens und Wollens. „Und dieses ‚emotionale', ‚nichtkognitive' Denken, von denen hier das ‚volitive' Denken interessiert, ist, um werthaft zu sein, auszurichten an der Logik — nur nicht an der ‚kognitiven' Logik, sondern an der ‚emotionalen', beim Willensdenkakt also an der ‚volitiven' Logik, der Zwecklogik, der Teleo-Logik."⁷ Will man daher das strafrechtliche „Denkgebäude" erkennen, so muß man sich mit den Gesetzen der „volitiven" Logik vertraut machen; diese fordert vor allem folgendes:

1. „Eine diskursiv denkende Erfassung jedes einzelnen Willenszieles, also jeder Wertung, an sich."⁸ Dem Gewollten muß immer ein Vorstellungsinhalt — sei es ein konkret-individueller oder ein abstrakt-allgemeiner — entsprechen, welcher zu einem geschlossenen (Individual- oder Allgemein-)Begriff exakt geformt ist.

---

³ Autobiogr. (1925), 15, 18; vgl. auch Grundzüge (1930), S. III.

⁴ Vgl. ZStW 42 (1921), 258: „rechtsapriorische Grundlegung".

⁵ Methodik (1922), 62 Anm. 48. — Die Rechtswissenschaft ist für Beling nicht — wie die Philologie nach dem Wort von August Boeckh — auf das Erkennen des schon einmal Erkannten gerichtet, sondern auf das Erkennen von Gewolltem; siehe Methodik (1922), 7 f. mit Anm. 4.

⁶ Methodik (1922), S. III; zum folgenden siehe a.a.O., 1 ff.

⁷ a.a.O., 3; Beling stützt sich weitgehend auf Heinrich *Maier*, Psychologie des emotionalen Denkens, Tübingen, 1908.

⁸ a.a.O., 4.

2. Alle „Volitivbegriffe" müssen in einem klaren logischen Verhältnis zueinander stehen (Über-, Unter-, Nebenordnung; Ineinandergreifen, Übergreifen).

3. Auch das Wollen unterliegt dem Syllogismus. „Seine Prämissen" — sagt Beling — „sind hier freilich nicht ‚Erkenntnisgrund' für das daraus Abgeleitete. Aber sie haben analoge Volitivfunktion entsprechend der Kategorie des ‚Mittels' für den ‚Zweck' oder umgekehrt. Auch im Werten gibt es ein schlußfolgerndes ‚Auf- und Absteigen' der Gedanken, gibt es Gedankenbrücken, gibt es ‚Konsequenz'."[9] Man kann von einem „Prinzip der Einheitlichkeit des Wertungsstandpunkts" sprechen: eine bestimmte, abschließend vorgenommene Wertung schließt einerseits bestimmte andere Wertungen als mit sich unvereinbar aus, zieht andererseits möglicherweise auch weitere Wertungen denknotwendig nach sich. Damit sind freilich Ausnahmebestimmungen, die deutlich als solche erkannt sind, nicht ausgeschlossen[10].

4. Da das volitive Denken diskursiv, in Begriffen zu erfolgen hat, ist die Frage nach der gesetzgeberischen Begriffsbildung besonders wichtig[11]. Entsprechend seinen Vorstellungen über das Wesen der Begriffsbildung[12] vertritt Beling die Auffassung, daß einerseits der Gesetzgeber an die allgemeinen, vom Begriff des Rechts als solchem ausstrahlenden Grundbegriffe ebenso gebunden ist wie an die allgemeinen erkenntnistheoretischen Kategorien; daß andererseits die „rechtssatzmäßigen Begriffe" — als eben teleologisch gebildete — von diesem selbst geprägt werden. Eine dritte, das Wesen der rechtlichen Begriffsbildung aus Belings Sicht erst voll verdeutlichende Feststellung ist hier nun nachzutragen. Faßt man die bisher aufgezählten Forderungen der volitiven Logik zusammen, so ist es vor allem dies, was sie vom Gesetzgeber verlangt: „daß das gesamte Begriffsarsenal und das gesamte Schlußfolgern *auf das Willensziel eingestellt*, daß das gesamte Denken und mit ihm die Begriffsbildung in dem Sinne zielgerecht zweckbeherrscht sei, daß der als gegeben vorausgesetzte wertende Standpunkt alle Glieder des Denkprozesses gegenständlich durchdringt. So frei der Entschluß auch ist, und so vielfältig auch die ihm zugrunde liegenden Wertungen sind, immer fordert sein sachlicher Inhalt einen ihm als der regierenden Vorstellung logisch angepaßten Denkumbau heraus ... Was immer an Begriffen bei dem Willensdenkakt auftritt: sie alle müssen

---

[9] a.a.O., 5.
[10] a.a.O., 5 f., 20 ff.
[11] Siehe a.a.O, 13 ff.
[12] Siehe oben S. 21 ff.

sich durch irgendeine Beziehung zu dem Willensziel legitimieren ..."[13] Es geht „durch die Begriffstafel als Ganzes ein geschlossener Zug"; alle Begriffe „umschließt axiomatisch ein System"[14].

Jetzt klärt sich, wie eine „apriorische Grundlegung" im Strafrecht nach Belings Meinung zu erfolgen hat. Vorweg muß der gesetzgeberische „Wertungsstandpunkt" ermittelt werden, welcher dem zu erfassenden empirischen Strafgesetz zugrunde liegt. Erst dann stellt sich das Problem einer „apriorischen Grundlegung". Dessen Lösung liegt in der Rekonstruktion eines dem empirischen „Wertungsstandpunkt" teleo-logisch angepaßten „Denkgebäudes". Die tragenden, das „juristisch-technische Skelett"[15] dieses „Denkgebäudes" bildenden Begriffe sind die strafrechtlichen Grundbegriffe, die „strafrechtserkenntnistheoretischen Formen"[16], die „Grundzüge der strafrechtlich-methodischen Gedankenarbeit"[17]. Sie sind dem Strafrechtler Richtlinien bei der Ermittlung und Ordnung der Fülle des Rechtsinhaltlichen[18]. Unter dem Gesichtspunkt, daß sie von dem „Wertungsstandpunkt" eines empirischen Strafgesetzgebers regiert werden, könnte man freilich auch diese Grundbegriffe des Strafrechts als „rechtssatzmäßige Begriffe" ansehen. Das Prädikat „Grundbegriff" hält Beling dennoch für berechtigt; denn wenn der strafgesetzgeberische „Wertungsstandpunkt" auch etwas Empirisches ist, so sind die strafrechtlichen Grundbegriffe doch nur Träger der von ihm ausgehenden „denknotwendigen Sinnzusammenhänge"[19], frei von den strafgesetzlichen Einzelwertungen. Sie beruhen mit anderen Worten auf einer rein gedanklichen Zergliederung der „Sinnseite" des Strafrechts und sind somit überempirisch[20].

II. Der gesetzgeberische „Wertungsstandpunkt" des deutschen Strafrechts

Als Vorfrage einer „apriorischen Grundlegung" des Strafrechts ist also der gesetzgeberische „Wertungsstandpunkt" festzustellen, welcher dem deutschen Strafrecht zugrunde liegt. Dies setzt die Kenntnis der

---

[13] Methodik (1922), 4.
[14] Die Formulierungen finden sich in Methodik (1922), 20, 5, in etwas anderem, aber verwandtem Zusammenhang.
[15] Grundzüge (1920), S. VI.
[16] Autobiogr. (1925), 15.
[17] Grundzüge (1930), S. III.
[18] Siehe Autobiogr. (1925), 18; Grundzüge (1925), S. V; Grundzüge (1930), S. III.
[19] Methodik (1922), 62 Anm. 48.
[20] Vgl. Krit. Vierteljahrsschr. 57 (1925), 56 f. (bzgl. der allgemeinen Grundbegriffe).

gerade dem Strafrecht als einem besonderen Recht*teil* zukommenden Aufgaben voraus. Alles Recht — sagt Beling — ist Ordnung sozialen Lebens; das Strafrecht muß ein Teil dieser Ordnung sein. Also: „*welche* Partien des gesellschaftlichen Daseins und in *welcher* Bedeutung sollen sie gerade hier geregelt werden?"[21] Ganz allgemein stellt er zunächst fest: Es geht im Strafrecht um *menschliche Verhaltensweisen*, und diese werden in *der* Bedeutung geregelt, daß sie unter bestimmten Voraussetzungen ein Leiden, genannt Strafe, nach sich ziehen sollen. Das Strafrecht ist also „der Inbegriff der Rechtssätze, die die Strafen nach Inhalt und Voraussetzungen normieren"[22].

Hiermit ist für Beling eine doppelte systematische Abgrenzung gewonnen, nämlich einerseits gegenüber dem Strafprozeßrecht, andererseits gegenüber den übrigen Rechtsteilen:

Das Strafprozeßrecht liegt logisch hinter dem Strafrecht; es normiert die Tätigkeiten, welche erforderlich sind, um die auf Grund des Strafrechts als gesollt festgestellten Strafen zu verwirklichen[23].

„Umgekehrt liegen die übrigen Rechtsteile als logisches prius derart vor dem Strafrecht, daß dieses in scharfer Abgrenzung sein eigenes Gebiet jenen gegenüber hat, daß es lediglich auf die Strafbarkeit als seinen Regelungsgegenstand beschränkt und nicht irgendwie auf eine Regelung des als strafbar genannten Verhaltens selber im Punkte seiner rechtlichen Statthaftigkeit oder Unstatthaftigkeit übergreift, daß es verglichen mit den übrigen Rechtsteilen lediglich ‚droit sanctionnateur', nicht ‚droit déterminateur', daß es akzessorisch, nicht systematisch prinzipal ist und seinen Sinn verliert, wenn man sich jene übrigen Rechtsteile hinwegdenkt."[24] Das Strafrecht normiert nur ein *„Leiden"* eines Menschen als unter bestimmten Voraussetzungen rechtmäßig; die Normierung menschlichen *Verhaltens* als gesollt oder verboten ist Aufgabe anderer Rechtsteile, des bürgerlichen Rechts, Verwaltungsrechts usw.[25]. Hierüber endgültig Klarheit geschaffen zu haben, sieht Beling als das bleibende Verdienst der Bindingschen Normentheorie an, wenn er diese auch hinsichtlich der Herausarbeitung detaillierter Einzelnormen und der Erfassung der Normen als eines besonderen Rechtsteils ablehnt[26].

---

[21] Methodik (1922), 29.
[22] Grundzüge (1925), 5 f.
[23] a.a.O., 6; Methodik (1922), 30; Strafprozeßrecht (1928), 1 f.
[24] Methodik (1922), 30.
[25] Grundzüge (1925), 7.
[26] L.v.V. (1906), 118 ff.; Krit. Vierteljahrsschr. 54 (1919), 115; Methodik (1922), 47 f.

II. Der gesetzgeberische „Wertungsstandpunkt" des Strafrechts

Zu dem dem deutschen Strafrecht zugrunde liegenden gesetzgeberischen „Wertungsstandpunkt" gelangt man nun aber erst, wenn man den Begriff der Strafe über das „unbestimmte Vorstellungsbild eines ‚Leidensollens nach rechtswidrigem Verhalten' "[27] hinaus präzisiert[28]. Hierbei ist Belings Auffassung nach zu bedenken, daß die „Strafe" ein reines „Noumenon" ist, eine Vorstellung, mit der wir einzelne reale Vorgänge in Verbindung bringen; erst durch eine „gedankliche Relation" gewinnen bestimmte Vorgänge für uns die Bedeutung der „Strafe". So sind z. B. in ihrer Eigenschaft als „faktische Ereignisse" das Verbrechen der „Freiheitsberaubung" (§ 239 StGB) von der strafweise erfolgenden Freiheitsberaubung, die zivilrechtliche Schuldzahlung von der Geldstrafe ununterscheidbar. „*Welche* gedanklichen Relationen aber es sind, die uns dazu bestimmen, den ‚Straf-Charakter' zu bejahen" — fährt Beling fort —, „das ist völlig subjektiv, ja in letzter Linie nur eine Frage der Benennung."[29] So stehen sich denn auch in der „Vergeltungstheorie" einerseits und der „Präventionstheorie" andererseits zwei Arten solcher „gedanklicher Relationen" gegenüber, die von grundverschiedenen Wertungsvorstellungen ausgehen. Welches ist nun der „Wertungsstandpunkt", von dem der Begriff der Strafe in unserem heutigen deutschen Strafrecht seine Bedeutung empfängt? Beling hält es für nicht zweifelhaft, daß es der auf dem Vergeltungsgedanken beruhende ist. Dies ergibt sich für ihn aus folgenden Überlegungen.

Unter „Vergeltung" — das Wort passivisch genommen — versteht man ganz allgemein „dasjenige Menschenschicksal, das man sich durch eigenes Verhalten zugezogen hat, und das ein Äquivalent für den inneren Wert dieses Verhaltens darstellt, sei es ein Äquivalent für wertvolles, innerlich verdienstliches Verhalten (Vergeltung in bonam partem, Belohnung), sei es ein Äquivalent für ein negativ bewertetes, innerlich schuldhaftes Verhalten (Vergeltung in malam partem)"[30]. Diese gedankliche Verknüpfung von Annehmlichkeiten oder Leiden, die jemandem widerfahren, mit einem vorangegangenen Verhalten durch das Bindeglied des „Verdienstes" oder der „Schuld" spielt — wie Beling feststellt — im realen menschlichen Leben eine große Rolle: „Wir können uns dem Begriff der Vergeltung so wenig entziehen, daß wir vielmehr bei Glück und Unglück eines Menschen fast unwillkürlich die Frage aufwerfen: hat derjenige, dem es widerfuhr, sein Geschick verdient? Oder ist ihm das Glück ohne Verdienst und Würdigkeit in den

---

[27] Methodik (1922), 52.
[28] Die folgenden Gedankengänge Belings finden sich vor allem in Vergeltungsidee (1908), 4 ff.
[29] a.a.O., 5 f.
[30] a.a.O., 7.

Schoß gefallen, das Unglück ohne seine Schuld über ihn hereingebrochen?"[31] Und im ersten Fall empfinden wir ein Gefühl der Befriedigung, der Beruhigung, im zweiten ein Gefühl der Unlust, des Unwillens, einen Mißklang in unserer Seele[32]; „diese Seelenregungen stellen sich bei jedermann ganz elementar ein"[33].

Es muß nach Belings Auffassung allerdings noch die Frage aufgeworfen werden, wie man sich zu der als einem universalen Phänomen erkannten Vergeltungsidee kritisch zu stellen hat. Handelt es sich hier nicht — ähnlich wie bei Neid, Schadenfreude usw. — um eine elementare Seelenregung des „natürlichen Menschen", gegen welche der „sittliche Mensch" ankämpfen muß[34]? Aber wem die Moral etwas Autonomes ist, wer die Normen der Moral dem eigenen Gewissen entnimmt — und Beling hält eine solche Auffassung für richtig[35] —, dem muß die Stellungnahme zu der Frage nach dem ethischen Inhalt der Vergeltungsidee als eine indiskutable Überzeugungssache des einzelnen erscheinen[36].

Beling meint daher, sich auf die erfahrungsmäßig feststehende Tatsache beschränken zu müssen, daß die Vergeltungsidee heute tatsächlich im Volk als sittliche Idee lebt[37]. Die *Rache* wird zwar allgemein als unsittlich gewertet. Dies aber nicht, „weil ihr Ergebnis, das den Schuldigen treffende Übel als solches, unserer sittlichen Auffassung widerstrebte, sondern wegen der mit ihr verbundenen Maßlosigkeit und des gerade darin liegenden *Widerspruchs* gegen die Vergeltungsidee; und sodann wegen der trüben egoistisch-leidenschaftlichen Quelle, aus der die Racheübung fließt ..."[38].

Mit der Feststellung, daß die Vergeltung von der Mehrzahl der Rechtsgenossen als etwas sittlich Wertvolles erlebt wird, ist für Beling allerdings noch nicht erwiesen, daß unser Strafrecht vom Vergeltungsgedanken beherrscht wird[39]. Es darf seines Erachtens nämlich nicht übersehen werden, daß die Vergeltungsidee dem Reich des Sollens, der absoluten Werte, angehört, das Recht aber etwas Wirkliches, ein „seiendes Sollen"[40] ist. Die Vergeltungsidee ist eine Forderung der

---

[31] a.a.O., 8.
[32] a.a.O., 11 ff.
[33] a.a.O., 13.
[34] a.a.O., 18.
[35] Vgl. oben S. 16.
[36] Vergeltungsidee (1908), 19.
[37] a.a.O., 20.
[38] a.a.O., 25; vgl. auch a.a.O., 25 Anm. 1.
[39] a.a.O., 29.
[40] Krit. Vieteljahrsschr. 58 (1927 ff.), 156.

II. Der gesetzgeberische „Wertungsstandpunkt" des Strafrechts 35

Ethik, die dem Inneren im Menschen gilt[41]; das Recht dagegen ist Ordnung des äußeren menschlichen Zusammenlebens, deren Inhalt die empirischen Werte, *Wertungen* eines „Rechtsordnungssubjekts" sind[42]. Dies wurde nach Belings Dafürhalten von den alten sog. absoluten Vergeltungstheorien i. S. Stahls, Hegels, Herbarts oder Kants mit ihrem seltsamen „Gemisch von naturrechtlichen, theologischen, moralisierenden, ästhetisierenden und überhaupt metaphysischen Erörterungen" nicht beachtet[43]. Die Strafe — wie es diese früheren Vergeltungstheorien taten — aus der absoluten Vergeltungsidee herzuleiten, hieße den Individuen die „richtige" Weltanschauung aufnötigen[44], den Staat zum „Tugendwächter" machen[45]. Wenn der Vergeltungsgedanke — argumentiert Beling — dasjenige sein soll, was dem empirischen Strafrecht das Gepräge aufdrückt, so muß ein außerhalb der Vergeltungsidee liegender empirischer Zweck aufgesucht werden, der die Normierung der Vergeltung durch das irdische Rechtsordnungssubjekt rechtfertigt und erklärt; die Vergeltung muß mit anderen Worten teleologisch begründet werden[46]. In diesem Sinne ist heute jede Straftheorie eine „relative"[47].

Eine solche teleologische Begründung des Vergeltungsgedankens ergibt sich Belings Meinung nach aus folgendem. Wie bereits erwähnt[48], handelt es sich für ihn bei dem Rechtsordnungssubjekt um einen Menschenverband, „der tatsächlich eine *autoritative Rolle* spielt, so daß die aufgestellte Ordnung keine rein theoretische Wertung ist, sondern kraft der im Hintergrunde stehenden Machtmittel ein gewisses Maß von Motivationskraft für die Entschließungen der Einzelnen entfaltet"[49]. Die Wahrung seiner Autorität liegt im Selbsterhaltungsinteresse des rechtssetzenden Verbandes[50]. Daß für den Zweck der Wahrung der staatlichen Autorität die Vergeltung nun ganz besonders wichtig ist, leuchtet unmittelbar ein. „Das der Autorität korrespondierende Gefühl des *Respekts* wird ... durch zwei Umstände erzeugt und genährt:

---

[41] Vergeltungsidee (1908), 19.
[42] Bei den Wertvorstellungen der „tonangebenden Schicht" muß es sich nach Beling um solche handeln, die gerade den Gegebenheiten des sozialen Lebens zugewandt sind; siehe ZStW 44 (1924), 221. Über das Verhältnis von Recht und Kultur siehe ebenfalls ZStW 44 (1924), 222: „... und man aus den außerrechtlichen Bestandteilen der Kultur (aus Moralanschauungen usw.) niemals auf Rechtsnormen schließen kann."
[43] Vergeltungsidee (1908), 1, 29 f.; Grundzüge (1925), 3.
[44] Vergeltungsidee (1908), 31.
[45] a.a.O., 50.
[46] a.a.O., 2, 36; Autobiogr. (1925), 21.
[47] Vergeltungsidee (1908), 3.
[48] Siehe oben S. 19.
[49] Rechtsw. u. Rechtsph. (1923), 15; Hervorhebung hinzugefügt.
[50] Vergeltungsidee (1908), 36.

einmal durch die Erkenntnis der *Machtbewährung*, sodann durch die *Zufriedenheit* mit dieser. Vor dem Ohnmächtigen hat man keinen Respekt; und ebensowenig vor dem Machthaber, dessen Schritte man mißbilligt ... Die Vergeltung durch den Staat entspricht durchaus jenen Bedingungen. In ihr tritt nachdrücklich die Macht des Staates hervor; und sie löst ... allseitig das Gefühl der Befriedigung oder Genugtuung aus."[51] Die Bedeutung der Vergeltung für die Wahrung der staatlichen Autorität wird nach Belings Meinung besonders deutlich, wenn man sich einen rechtsetzenden Verband vorstellt, der auf eine Vergeltung der seiner Ordnung widersprechenden Verhaltensweisen gänzlich verzichtet. „Mit dem Emporlodern der eigenmächtigen Vergeltung, das dann unfehlbar eintreten würde, dem Faustrecht, wäre, wie die Geschichte lehrt, die Autorität des Staates untergraben; die staatliche Rechtsordnung wäre damit abgedankt. Diesem Verlust der Autorität könnte der Staat auch durch eine noch so intensive Vorbeugungstätigkeit gegen künftige Übeltaten nicht begegnen ..."[52]

Stellt man auf das Motiv ab, das hinter dem Interesse des Staates an der Wahrung seiner Autorität letztlich steht — daß nämlich künftiges Unrecht verhindert werden soll —, so kann man auch — sagt Beling — von einer „generalpräventiven Wirkung der Strafe" sprechen[53].

Als der dem deutschen Strafrecht zugrunde liegende „Wertungsstandpunkt" erweist sich nach Beling somit, daß staatliche Vergeltungstätigkeit zur Wahrung und Stärkung der eigenen Autorität unentbehrlich sei[54].

III. Die „apriorische Grundlegung" im Strafrecht (1. Abschnitt)

Nach der Klärung des dem Strafrecht zugrunde liegenden gesetzgeberischen „Wertungsstandpunkts" stellt sich für Beling die Aufgabe einer „apriorischen Grundlegung". Welches sind also die „Denknotwendigkeiten" eines auf dem Vergeltungsgedanken beruhenden Strafrechts?

---

[51] a.a.O., 38.
[52] a.a.O., 39.
[53] a.a.O., 41 f.; Grundzüge (1925), 3.
[54] Neben diesem „durch den Sicherungsgedanken nicht verfälschten Strafrecht" ist nach Belings Auffassung noch ein „durch den Vergeltungsgedanken nicht verfälschtes Sicherungsrecht" erforderlich, das systematisch gesehen aber ein Teil des Verwaltungsrechts sei und den Namen „Strafrecht" nicht verdiene; siehe Autobiogr. (1925), 22; Grundzüge (1925), 4; Vergeltungsidee (1908), passim, besonders 114 ff.; Methodik (1922), 51 ff.; hierauf ist in diesem Zusammenhang aber nicht näher einzugehen.

III. Die „apriorische Grundlegung" im Strafrecht (1. Abschnitt) 37

1. Der Handlungsbegriff

Beling geht von der schon oben[55] erwähnten Feststellung aus, daß das Strafrecht innerhalb des sozialen Lebens nur *menschliches Verhalten* regelt; Strafen gegen juristische Personen oder Tiere seien nicht nur unter dem Gesichtspunkt eines „Vergeltungsstrafrechts", sondern nach jeder beliebigen Strafrechtstheorie undenkbar[56]. Aus dem Wesen der Vergeltungsstrafe als Äquivalent für ein innerlich fehlerhaftes Verhalten ergebe sich nun aber zugleich noch die weitere Einschränkung, daß Gegenstand des Strafrechts nur menschliches Verhalten sein könne, welches einer *Willensentschließung* entspringe[57]. Bezeichnet man — führt Beling aus — das von „Willkür" getragene menschliche Körperverhalten als „Handlung" (im weiteren Sinne), in sich schließend die „Handlung im engeren Sinne = die „gewollte Körperbewegung", „Muskelregung", und die „Unterlassung" = die „gewollte Regungslosigkeit", „Muskelruhe"[58], so kann man feststellen: „Verbrechen ist ‚Handlung' "[59]. Mit dem Handlungsbegriff ist der erste für das Strafrecht bedeutsame „Grundbegriff" klargelegt. Seine Bedeutung liegt in der Negative: „in der Ausschaltung aller Vorkommnisse, die *nicht* Handlung sind, als für das Strafrecht *von vornherein* nicht in Betracht kommend, in der Überflüssigmachung jeder weiteren strafrechtlichen Betrachtung."[60] Der Handlungsbegriff ist für Beling eine „abstrakte Kategorie"[61], eine im Wege „kritizistischer Vorarbeit"[62] gewonnene „Richtlinie für die Ermittlung der materiellen Inhalte des Strafrechts"[63], freilich eine solche mit negativer Funktion. In seiner Eigenschaft als „formale Richtlinie", als „Fragegesichtspunkt"[64] ist der Handlungsbegriff allerdings inhaltleer, gewissermaßen ein „blutleeres Gespenst"[65]. Für die Feststellung, daß eine Handlung vorliegt, kommt es weder auf den Inhalt des Willensentschlusses noch auf die Beschaffenheit des von diesem getragenen Verhaltens an[66].

---

[55] S. 32.
[56] L.v.V. (1906), 8 m. Anm. 2.
[57] Vergeltungsidee (1908), 53.
[58] L.v.V. (1906), 9; Grundzüge (1925), 20.
[59] L.v.V. (1906), 9.
[60] a.a.O., 17.
[61] Grundzüge (1920), 16; Grundzüge (1925), 19.
[62] Autobiogr. (1925), 18.
[63] a.a.O., 18.
[64] Vgl. ZStW 44 (1924), 221.
[65] L.v.V. (1906), 17.
[66] Vgl. Grundzüge (1925), 20. — Unter dieser Voraussetzung sei es auch — entgegen Radbruchs Behauptung (in: Der Handlungsbegriff in seiner Bedeutung für das Strafrechtssystem, Berlin, 1903, 131 ff.) — kein Fehler, die Unterlassung und Handlung i. e. S. dem Handlungsbegriff i. w. S. zu unter-

2. Rechtswidrigkeit und Schuld

Zu den „Denknotwendigkeiten" eines Strafrechts, das die vergeltende Tätigkeit des Staates zum Zwecke der Autoritätswahrung und -stärkung regelt, gehört nun offensichtlich aber auch, daß Strafe nur für solche Handlungen verhängt wird, die mit der Rechtsordnung nicht im Einklang stehen, in diesem zunächst ganz allgemeinen Sinn also rechtswidrig sind. Dieser Begriff der Rechtswidrigkeit ist nun allerdings nicht nur ein strafrechtlicher Grundbegriff, sondern ein allgemeiner Grundbegriff alles Rechts überhaupt. Man kann nämlich — sagt Beling — „fernab von jeder Kenntnis der Bestimmungen der positiven Rechte"[67] in rein gedanklicher Zergliederung der Sinnseite des Rechtsbegriffs folgende Überlegungen anstellen[68]: Alles Recht ist Ordnung menschlichen Zusammenlebens, deren jeweiliger Inhalt durch einen Menschenverband als Rechtsordnungssubjekt *autoritativ und willensmäßig* bestimmt wird[69]. Das Recht ist somit durchweg imperativischer Natur. Aus dieser „psychologischen"[70] Feststellung darf allerdings nicht der Schluß gezogen werden, daß sich das gesamte Recht — wie die sog. Imperativentheorie behauptet — in eine mehr oder weniger große Zahl von Imperativen zerlegen lasse, daß der Imperativ die einzig denkbare Rechtssatzform sei. Wäre dies so, dann müßte das Recht — da der Imperativ sich an das Innere im Menschen wendet — „eine Ordnung menschlichen Innenlebens"[71] sein. Recht ist aber gerade Ordnung des *äußeren* Zusammenlebens der Menschen. Nur deshalb, weil eine äußere Ordnung lediglich auf dem Wege menschlicher Entschließungen erreichbar ist, muß das Recht imperativisch sein; das Befehlen ist also nur Mittel zum Zweck[72]. Es ist zu bedenken — sagt Beling —, „daß der Imperativ, logisch analysiert, Zweierlei enthält: Das ‚Daß' des ‚Du sollst', und das ‚Was' gesollt sein soll. Die Vielheit von Rechtssätzen ergibt sich nicht aus dem imperativischen Moment selber — dieses ist vielmehr überall identisch —, sondern aus der Vielheit der Inhalte. Folglich sind den ‚Befehlen' *sachliche Wertungen* logisch vorgeordnet.

---

stellen. Radbruchs Ergebnis beruhe auf der unzulässigen Hereinziehung des Handlungs- und Unterlassungs*inhalts* in den Handlungs- und Unterlassungs*begriff*, auf der „Konfundierung des ‚Nichtstun' mit ‚etwas nicht tun' "; siehe L.v.V. (1906), 14 f.

[67] Krit. Vierteljahrsschr. 54 (1919), 114.

[68] Zum folgenden siehe vor allem Krit. Vierteljahrsschr. 56 (1923), 339 ff.; 57 (1925), 66, 71 f.; ARWP 20 (1926/27), 71 ff. Zu den folgenden Fragen hat sich Beling auch in einem Brief an Herrn Professor Engisch vom 14. März 1924 ausführlicher geäußert.

[69] Vgl. oben S. 19.

[70] Beling in dem erwähnten Brief vom 14. März 1924; vgl. Anm. 68.

[71] ARWP 20 (1926/27), 71.

[72] a.a.O., 71.

III. Die „apriorische Grundlegung" im Strafrecht (1. Abschnitt) 39

Wer keine solchen vollzogen hat, kann nichts befehlen"[73]. Die Rechtsordnung habe somit „zwei strukturell geschiedene logische Bestandteile"[74] in sich: primär eine „Güterordnung", einen „Normenkomplex, der die Gegebenheiten des sozialen Daseins mit positiven und negativen Wertvorzeichen versieht und so festlegt, was sein soll und was nicht sein soll"[75]; sekundär den umfassenden Imperativ des Rechtsordnungssubjekts: „danach richtet Euch"[76]. Innerhalb jener ersten, vor dem Imperativ liegenden Gruppe von Rechtssätzen herrscht das „Soll" als ein adresseloses „es soll" (natürlich immer im Hinblick auf den anschließenden Imperativ); erst der Imperativ richtet sich an die Seelen, bindet die Entschließungen der Menschen[77]. Nunmehr kann Beling die Rechtswidrigkeit als allgemeinen Grundbegriff bestimmen: „,Rechtswidrig' kann nichts anderes bedeuten, als den Widerstreit einesteils der Gegebenheiten des gesellschaftlichen Lebens mit den in diesem oder jenem Verbande maßgeblichen Wertungen (objektives Unrecht) und anderenteils der menschlichen Entschlüsse gegenüber dem zu jenen Wertungen zugehörigen Imperativ (Entschlußunrecht)."[78]

Diese allgemeine „rechtserkenntnistheoretische Kategorie"[79] der Rechtswidrigkeit muß jetzt in die denknotwendigen Sinnzusammenhänge eines Vergeltungsstrafrechts eingestellt werden; sie muß zu dem Wertungsstandpunkt „Strafe als Vergeltung zum Zwecke der Wahrung und Stärkung staatlicher Autorität" in Beziehung gesetzt werden und hierdurch ihre „Legitimation" als *strafrechtlicher* Grundbegriff erhalten.

a) Die „objektive Rechtswidrigkeit"

Aus dem Vergeltungsgedanken — führt Beling aus — ergibt sich nun zunächst, daß Strafe überhaupt nur an solche Handlungen angeknüpft werden kann, die — unabhängig von ihrer Beschaffenheit im einzelnen

---

[73] Beling in dem erwähnten Brief vom 14. März 1924.
[74] a.a.O.
[75] ARWP 20 (1926/27), 71.
[76] Krit. Vierteljahrsschr. 56 (1923), 340; 57 (1925), 71. In Grundzüge (1930), 18, spricht Beling allerdings von den Imperative*n* „der Rechtsordnung, nach denen die in der letzteren enthaltenen Wertnormierungen für die menschlichen Entschließungen leitend sein sollen". Hier kann es sich wohl aber nur um eine etwas ungenaue Formulierung handeln. — Siehe auch Unschuld (1910), 7, wo Beling von einer „an die innere Welt des Menschen gerichteten" Norm redet; Verdeutlichung auf S. 11 ff.
[77] Beling weist auf die innere Verwandtschaft seiner Gedankengänge mit denen von Max Wenzel in dessen „Juristischen Grundproblemen" (1920), und Mezger, G.S. 89 (1924), 215 ff., hin; siehe Krit. Vierteljahrsschr. 56 (1923), 340.
[78] ARWP 20 (1926/27), 73; siehe auch Methodik (1922), 67.
[79] Methodik (1922), 14.

— jedenfalls den staatlichen Wertungen widerstreiten, d. h. objektiv rechtswidrig sind; denn was die Autoritäts*wahrung* anbelangt, so setzt diese eine Autoritätsgefährdung voraus; eine Gefährdung seiner Autorität kommt für das Rechtsordnungssubjekt aber nur unter der Voraussetzung in Betracht, daß die von ihm errichtete Ordnung des äußeren Zusammenlebens nicht eingehalten wird. Ebensosehr setzt der Gedanke der Autoritäts*stärkung* „objektives Unrecht"[80] voraus; denn wenn der Staat nicht „Tugendwächter" ist, sondern nur das äußere Zusammenleben der Menschen regelt, so sind auch unter diesem Gesichtspunkt staatliche Reaktionen nur gegen objektiv rechtswidriges Handeln, nicht gegen ethisch schlechtes Handeln als solches denkbar[81]. Die der Idee nach „sittliche Vergeltung" muß sich also unter den Händen des Staates in „rechtliche Vergeltung" umwandeln[82]. Die objektive Rechtswidrigkeit erweist sich somit für Beling neben der Handlung als zweiter strafrechtlicher Grundbegriff.

Als „strafrechtserkenntnistheoretische Kategorie" ist sie einerseits ein „Ordnungsbegriff"[83] im strafrechtlichen System, andererseits ein „Fragegesichtspunkt"[84], unter welchem das Rechtsinhaltliche in „juristischer Kleinarbeit"[85] ermittelt wird. Diese „Inslichtstellung der Bezugsobjekte der Rechtswidrigkeit", d. h. „die Antwort darauf, *was* denn nun alles rechtswidrig sei"[86], wird oft als „materielle Rechtswidrigkeit" bezeichnet. Eine solche Ausdrucksweise lehnt Beling aber als „Quelle vielfältiger Unklarheit" ab[87]. Die Tatsache, daß die Rechtswidrigkeit auch eine materielle Seite habe, daß es demgemäß auch „Stärkegrade der Rechtswidrigkeit"[88] je nach dem Wert der verletzten Interessen und dem Maß ihrer Beeinträchtigung[89] gebe, dürfe nicht darüber hinwegtäuschen, daß im Rahmen einer „apriorischen Grundlegung" nur die formelle Feststellung gemacht werden könne, eine Handlung stehe mit der staatlichen Rechtsordnung im Widerspruch; alles darüber Hinausgehende basiere bereits auf dem „Rechtsinhaltlichen"[90].

---

[80] Die Begriffe Unrecht und Rechtswidrigkeit benutzt Beling synonym, siehe z. B. L.v.V. (1906), 40 f.; L.v.T. (1930), 9.
[81] Siehe Vergeltungsidee (1908), 50 ff., 63; siehe auch Grundzüge (1925), 16.
[82] Vergeltungsidee (1908), 50.
[83] ZStW 44 (1924), 221.
[84] a.a.O., 221.
[85] Krit. Vierteljahrsschr. 54 (1919), 115.
[86] ZStW 44 (1924), 222.
[87] ARWP 20 (1926/27), 74; siehe auch L.v.V. (1906), 128, 137; ZStW 44 (1924), 221 f.; Grundzüge (1930), 14.
[88] L.v.V. (1906), 128.
[89] Siehe Vergeltungsidee (1908), 63; Unschuld (1910), 8 f. Anm. 2 (S. 9).
[90] Besonders klar in diesem Zusammenhang: Vergeltungsidee (1908), 65 Anm. 1; dort wird allerdings noch in Anlehnung an Bindings Normentheorie vom Widerspruch gegen den *Willen* der Rechtsordnung gesprochen; derselbe

III. Die „apriorische Grundlegung" im Strafrecht (1. Abschnitt)   41

Für gänzlich unzulässig hält es Beling, über den Begriff der „materiellen Rechtswidrigkeit" „schlechterdings außerrechtliche Gebilde"[91] in das positive Recht einzuschleusen, wie man es tue, wenn man die Rechtswidrigkeit als „Sozialgefährlichkeit", „Kulturwidrigkeit", „Unmoralität" definiere oder als ein „unrichtiges Verhalten", d. h. ein solches, das „nicht anerkannt werden kann als rechtes Mittel zum Zweck". Hier liegt seines Erachtens eine handgreifliche Vertauschung „des gesetzgeberischen Ideals mit dem Wesen des gesetzgeberischen Produkts vor"[92], eine unzulässige Verquickung von Rechtswirklichkeits- und Rechtswertbetrachtung, eine Verkoppelung der lex lata mit der lex ferenda[93]. Die materielle Seite der Rechtswidrigkeit, d. h. die Feststellung, was alles im einzelnen rechtswidrig ist, ergibt sich für Beling vielmehr allein aus Gesetz, Gewohnheitsrecht und den „Wertungsvorstellungen", welche innerhalb der „tonangebenden Schicht" des Volkes bezüglich der „Gegebenheiten des sozialen Lebens" herrschen.

b) Die „Rechtsschuld"

Ebenso denknotwendige Voraussetzung wie das objektive Unrecht ist für ein Vergeltungsstrafrecht nun aber auch das Entschlußunrecht, der Widerstreit der menschlichen Entschlüsse mit dem umfassenden Imperativ des Rechtsordnungssubjekts, sich an die von ihm aufgestellte Rechtsordnung zu halten. Ist nämlich Vergeltung ihrem Begriff nach ein Äquivalent gerade für den *inneren* Wert bzw. Unwert eines Verhaltens — argumentiert Beling —, so folgt daraus, daß reine „Erfolgshaftung" mit einem Vergeltungsstrafrecht unvereinbar ist[94]; und da es dem Staat nicht um die Verwirklichung der absoluten Vergeltungsidee geht, sich in seinen Händen die „sittliche" Vergeltung in eine „rechtliche" Vergeltung umwandelt, so kann es für den Unwert der die rechtswidrigen Handlungen tragenden menschlichen Willensentschlüsse nicht darauf ankommen, ob sie aus „ethisch-trüber Quelle" fließen, sondern nur hierauf: ob sie dem umfassenden Imperativ des Rechtsordners, sich nach seinen Wertsetzungen zu richten, widersprechen[95].

Gedanke steht aber auch hinter den Formulierungen in: L.v.V. (1906), 128: „... daß der Begriff der Unbotmäßigkeit (sc. i. S. von Rechtswidrigkeit) eben nur begrifflich, aber nicht quantititiv das Unrecht fixiert"; vgl. auch S. 136 f.; ARWP 20 (1926/27), 74: „... als könne es etwas geben, was zwar formell, aber nicht auch materiell rechtswidrig sei und umgekehrt. Und wann soll es dann auf den einen, wann auf den anderen Rechtswidrigkeitsbegriff ankommen?"; siehe auch ZStW 44 (1924), 221 f.; Grundzüge (1930), 14.

[91] L.v.V. (1906), 137.
[92] a.a.O., 32 f., 137 ff.
[93] a.a.O., 32 f., 137 ff.; ARWP 20 (1926/27), 74; ZStW 44 (1924), 221 f.; vgl. auch oben S. 16, 23.
[94] Vergeltungsidee (1908), 53.
[95] a.a.O., 50 ff.

Durch den Vergeltungsgedanken empfängt der Begriff des „Entschlußunrechts" nun aber zugleich noch eine nähere Ausgestaltung; ein Strafübel, als „verdientes" Äquivalent für einen imperativwidrigen Handlungsentschluß, ist nur dann sinnvoll, wenn dieser Handlungsentschluß vorwerfbar ist; ohne Vorwurf keine Vergeltung[96]. Als denknotwendige Voraussetzung alles Vergeltungsstrafrechts stellt Beling somit fest: Strafbar ist nur eine objektiv rechtswidrige Handlung, deren innere Seite (Handlungswille, Handlungsentschluß) *rechtlich vorwerfbar* ist[97]. Er bezeichnet dieses Erfordernis als „Rechtsschuld"[98].

Dieser strafrechtliche Grundbegriff der „Rechtsschuld" ist mit den bisherigen Überlegungen aber noch nicht voll entfaltet. Zunächst muß noch geklärt werden, ob denn überhaupt — und gegebenenfalls unter welchen Voraussetzungen — ein rechtswidriger (imperativwidriger) Handlungsentschluß vorwerfbar ist: Dem Menschen kann eine Handlung vorgeworfen werden — führt Beling aus —, wenn sie „Ausdruck einer in ihm vorhandenen Spontaneität (Selbstbestimmung) ist, von der aus er sich für oder gegen das Handeln entscheiden konnte"[99]. Damit erweist sich der Schuldbegriff des Vergeltungsstrafrechts als unvereinbar mit dem Standpunkt des Determinismus. Andererseits wird aber auch nicht der Indeterminismus „alten Stils" vorausgesetzt, „demzufolge der Mensch auch nicht einmal ein Fluidum von den Motiven her verspüren sollte; wohl aber der ‚bedingte' Indeterminismus, der es ablehnt, die menschlichen Handlungen als das notwendige Ergebnis des ohne Zutun des Menschen gegebenen Charakters und der jeweils auftretenden motivierenden Kräfte anzusehen, und vielmehr die Widerstandskraft des Menschen als eine dritte mitwirkende und den Ausschlag zu geben geeignete Kraft, die man getrost auch die Vernunft nennen kann, mit in Ansatz bringt"[100]. Voraussetzung aller Rechtsschuld ist für Beling damit eine „seelische Verfassung, in der die Widerstandskraft als Kraft dem Rechte gehorsam zu sein, vorhanden ist"[101]. Das ist der strafrechtliche Begriff der „Zurechnungsfähigkeit", gewissermaßen die „kriminalistische Seite der Willensfreiheit"[102]. Wer über eine „Widerstandskraft" der geschilderten Art nicht verfügt, wer mit anderen

---

[96] a.a.O., 53
[97] Siehe Grundzüge (1925), 39; Grundzüge (1930), 17 f.; Unschuld (1910), 6.
[98] Etwas anders als in der hier geschilderten Weise entwickelt Beling den Begriff der „Rechtsschuld" in Krit. Vierteljahrsschr. 54 (1919), 114; ein sachlicher Unterschied besteht aber kaum. Deshalb soll darauf nicht näher eingegangen werden.
[99] Grundzüge (1925), 40.
[100] Vergeltungsidee (1908), 54; siehe auch Grundzüge (1925), 40 f.; Autobiogr. (1925), 21.
[101] Grundzüge (1925), 41.
[102] a.a.O., 41; Grundzüge (1930), 19.

III. Die „apriorische Grundlegung" im Strafrecht (1. Abschnitt) 43

Worten unzurechnungsfähig ist, über den kann das Unwerturteil der „Rechtsschuld" von vornherein nicht gefällt werden. Die Zurechnungsfähigkeit betrachtet Beling daher als eine Schuldvoraussetzung[103].

Darüber hinaus ist aber festzustellen, worin der Vorwurf, imperativwidrig gehandelt zu haben, genauer besteht. Beling hält dies deshalb für notwendig, weil sich aus dem Wesen der Vergeltung als eines *Äquivalentes* für den inneren Wert bzw. Unwert einer Handlung die Forderung ergibt: Vergeltung nur nach dem Grade der Schuld; die denkbaren Stärkegrade der Rechtsschuld als eines vergeltungsstrafrechtlichen Grundbegriffs müssen also klargelegt werden[104].

Dabei ist dies von vornherein sicher: Je größer die „Widerstandskraft", die „Vernunft" eines Menschen ist, um so leichter hätte er die zur Tat hindrängenden Motive besiegen und den staatlichen Imperativ befolgen können, um so größer ist also das Maß seiner Schuld; und umgekehrt: „Je saurer der Sieg dem Einzelnen nach seiner psychischen Veranlagung gemacht war, um so geringer seine Schuld."[105] Beling spricht hier von unterschiedlichem „Schuldmaß"[106].

Verschiedene Schuldgrade sind aber noch unter einem anderen Gesichtspunkt denkbar. Wenn der Schuldvorwurf darin besteht, daß jemand trotz vorhandener „Widerstandskraft" der Aufforderung, sich der Rechtsordnung gemäß zu verhalten, nicht nachgekommen ist, so bedeutet dies — wie Beling ausführt — des näheren: entweder, daß er sich von der bei ihm vorhandenen „Hemmungsvorstellung", objektiv rechtswidrig zu handeln, nicht — wie von ihm erwartet wurde und erwartet werden konnte — zum Aufgeben seines Entschlusses hat motivieren lassen; oder aber, daß er zu dieser „Hemmungsvorstellung" der objektiven Rechtswidrigkeit seiner Handlung gar nicht vorgedrungen ist, obwohl auch dies von ihm erwartet wurde und erwartet werden konnte, denn „indem die Rechtsordnung ein Musterbild für das gesellschaftliche Leben zeichnet, wie es sein soll, erheischt sie von den Einzelnen nicht nur, daß sie sich nach diesem Musterbilde richten, sondern auch, daß sie sich ständig und jeweils bei ihren Entschließungen innerlich überwachen, um mit diesen nicht von dem Muster abzuweichen"[107]. Im

---
[103] Unschuld (1910), 13 f. Anm. 1; Grundzüge (1925), 40 ff.
[104] Vgl. Vergeltungsidee (1908), 62 ff.
[105] a.a.O., 66; ebenso Grundzüge (1925), 42; als Beispiele für ein geringeres Schuldmaß in diesem Sinne nennt Beling Jugendliche, „geistig Minderwertige"; die Mutter im Fall der „Kindestötung" (§ 217 StGB) (verminderte Widerstandskraft infolge eines „physiologischen Zustandes"); siehe Grundzüge (1925), 42.
[106] siehe Grundzüge (1925), 42.
[107] Methodik (1922), 68; siehe auch Vergeltungsidee (1908), 64 ff.; Unschuld (1910), 33 ff.; Grundzüge (1925), 42 f.; Grundzüge (1930), 20 f.

ersten Fall — sagt Beling — weiß der Handelnde, daß seine Handlung der Rechtsordnung widerstreitet oder zumindest möglicherweise rechtswidrig ist, aber anstatt sich durch diese Vorstellung von der Handlung abhalten zu lassen, kommt es ihm entweder gerade auf das Unrecht an, oder er steht der Vorstellung des Unrechts gleichgültig gegenüber, oder sie ihm sogar unangenehm, aber er billigt sie doch, weil ihm seine Handlung in irgendeiner anderen Richtung einen Anreiz bedeutet; im zweiten Fall erwägt der Handelnde entweder die Möglichkeit, seine Handlung könne rechtswidrig sein, schließt diese infolge „falscher Chancenabwägung" aber aus, oder der Gedanke, seine Handlung könne rechtswidrig sein, kommt in ihm gar nicht erst auf, weil er seinen Handlungsentschluß nicht mit der ihm möglichen Sorgfalt gefaßt hat[108]. Das eine Mal — die Fälle des „dolus" — bezieht sich der Vorwurf auf den „Willens*inhalt*", das andere Mal — die Fälle der „culpa" — bezieht sich der Vorwurf auf den „Willens*bildungsprozeß*"[109]. Der Vorwurf des „dolus" ist schwerer, weil er ein solcher der „speziellen Rechtsfeindlichkeit"[110] ist; der Vorwurf der „culpa" ist geringer, weil es nur der „einer allgemeinen Unzulänglichkeit seelischer Art"[111] ist. Diese „allgemeine rechtliche Unzulänglichkeit seelischer Art" — führt Beling aus — ist als solche zwar irrelevant, kann aber mit einer einzelnen rechtswidrigen Handlung strafrechtliche Bedeutung erhalten, wie ja auch sonst die generell vorzuwerfende Unaufmerksamkeit zugleich als „Spezialfehlerhaftigkeit einer einzelnen Leistung" aufgefaßt werden kann: „Rügt man an einer Prüfungsarbeit eines Kandidaten die mangelnde Sorgfalt, so erscheint eben infolgedessen die Arbeit selbst als fehlerhaft."[112] Diese beiden denkbaren, in ihrer Schwere unterschiedlichen „Schuldstufen" — dolus und culpa[113] — sind für ein Vergeltungsstrafrecht bei der

---

[108] Wie Anm. 107; besonders Unschuld (1910), 34 ff.
[109] Grundzüge (1925), 42 f.; Unschuld (1910), 36.
[110] Grundzüge (1925), 43.
[111] a.a.O., 43.
[112] Unschuld (1910), 36 f. Anm. 1; dort wendet sich Beling gegen die Ansicht Kohlrauschs, die unbewußte Fahrlässigkeit sei im Grunde ein delictum sui generis: „Vorsätzliche Unaufmerksamkeit (mit schädlichem Erfolg)"; siehe auch Grundzüge (1925), 43.
[113] Beling bevorzugt die Begriffe „dolus" und „culpa", um klarzustellen, daß es sich hier um termini technici handelt, welche von den vorjuristischen Ausdrücken Vorsatz und Fahrlässigkeit zu unterscheiden seien (vgl. Unschuld (1910), 28 ff.; Methodik (1922), 74 ff.; Grundzüge (1930), 42). Insbesondere komme dem Begriff des Vorsatzes im außerjuristischen Bereich eine rein psychologische Bedeutung zu, indem man darunter nichts anderes als „die auf Etwas gerichtete Willensregung" (Methodik (1922), 78) verstehe, während im strafrechtlichen Sinn Vorsatz sowohl als Fahrlässigkeit „*Fehler* einer Wollung, also *Wertrelationen*" (Grundzüge (1925), 43) bezeichneten. „Irgendeinen ‚Vorsatz' im vorjuristischen Sinne" — stellt Beling fest — „hat jeder Handelnde; juristisch aber ist damit noch keine Vorsätzlichkeit bejaht; z. B. stellt der ‚Vorsatz, auf eine Scheibe zu schießen', juristisch nur fahrlässige

III. Die „apriorische Grundlegung" im Strafrecht (1. Abschnitt)   45

Festlegung des Strafübels, das ja ein Äquivalent für die Schuld sein soll, von grundlegender Bedeutung.

Es hat sich gezeigt, daß Beling die „Rechtsschuld" als ganz auf der subjektiven Tatseite liegend betrachtet, daß er sie als den „inneren Tatwert" streng von dem „äußeren Tatwert" — der objektiven Rechtswidrigkeit — trennt[114]. Trotzdem erkennt er dem äußeren Tatwert eine gewisse Bedeutung für die Höhe der Schuld zu. Der äußere Tatwert beeinflußt diese allerdings nicht als solcher — unmittelbar —, sondern „vermittelt durch das subjektive Moment der Hemmungsvorstellung"; denn je größer das objektive Unrecht ist, um so eher wird seine Kenntnis den Täter dazu bringen, die Handlung zu unterlassen: „Je höher das Interesse rechtlich bewertet ist, gegen das die Tat in concreto anläuft, und je größer der Abbruch ist, der ihm durch die Tat in concreto geschieht, je wuchtiger also die staatliche Norm auftritt und somit die Staatsautorität engagiert erscheint, um so imponierender sind auch die Hemmungsvorstellungen, soweit der Träger jene Bedeutung kennt: Tötungsschuld größer als Sachbeschädigungsschuld; schuldhafte Beschädigung einer wertvollen Sache, deren Wert der Täter kennt, von schwererer Schuldbedeutung als schuldhafte Beschädigung einer Sache, der der Täter nur geringeren Wert zuschreibt."[115]

Außerdem können auch bestimmte Begleitumstände die Höhe der Schuld beeinflussen, wie Beling dies z. B. bei dem von Frank[116] angeführten Fall annimmt, daß sich der Täter in einer Notlage befindet. Aber derartige Begleitumstände üben den Einfluß ebenfalls nicht — wie Beling Frank entgegenhält — als solche aus, sondern nur weil und sofern sie in der Psyche des Täters reflektiert sind; somit mache es auch keinen Unterschied, ob sie wirklich vorlagen oder ob der Handelnde sich nur in ihnen befangen wähnte[117]. Beling geht wohl davon aus, daß hier die „Widerstandskraft" des Handelnden und demzufolge auch der Schuldvorwurf geringer ist. Für den Fall der Kindestötung (§ 217 StGB) spricht er dies dann auch ausdrücklich aus: die Mutter

---

Tötung dar, wenn der Schütze infolge mangelhafter Sorgfalt nicht voraussah, daß ein Mensch getötet werden werde" (a.a.O., 43). Beling ist der Auffassung, daß in der Vorsatzlehre der „Scholastizismus, wenn man darunter Bildung der Begriffe ohne Rücksicht auf ihren Zweck versteht" (Methodik (1922), 75), Triumphe gefeiert habe, indem man in „deskriptisch-psychologischer Darlegung ohne Anlegung des *Wert*maßstabes" (Unschuld (1910), 28) von einem vermeintlich extra jus fertigen Vorsatzbegriff ausgegangen sei.

[114] Unschuld (1910), 8 Anm. 2; Grundzüge (1925), 39; Vergeltungsidee (1908), 62 ff.
[115] Vergeltungsidee (1908), 64 f.; vgl. auch Unschuld (1910), 8 f. Anm. 2.
[116] Aufbau des Schuldbegriffs (1907), 519 ff.
[117] Unschuld (1910), 8 f. Anm. 2.

befinde sich in einem „physiologischen Zustand", welcher die „Widerstandskraft" abschwäche[118].

Damit ist der vergeltungsstrafrechtliche Grundbegriff der Rechtsschuld, wie ihn Beling meint, in seinen wesentlichen Zügen umrissen.

IV. Präzisierung und Ergänzung des gesetzgeberischen „Wertungsstandpunkts": Die „Deliktstypen"

Für die „apriorische Grundlegung" war bisher der gesetzgeberische Wertungsstandpunkt des deutschen Strafrechts dahin umschrieben worden, der Staat vergelte zum Zweck der Autoritätswahrung und -stärkung. Diese Umschreibung präzisiert und ergänzt Beling nun in einer für die weitere „apriorische Grundlegung" entscheidenden Weise.

Was die Präzisierung anbelangt, so stellt er fest, daß die Vergeltungstätigkeit des Staates nicht im vollen Umfang des Vergeltbaren stattfinden darf, sondern sich auf das zur Wahrung und Stärkung der staatlichen Autorität unbedingt erforderliche Maß beschränken muß. Einmal nämlich trete die autoritätswahrende und -stärkende Wirkung der staatlichen Vergeltungstätigkeit ohnehin schon dann ein, wenn diese nur *grundsätzlich*, in wesentlichen Fällen, ausgeübt werde, und außerdem könnten unter bestimmten Umständen auch andere Interessen stärker sein als gerade das an der Wahrung der staatlichen Autorität[119]. In die gleiche Richtung zielt nach Belings Auffassung das „Rechtsbestimmtheitsbegehren"[120] des im 18. Jahrhundert aufkommenden Liberalismus, der — und dies betrifft die erwähnte Ergänzung — den unserem Strafrecht zugrunde liegenden Wertungsstandpunkt wesentlich mit geprägt hat; er wandte sich gegen die gemeinstrafrechtliche Praxis, wonach vom Richter jedes rechtswidrig-schuldhafte Verhalten mit Strafe belegt werden konnte, und verhalf der Auffassung zum Sieg, daß ein solches „unhörbar auf Filzschuhen herumschleichendes Strafrecht"[121] zu einer für den einzelnen unerträglichen Rechtsunsicherheit führe und daher anstößig sei[122]. Diese Seite des Wertungsstandpunktes tritt in den — wie Beling sagt — „Verbrechensarten"[123] oder

---

[118] Grundzüge (1925), 42. — Den Notstand des § 54 StGB sieht Beling allerdings nicht — wie Frank, Aufbau des Schuldbegriffs (1907), 6 f. — als Entschuldigungsgrund, sondern als (absolute) Strafdrohungsbedingung an; siehe L.v.V. (1906), 51 ff., 62 ff.; Unschuld (1910), 8 ff. Anm. 2; Grundzüge (1925), 57.
[119] Vergeltungsidee (1908), 45 ff., 69 f.; Grundzüge (1925), 3, 16.
[120] Grundzüge (1925), 16.
[121] L.v.V. (1906), 26.
[122] Siehe Grundzüge (1930), 21; Methodik (1922), 60; L.v.V. (1906), 21 ff.
[123] Grundzüge (1925), 16.

V. Die „apriorische Grundlegung" im Strafrecht (2. Abschnitt) 47

„Deliktstypen"¹²⁴ (wie z. B. „Mord", „Diebstahl") in Erscheinung: Aus dem Gesamtbereich des rechtswidrig-schuldhaften Verhaltens hat der Strafgesetzgeber in wertender Tätigkeit diejenigen Verhaltensweisen ausgewählt, bei welchen staatliche Vergeltung unbedingt erforderlich erscheint, sodann jedes dieser „typischen Lebensbilder"¹²⁵ mit einer angemessenen „Grundstrafdrohung"¹²⁶ versehen und so zugleich alle zusammen in eine feste „Wertskala"¹²⁷ eingereiht. Diese Verbrechensarten", „Deliktstypen" sind somit „Normativgebilde, ebenso normativ wie Unrecht und Schuld, in deren Umkreis sie liegen"¹²⁸. Das im gesetzgeberischen Wertungsstandpunkt enthaltene Streben nach Rechtssicherheit der einzelnen findet nach Belings Meinung noch verstärkten Ausdruck in § 2 StGB, der unter Ausschluß von Gewohnheitsrecht und Analogie dem Gesetzgeber ein Monopol in der Bildung von Deliktstypen sichert¹²⁹.

V. Die „apriorische Grundlegung" im Strafrecht (2. Abschnitt)

Welche Folgen hat nun diese Präzisierung und Ergänzung des Wertungsstandpunkts für das strafrechtliche Denkgebäude? Welche Denknotwendigkeiten bringt die Erscheinung der „Deliktstypen" mit sich? Durch diese Fragestellung ist Belings Lehre vom „strafgesetzlichen Tatbestand" gekennzeichnet. Mit dem Tatbestandsbegriff sucht er des logischen Gehalts, welcher den Deliktstypen anhaftet, habhaft zu werden. In diesem Sinne ist ihm der Tatbestand eine „strafrechtserkenntnistheoretische Form"¹³⁰, ein „Grund- und Eckstein"¹³¹ des strafrechtlichen Denkgebäudes, ein „das Strafrecht in seiner ganzen Breite und Tiefe beherrschender Grundbegriff"¹³².

Es lassen sich bei Belings Überlegungen zwei Etappen unterscheiden. Auf einer ersten Stufe wird gefragt, worin der „begriffliche Schwerpunkt"¹³³ jedes Deliktstypus liegt, wird der Kern des logischen Sinn-

---

¹²⁴ Grundzüge (1930), 21.
¹²⁵ Methodik (1922), 61.
¹²⁶ Grundzüge (1925), 17. — Die „unselbständigen Deliktstypen", die „Erscheinungsformen", haben allerdings keine eigenen „Grundstrafdrohungen"; darauf wird weiter unten eingegangen werden; siehe S. 61, 67.
¹²⁷ Grundzüge (1930), 22; L.v.T. (1930), 3; siehe auch Grundzüge (1925), 16: „Wertverhältnis".
¹²⁸ L.v.T. (1930), 3.
¹²⁹ L.v.V. (1906), 21 ff.; Grundzüge (1930), 22.
¹³⁰ Autobiogr. (1925), 15.
¹³¹ L.v.V. (1906), S. V; Methodik (1922), 62.
¹³² L.v.T. (1930), 7.
¹³³ Grundzüge (1920), 20; Grundzüge (1925), 18; siehe auch Autobiogr. (1925), 15: Der Tatbestand sei „das ‚Kernstück' des betr. Typus".

gehalts aller Deliktstypen herausgestellt. Dies führt hin zu dem Begriff des „gesetzlichen Tatbestandes". Mit Hilfe dieses „gesetzlichen Tatbestandes" — gewissermaßen als eines Repräsentanten — werden sodann, auf einer zweiten Stufe, die Wesenszüge erforscht, welche der „begriffliche Bau"[134] des Strafrechts durch die Deliktstypen erhält.

1. Der Begriff des „gesetzlichen Tatbestandes"

Zunächst ist demgemäß nach dem „begrifflichen Schwerpunkt" aller Deliktstypen zu fragen. Jeder unserer strafgesetzlichen Deliktstypen — führt Beling aus — setzt sich aus einer mehr oder weniger großen Zahl von Merkmalen zusammen; es sind dies die auf der äußeren Seite der Handlung liegenden, den *Unrechtstypus* bildenden Merkmale einerseits, die auf der inneren Seite der Handlung liegenden, den *Schuldtypus* bildenden Elemente andererseits[135]. „So viele und so verschiedenartig diese Elemente aber auch sein mögen, so weisen sie ... doch sämtlich auf ein gedankliches Gebilde zurück, das die *Einheit dieses Deliktstypus* begründet, und ohne das sie ihren Sinn als Merkmale dieses Typus verlieren würden."[136] Und zwar handelt es sich dabei immer um ein solches „Vorstellungsbild", das sowohl in die objektive wie in die subjektive Tatseite „hineinstrahlt"[137]. So seien z. B. bei der Verbrechensart „Diebstahl" (§ 242 StGB) sämtliche Merkmale an dem „Leitbild"[138] „Wegnahme einer fremden beweglichen Sache" ausgerichtet; denn — sagt Beling — „damit Diebstahl vorliege, muß diese Wegnahme einer fremden beweglichen Sache 1. verwirklicht sein; 2. vom täterischen Vorsatz umfaßt gewesen sein; und sie kehrt 3. auch in dem weiteren typischen Merkmal ‚Zueignungsabsicht' wieder, insofern diese sich eben auf die weggenommene fremde Sache bezieht"[139]. Entsprechend besteht bei der „Körperverletzung mit tödlichem Ausgang" (§ 226 StGB) das Leitbild in der „Mißhandlung oder Gesundheitsschädigung"; denn eine solche muß verwirklicht sein, es muß sich der Vorsatz des Täters auf sie bezogen haben, und aus ihr muß der Tod hervorgegangen sein[140]. In dieser Weise ist jeder der vielen Deliktstypen auf einen „Grundton abgestimmt, der in den Typusmerkmalen so oder so an-

---

[134] Methodik (1922), 64.
[135] L.v.T. (1930), 3; Grundzüge (1930), 24.
[136] L.v.T. (1930), 3.
[137] Grundzüge (1930), 24 f.
[138] L.v.T. (1930), passim, z. B. S. 3, 4, 5, 16; ebenso Grundzüge (1930), 24 ff., z. B. S. 25, 29; in früheren Werken findet sich dieser Ausdruck allerdings noch nicht.
[139] L.v.T. (1930), 3.
[140] a.a.O., 3.

V. Die „apriorische Grundlegung" im Strafrecht (2. Abschnitt) 49

klingt"[141]. In diesem „Grundton", diesem „gedanklichen Gebilde", diesem „Leitbild", das jeder Verbrechensart zugeordnet ist, sieht Beling den gesuchten „begrifflichen Schwerpunkt" aller Deliktstypen; unter Berufung auf § 59 StGB nennt er ihn „gesetzlichen Tatbestand"[142]. „Der" gesetzliche Tatbestand ist für ihn dabei „ein reiner *Funktionsbegriff*", „nach Art einer Kategorie inhaltleer"; er ist zu unterscheiden von den „Hunderten von Inhalten", die „Tatbestandsfunktion" haben[143]: „den" Tatbeständen oder Leitbildern der einzelnen Deliktstypen, wie z. B. „Wegnahme einer fremden beweglichen Sache" als Leitbild des Diebstahls (§ 242 StGB), „Mißhandlung oder Gesundheitsschädigung" als Leitbild der Körperverletzung mit tödlichem Ausgang (§ 226 StGB)[144]. „Der" gesetzliche Tatbestand soll also die Funktion ausdrücken, die alle Leitbilder gleichermaßen in ihrem jeweiligen Deliktstypus ausüben. Zur näheren Kennzeichnung dieser „Tatbestandsfunktion" bedient sich Beling dreier Merkmale; jeder einzelne der vielen Leitbildtatbestände — und damit auch „der" gesetzliche Tatbestand als ihr Funktionsbegriff — ist seines Erachtens „deskriptiv"[145], „regulativ"[146] und „objektiv"[147]. Er gelangt zu diesem Ergebnis durch eine Besinnung auf das gesetzgeberische Denkverfahren, welches bei der Aufstellung der Deliktstypen einzuschlagen ist; seine genaueren Überlegungen sind dabei folgende.

a) Die „deskriptive" Natur des gesetzlichen Tatbestandes

Das Strafrecht, das im Verhältnis zu den übrigen Rechtsteilen ein „droit sanctionnateur" ist, beschränkt sich darauf, die Voraussetzungen zu normieren, unter welchen Rechtsgenossen bestraft werden sollen. Die Normierung des strafbaren Verhaltens selbst als rechtmäßig oder rechtswidrig fällt demgegenüber in die anderen Rechtsteile[148]. Die Begriffe „Strafbarkeit" und „Rechtswidrigkeit" bezeichnen somit zwei ganz verschiedene Vorstellungsinhalte[149]; sie stehen nur in einem teleologischen Sinnzusammenhang[150], der für ein Vergeltungsstrafrecht darin besteht, daß die Strafe als staatliches Vergeltungsübel eine schuldhaft-rechtswidrige Handlung voraussetzt.

---

[141] a.a.O., 3.
[142] Grundzüge (1930), 25; ausführlich zur Namensfrage: L.v.T. (1930), 14 ff.
[143] L.v.T. (1930), 5; siehe auch Grundzüge (1930), 25.
[144] Vgl. oben S. 48.
[145] Siehe z. B. L.v.V. (1906), 112; Grundzüge (1925), 22; Grundzüge (1930), 31; L.v.T. (1930), 9.
[146] Siehe z. B. Grundzüge (1930), 29; L.v.T. (1930), 4.
[147] Siehe z. B. L.v.V. (1906), 178; L.v.T. (1930), 11; Grundzüge (1930), 30.
[148] Vgl. oben S. 32.
[149] Methodik (1922), 34 f.
[150] a.a.O., 36.

2. Kap.: Die Grundzüge der Strafrechtsdogmatik Belings

Ginge es nun für den Strafgesetzgeber nur darum, schlechthin alles schuldhaft-rechtswidrige Verhalten unter Strafe zu stellen, und würde er hierbei noch darauf verzichten, auf einzelne Gruppen schuldhaften Unrechts sich beziehende Strafdrohungen aufzustellen, würde er die Festlegung der Strafe vielmehr ganz der richterlichen Individualregelung überlassen, so könnte er sich auf einen einzigen Paragraphen beschränken, der etwa lauten müßte:

„Wer schuldhaft eine rechtswidrige Handlung begangen hat, ist im Verhältnis zu der Schwere seiner Tat strafbar."[151]

Wenn der Strafgesetzgeber jedoch aus dem Gesamtbereich des schuldhaft-rechtswidrigen Verhaltens nur einzelne „Deliktstypen" herausgreifen will, so kann er nicht unmittelbar an die in anderen Rechtsteilen erfolgende Normierung menschlichen Verhaltens nach „rechtswidrig" und „nicht rechtswidrig" anknüpfen, sondern muß einen eigenen Regelungsgegenstand erst — „natürlich im Sinne von *logisch* ‚erst' "[152] — selbst abgrenzen; dies tut er in der Weise, daß er einzelne menschliche Verhaltensweisen in ihrer „Solchartigkeit"[153] „charakterisiert"[154], „abstrakte Bilder"[155] von „Lebensvorkommnissen" in „deskriptiver Individualisierung"[156] herausstellt. Diese „Charakterisierung" menschlicher Verhaltensweisen nach ihrer „Artung"[157] erfolgt durch die gesetzlichen Tatbestände.

Bei deren Bildung geht der Strafgesetzgeber freilich von der Vorstellung aus, daß ihre Verwirklichung „nach der Rechtsordnung als eine rechtswidrige vorkommen kann"[158]. Aus dem „psychologisch tatsächlichen Akt der ‚Strafbarerklärung' "[159] läßt sich daher folgern, daß die in den Tatbeständen charakterisierten Verhaltensweisen „in gewissen Grenzen jedenfalls"[160] rechtswidrig sind; wo die Rechtswidrigkeit als Strafbarkeitsvoraussetzung nicht einmal ausdrücklich genannt wird (z. B. §§ 211, 223, im Gegensatz zu §§ 123, 127, 303 StGB), ist darüber hinaus der Schluß berechtigt, daß die beschriebene Verhaltensweise „im *allgemeinen* contra jus sei, so, daß die Nichtrechtswidrigkeit nur

---

[151] a.a.O., 60.
[152] Beling in einem Brief an Herrn Professor Engisch vom 17. November 1931.
[153] Grundzüge (1930), 30.
[154] L.v.T. (1930), 10.
[155] Grundzüge (1930), 25.
[156] Beling in dem erwähnten Brief an Herrn Professor Engisch vom 17. November 1931.
[157] L.v.T. (1930), 9.
[158] Methodik (1922), 45.
[159] a.a.O., 34.
[160] Grundzüge (1930), 13.

V. Die „apriorische Grundlegung" im Strafrecht (2. Abschnitt)

bei solchen Lebenslagen gegeben sei, für die das positive Recht nachweislich solches Verhalten nicht beanstandet"[161]; das Strafgesetz „indiziert" die Rechtswidrigkeit[162]; „... aus der *Existenz* der Strafbarerklärung als Willensakt erschließen wir, daß das Verbot als zweiter, begrifflich, inhaltlich anderer Willensakt dem empirischen Willenssubjekt nicht gefehlt haben kann."[163] Das Strafgesetz dient als Auslegungsmittel[164]. Immer ist hier aber zu beachten, daß logisch gesehen zwei Rechtssätze vorliegen: ein strafrechtlicher, in welchem eine Verhaltensweise charakterisiert und unter Strafe gestellt wird, sowie ein weiterer, der übrigen Rechtsordnung zugehöriger, welcher diese Verhaltensweise als rechtswidrig normiert[165]. In methodischer Hinsicht, d. h. im Hinblick auf das gesetzgeberische Denkverfahren, ist dementsprechend zu unterscheiden zwischen der straftatbestandlichen Charakterisierung „bestimmtartiger"[166] Verhaltensweisen einerseits und der Normierung dieser Verhaltensweisen als rechtswidrig andererseits.

Es kommt noch hinzu — fährt Beling fort —, daß eine Normierung menschlichen Verhaltens als rechtmäßig oder rechtswidrig überhaupt nicht in der Weise erfolgen könnte, „daß gewisse Verhaltensweisen immer rechtswidrig, die übrigen niemals rechtswidrig wären. Stets sprechen vielmehr (die persönlichen oder sachlichen) Umstände mit: jede Verhaltensart ist unter gewissen Umständen rechtswidrig, unter anderen nicht rechtswidrig"[167]. Solche Umstände sind zunächst in den Unrechtsausschließungsgründen enthalten, im übrigen sind sie durch Einzelauslegung zu ermitteln[168]. Die Aufteilung menschlichen Verhaltens nach seiner „Artung" kreuzt sich also mit der anderen nach „rechtswidrig" und „nicht rechtswidrig"[169].

Auf Grund dieser Überlegungen gelangt Beling zu dem Ergebnis, daß die den einzelnen Deliktstypen zugeordneten Leitbildtatbestände — weil eben auf die Charakterisierung bestimmtartiger Verhaltensweisen beschränkt — „*rein beschreibender* Natur"[170] sind und als „wertungsfreie Figuren"[171] kein Rechtswidrigkeitsurteil enthalten[172]. Die

---

[161] Grundzüge (1925), 7.
[162] Grundzüge (1930), 14; L.v.V. (1906), 125, 162 ff.
[163] Methodik (1922), 37.
[164] Grundzüge (1930), 13; Methodik (1922), 37.
[165] Methodik (1922), 35 f.; Grundzüge (1925), 7 f.
[166] L.v.T. (1930), 9.
[167] Grundzüge (1930), 14.
[168] a.a.O., 14.
[169] L.v.T. (1930), 9.
[170] Grundzüge (1930), 31.
[171] Methodik (1922), 64.
[172] Siehe L.v.V. (1906), 145 ff., besonders 147, 181; Methodik (1922), 63; Grundzüge (1925), 22; Grundzüge (1930), 31; L.v.T. (1930), 9.

Frage, ob eine bestimmtgeartete Verhaltensweise vorliegt, ist scharf zu trennen von der anderen, ob und inwieweit diese Verhaltensweise rechtswidrig ist[173]. Erst die Unrechtstypen, welche auf einer „Synthese"[174] von Tatbestandsmäßigkeit und Rechtswidrigkeit beruhen, gehen in eine „Wertskala" ein[175]. Dementsprechend bezeichnet er den Funktionsbegriff „gesetzlicher Tatbestand" als „deskriptiv", in diesem Sinne „wertfrei"[176].

Gegen die Feststellung, daß die Tatbestände „wertfrei" sind und „die ‚normative' Frage nach Rechtswidrigkeit oder Nichtrechtswidrigkeit mit ihnen nicht beantwortet ist"[177], spricht nach Belings Meinung nicht die Existenz der „normativen Tatbestandselemente". Mit der Lehre von den „normativen Tatbestandselementen" stellt sich seines Erachtens nur die Wahrheit ein, daß alle „rechtssatzmäßigen Begriffe" von einem „teleologischen" oder „normativen Gespinst" überzogen sind[178]: die Tatbestände *dienen* den an sie angeschlossenen Unrechtstypen; bei der Erfassung ihres Inhalts muß der Jurist daher von der Frage ausgehen, „welchen Unrechtstypus der Gesetzgeber im Auge hatte", es bedarf der „Einfühlung in die Unrechtstypen"[179]. Insbesondere können nach Belings Auffassung auch „Wertungsbegriffe"[180], die selber eine rechtliche Wertung enthalten, Merkmale eines „wertfreien" Tatbestandes sein. Als Beispiele solcher Merkmale, „die ein einzelnes Element der Rechtswidrigkeit in sich bergen"[181], nennt er die „fremde" Sache beim Diebstahl (§ 242 StGB), die „eigene" Sache im Fall der Pfandkehr (§ 289 StGB), die „Rechtmäßigkeit" der Amtsausübung beim Widerstand gegen die Staatsgewalt (§ 113 StGB)[182]. Es steht dem Gesetzgeber frei — sagt Beling —, auch mit Hilfe solcher „rechtlich-norma-

---

[173] Vgl. ZStW 44 (1924), 221: „... und daß die Frage: ‚was ist eine Körperverletzung' etwas anderes ist als die Frage: ‚inwieweit ist eine Körperverletzung rechtswidrig?' kann doch wohl im Ernste nicht bestritten werden." Siehe auch Grundzüge (1930), 30.

[174] Beling in dem erwähnten Brief an Herrn Professor Engisch vom 17. November 1931.

[175] Siehe L.v.T. (1930), 9.

[176] Beling selbst sagt „wertungsfrei" (siehe oben im Text); hier soll jedoch der terminus „wertfrei" verwendet werden, weil dies die Ausdrucksweise ist, deren sich die an Beling anschließende strafrechtswissenschaftliche Diskussion bedient hat; siehe z. B. Class, Grenzen des Tatbestandes (1933), 24, 40, 172 f.; Roxin, Offene Tatbestände (1959), 35 ff. Näheres siehe unten S. 124 ff.

[177] Grundzüge (1930), 31.

[178] L.v.T. (1930), 10; vgl. oben S. 24 f.

[179] a.a.O., 9 f.; siehe auch L.v.V. (1906), 215 f.

[180] Vgl. oben S. 24.

[181] L.v.V. (1906), 156; im Original teilweise hervorgehoben.

[182] L.v.T. (1930), 10; L.v.V. (1906), 156 ff., wo Beling auf einzelne Beispiele ausführlich eingeht.

tiven Einzelbegriffe"[183] ein ihm vorschwebendes „Vorstellungsgebilde" zu umreißen. „Solange ihm diese nur dazu dienen, das gemeinte Verhalten im Sinne der betreffenden Deliktsart zu umgrenzen, behalten sie ihre ‚beschreibende' Funktion und greifen der Frage nach solchen jenseits ihres Spezialcharakters liegenden Umständen nicht vor, von denen es erst abhängt, ob das so beschriebene Verhalten als rechtswidrig normiert ist."[184] Freilich „verengern sie den Raum, auf dem sich das Rechtswidrigkeitsproblem selber einstellt"[185]; es ist „mit der Feststellung des Tatbestandes schon ein Teil des Rechtswidrigkeitsproblems implicite erledigt"[186].

b) Die „regulative" Natur des gesetzlichen Tatbestandes

Beling fährt in der Betrachtung des gesetzgeberischen Denkverfahrens fort: Indem der Strafgesetzgeber in Gestalt der Leitbildtatbestände einzelne Verhaltensweisen in ihrer Solchartigkeit charakterisiert, schafft er „Vorstellungsgebilde", die den zugehörigen Deliktstypen „logisch vorgelagert" sind[187]. Die Leitbilder bedeuten mit anderen Worten „nur einen Verhaltens*charakter* und nicht mehr das ihm entsprechende *Verhalten selbst*"[188]; sie sind für die zugehörigen Deliktstypen nicht konstitutiv, sondern „regulativ"[189].

Zerlegt man einen Deliktstypus in die ihn konstituierenden Merkmale, so könnte es zwar scheinen, als ob das erste dieser Merkmale eben der dem Deliktstypus eigene Leitbildtatbestand wäre: Man sagt z. B., es bestehe der Diebstahl in der „Wegnahme einer fremden beweglichen Sache", welche vorsätzlich und mit Zueignungsabsicht erfolge; so erscheint dann der Tatbestand „Wegnahme einer fremden beweglichen Sache" als das erste Merkmal des Deliktstypus Diebstahl. Einer solchen Ausdrucksweise liegt Belings Meinung nach aber eine Ungenauigkeit zugrunde; sie besteht „in der Zusammenwerfung einer be-

---

[183] Grundzüge (1930), 31; „Einzelbegriffe" im Gegensatz zur Rechtswidrigkeit überhaupt, die als solche gerade nicht geeignet sei, typische Unterschiede zu begründen.
[184] L.v.T. (1930), 10.
[185] Grundzüge (1930), 31.
[186] L.v.V. (1906), 157; siehe auch a.a.O., 151: „Und *wäre* es schließlich selbst richtig — was es nicht ist —, daß es Tatbestände gäbe, deren Erfüllung *immer* rechtswidrig wäre, so lägen doch die Momente der Tatbestandlichkeit und der Rechtswidrigkeit logisch nur nebeneinander, ohne sich innerlich zu verquicken"; „... es wäre nur *Kongruenz* von Tatbestandlichkeit und Rechtswidrigkeit gegeben; es handelte sich um zwei begrifflich verschiedene Eigenschaften mit im Anwendungsfalle identischen Voraussetzungen."
[187] L.v.T. (1930), 4.
[188] a.a.O., 11.
[189] a.a.O., 4.

grifflichen Vorstellung mit ihrem Verwirklichtsein"[190]. Das erste Merkmal des Deliktstypus Diebstahl ist nicht die „Wegnahme einer fremden beweglichen Sache", sondern die die „Wegnahme einer fremden beweglichen Sache" verwirklichende Handlung. Allgemein ausgedrückt: „nicht der gesetzliche Tatbestand, sondern die Tatbestands*mäßigkeit der Handlung* ist das erste constituens des ... Deliktstypus."[191] Beling kennzeichnet demgemäß den Funktionsbegriff „gesetzlicher Tatbestand" als „regulativ".

c) Die „objektive" Natur des gesetzlichen Tatbestandes

Nun hält es Beling nicht für zweifelhaft, daß dieser regulative „Verhaltenscharakter" von dem *äußeren* Erscheinungsbild des jeweiligen Deliktstypus abgezogen wird. „Die Erkenntnis dieses Leitbildes erwächst ... offenbar aus der objektiven Seite: es ist das äußere Verhalten, das durch den Tatbestand charakterisiert wird; von ihm ist der Tatbestandsinhalt abgeformt."[192] So ist beispielsweise das Leitbild des Totschlags (§ 212 StGB) — „Tötung eines Menschen" — etwas, das „sich auf das *äußere* Geschehen, nicht auf das Seelische im Täter bezieht. An dem, was in der Seele jemandes vorhanden war, können wir nicht ablesen, ob eine ‚Tötung eines Menschen' vorlag, und umgekehrt können wir das äußerlich Geschehene als ‚Tötung eines Menschen' erfassen, ohne zu wissen, wie es in der Psyche des Täters aussah"[193]. Der Gesetzgeber bedient sich allerdings mitunter sehr komplizierter Ausdrücke, welche äußere und innere Elemente enthalten, bisweilen beschränkt er sich sogar darauf, nur „die rubrizierende Etikette"[194] zu nennen. Als Beispiel für den ersten Fall nennt Beling das Wort „unzüchtig" in § 183 StGB (Erregung öffentlichen Ärgernisses), als ein solches für den zweiten Fall die „Beleidigung" nach § 185 StGB. Aber hier darf seines Erachtens kein „Buchstabenkultus"[195] getrieben werden; vielmehr muß der Jurist „aus dem Gedankenkreis des Gesetzgebers"[196] heraus solche „komplexen Vorstellungsbilder"[197] in ihre objektiven und subjektiven Elemente zerlegen und dann — wie gewöhnlich — aus den das äußere Verhalten beschreibenden Merkmalen das tatbestandliche Leitbild abziehen. Beling exemplifiziert seine Auffassung an dem Wort „unzüchtig" in § 183 StGB: Wenn man der Meinung ist, von dem Begriff

---

[190] a.a.O., 4.
[191] a.a.O., 4.
[192] a.a.O., 11; Hervorhebungen fortgelassen.
[193] Methodik (1922), 63.
[194] L.v.T. (1930), 13.
[195] a.a.O., 13.
[196] a.a.O., 13.
[197] a.a.O., 13.

V. Die „apriorische Grundlegung" im Strafrecht (2. Abschnitt) 55

der „unzüchtigen" Handlung lasse sich die „wollüstige Absicht" nicht trennen, so wäre es doch voreilig, hieraus zu folgern, der gesetzliche Tatbestand des § 183 StGB schließe diese Absicht mit ein. Vielmehr muß der Begriff der „unzüchtigen" Handlung zunächst einmal vollständig zerlegt werden; es muß — konkret gesagt — nach der Handlung mit einer solchen „besonderen Artung" gefragt werden, die, „*wenn* sie in wollüstiger Absicht geschieht, ‚unzüchtig' genannt wird. Kann man nun die so geartete Handlung *ohne* die wollüstige Absicht nicht ‚unzüchtig' nennen, so muß man ihre besondere Beschaffenheit doch klarlegen können, weil ohne dies der Gesamtbegriff des Unzüchtigen verschwommen bliebe. Man müßte dann nur das auf der äußeren Seite Erforderliche anders benennen. Das mag nicht ganz einfach sein (es müßte für ‚Betastung der Geschlechtsteile', ‚Zurschaustellung der Geschlechtsteile' usw. ein umfassendes Wort gefunden werden); aber erst so würde sich der gesetzliche Tatbestand der Verbrechensart ergeben, zu dessen Verwirklichung als weiteres Merkmal im Deliktstypus dann die wollüstige Absicht hinzutreten würde."[198] Das Innere des Täters dürfe also nie zur Bildung eines Tatbestandes herangezogen werden; es gebe in diesem Sinne keine „subjektiven Tatbestandselemente". Denke man allerdings bei objektiv-subjektiv an eine Aufteilung der ganzen Welt in einen körperlichen und einen seelischen Teil — wie Mezger dies z. B. tue —, so könne man freilich von „subjektiven Tatbestandselementen" sprechen. Dies seien dann solche „subjektiven" Umstände, die jenseits der Täterseele lägen und im Typus verwendet würden (z. B. das „Ärgernis" in § 183 StGB). Beling sieht hier kein Problem. „Es sind das eben Umstände, mittels deren ein Verhalten als ein Verhalten ‚dieser Art' charakterisiert wird, somit tatbestandlichen Charakters."[199]

Würde man „Inneres" aus der Seele des Täters in einen Tatbestand aufnehmen — fährt Beling fort —, so könnte er auch seine Funktion als für den dazugehörigen Unrechts- und Schuldtypus gemeinsames Leitbild nicht mehr erfüllen. „Nicht nur würde in seiner *Verwirklichung*, also auf der *objektiven* Tatseite, plötzlich Psychisches auftreten; sondern auch die *subjektive* Seite würde ein ganz verquältes Gebilde werden; die Schuld müßte sich auf eines ihrer eigenen sie konstituierenden Momente mit erstrecken."[200] Würde man z. B. eine bestimmte Vorstellung des Täters in einen Tatbestand aufnehmen, so

---

[198] a.a.O., 13 f.; siehe auch Grundzüge (1930), 30.
[199] L.v.T. (1930), 11 Anm. 1; siehe auch L.v.V. (1906), 206, wo Beling feststellt, daß der tatbestandliche Erfolg auch in „psychischen Vorgängen oder Zuständen (Kenntnisnahme von einem ausgesprochenen Worte; Erregung von Ärgernis usw.)" bestehen kann.
[200] L.v.T. (1930), 12.

müßte der Vorsatz des Täters „die Vorstellung davon, daß er die Vorstellung habe, umfassen"[201]. Auf das „Innere" des Täters sich beziehende Umstände können daher nicht Elemente des Tatbestandes sein. Ihr „methodischer Standort"[202] sind vielmehr die Deliktstypen, und zwar die Schuldtypen, nicht die Unrechtstypen. Ebensowenig nämlich wie „subjektive Tatbestandselemente" gibt es aus Belings Sicht „subjektive Unrechtselemente"; da er der Auffassung ist, „daß das Äußere und das Innere zwei verschiedene Gegenstände der rechtlichen Wertung sind"[203], betrachtet er es als einen Rückschritt, „wenn man Äußeres mit Innerem zusammengemengt als das Vorkommnis nimmt, das als Ganzes auf seine Rechtswidrigkeit hin zu untersuchen sei; man weicht damit nur der Frage aus, wie die Rechtsordnung das äußere Verhalten für sich bewerte"[204]. Mit der Feststellung, daß die Leitbildtatbestände ausnahmslos von subjektiven Elementen frei zu halten sind, gewinnt Beling das dritte Merkmal des Funktionsbegriffes „gesetzlicher Tatbestand": dieser ist „deskriptiv", „regulativ" und rein „*objektiv*".

In dem so gekennzeichneten Begriff liegt nach Belings Auffassung der Kern des logischen Sinngehalts aller Deliktstypen. Mit seiner Hilfe sind die Wesenszüge zu erforschen, welche der „begriffliche Bau"[205] des Strafrechts durch die Deliktstypen erhält, mit ihm ist in den „Sinnbestand des heutigen Strafrechts"[206] einzudringen. Dabei wird seine grundbegriffliche Doppelfunktion als „Ordnungsbegriff" sowohl wie als „Gesichtspunktsbegriff", welcher „die klare Stellung und Schichtung der Probleme ermöglicht"[207], sichtbar werden.

2. Der gesetzliche Tatbestand im begrifflichen Bau des Strafrechts

a) Die logische Bedeutung des gesetzlichen Tatbestandes für die „objektive Rechtswidrigkeit"

Der Grundbegriff der „objektiven Rechtswidrigkeit" beruht bei Beling auf der Überlegung, daß in einem Vergeltungsstrafrecht nur an solche Handlungen Strafe anknüpfen kann, die im Widerspruch stehen zur staatlichen Rechtsordnung als ganzer[208]. Soll nun die Vergeltungsstrafe nicht für *jede* solche „objektiv rechtswidrige" Handlung

---

[201] a.a.O., 12.
[202] a.a.O., 12.
[203] a.a.O., 12; vgl. oben S. 38 f.
[204] a.a.O., 12.
[205] Methodik (1922), 64.
[206] L.v.T. (1930), 17.
[207] a.a.O., 22.
[208] Vgl. oben S. 39 f.

verhängt werden, sondern wird sie auf einzelne „Verbrechensarten" beschränkt, so reicht die Feststellung, eine Handlung widerspreche der Rechtsordnung überhaupt, nicht mehr aus, vielmehr kommt es dann darauf an, daß die Handlung einen „Unrechtstypus" darstellt. Hier zeigt sich nach Belings Auffassung nun erstmals die grundbegriffliche Funktion des gesetzlichen Tatbestandes, der mit dem Begriff der „objektiven Rechtswidrigkeit" eine enge Beziehung eingeht; diese Beziehung besteht darin, daß als denknotwendige Voraussetzung für die Vergeltungsstrafe nur noch „diejenige Rechtswidrigkeit des Verhaltens genügt, die letzterem gerade unter dem Gesichtspunkt des in Rede stehenden Tatbestandes anhaftet"[209]. Es genügt nicht mehr die Feststellung, daß eine Handlung unter irgendeinem Gesichtspunkt zur Rechtsordnung im Widerspruch steht, sondern es muß diese Handlung in ihrer Eigenschaft als eine *bestimmtgeartete*, d. h. tatbestandsmäßige, „objektiv rechtswidrig" sein[210]. Tatbestandsmäßigkeit und Rechtswidrigkeit sind somit zwei denkmäßig zu unterscheidende, aber miteinander in einem Sinnzusammenhang stehende „Fragegesichtspunkte"; führen sie im Einzelfall zu einer positiven Antwort, d. h. erweist sich eine Verhaltensweise als tatbestandsmäßig und rechtswidrig, so ist „nach der Analysierung" die „Synthese" zu bilden[211], welche ergibt, daß die tatbestandsmäßig-rechtswidrige Verhaltensweise einen Unrechtstypus darstellt.

b) *Die logische Bedeutung des gesetzlichen Tatbestandes für die „Rechtsschuld"*

Wie bereits festgestellt wurde[212], ist Beling der Auffassung, daß im Bereich des überhaupt Vergeltbaren dolus und culpa die beiden denkbaren Schuldstufen sind, welche sich durch die innere Einstellung des Täters zur Rechtswidrigkeit seiner Handlung unterscheiden. Beim dolus wird dem Täter vorgeworfen, daß er sich durch die „Hemmungsvorstellung" der objektiven Rechtswidrigkeit seiner Handlung nicht zum Aufgeben seines Entschlusses habe motivieren lassen, bei der culpa, daß er zu dieser „Hemmungsvorstellung" gar nicht erst vorgedrungen sei; das Bewußtsein der Rechtswidrigkeit ist somit die „markante Scheidelinie"[213] zwischen dolus und culpa. „Ändert sich nun an dem Schuldbegriff und an der Schuldstufung dadurch etwas, daß aus dem Bereiche

---

[209] L.v.T. (1930), 8.
[210] Grundzüge (1925), 33 f.; L.v.T. (1930), 8; siehe auch Methodik (1922), 59 ff.
[211] Beling in einem Brief an Herrn Professor Engisch vom 17. November 1931; vgl. oben S. 52.
[212] Siehe oben S. 43 ff.
[213] Methodik (1922), 68.

des Unrechts nur figurenhaft bestimmte Gruppen herausgehoben, und nur das tatbestandsmäßige rechtswidrige Verhalten für strafbar erklärt wird?"[214]

Beling ist der Ansicht, daß auch in einem typisierten Strafrecht das Unrechtsbewußtsein entscheidendes Kriterium für die Abgrenzung von Vorsatz und Fahrlässigkeit bleibt[215]. Durch die Aufstellung einzelner Verbrechensfiguren verlieren dolus und culpa seines Erachtens aber ihre „innere Einheitlichkeit"[216]; denn sobald aus dem Gesamtbereich des schuldhaften Unrechts einzelne Deliktstypen herausgeschnitten und in eine Wertskala eingereiht werden, genügt nicht mehr die bloße Feststellung, eine Handlung sei überhaupt schuldhaft — sei es in der Form des dolus, sei es in der der culpa —, sondern es muß ein ganz bestimmter Schuldgehalt festgestellt werden, ein „Schuldtypus", welcher dem objektiven Unrechtswert der Handlung, dem „Unrechtstypus", entspricht. Diese Voraussetzung ist dann erfüllt, wenn der Täter die Rechtswidrigkeit seiner Handlung in ihrer Eigenschaft als gerade dem Tatbestand eines bestimmten Deliktstypus entsprechende erkannt hat (dolus) oder hätte erkennen sollen und können (culpa). Dolus und culpa werden „tatbestandlich spezialisiert"[217]; die Funktion des gesetzlichen Tatbestandes als des gemeinsamen „Leitbildes" für den Unrechtstypus und den Schuldtypus der jeweiligen Verbrechensart tritt hervor[218].

Der Vorwurf des dolus (Vorsatzes) setzt somit neben dem Unrechtsbewußtsein die Kenntnis der besonderen tatbestandlichen Artung der Handlung voraus. Ein Täter braucht allerdings nicht die Tatbestandsmerkmale in ihrer „begrifflichen Abstraktion"[219] gekannt zu haben, es genügt, daß ein „Tatsachenbild" vor seiner Seele stand, welches so umfassend war, „daß der *gesetzliche Tatbestand* in seiner ganzen Ausdehnung genau und lückenlos *darauf paßt*"[220]. Dies ergibt sich für Beling aus § 59 StGB, wo nur die Kenntnis der „Tatumstände", der „rein tatsächlichen Sachlage"[221], gefordert wird.

Im Bereich der culpa tritt neben die „Rechtswidrigkeitsfahrlässigkeit" (Unaufmerksamkeit gegenüber „den Normen in abstracto" oder gegenüber den tatsächlichen Umständen, von welchen die Rechtswidrigkeit

---

[214] a.a.O., 69.
[215] a.a.O., 69 f.; im wesentlichen auch schon L.v.V. (1906), 180 f., 185.
[216] Grundzüge (1930), 41.
[217] a.a.O., 42; L.v.V. (1906), 181: der Tatbestand ‚individualisiere' die Schuld.
[218] Grundzüge (1930), 41; Methodik (1922), 72 f.; siehe auch L.v.T. (1930), 18; Unschuld (1910), 45 ff.; L.v.V. (1906), 185 f.
[219] Methodik (1922), 71.
[220] Grundzüge (1930), 43; siehe auch Methodik (1922), 71; L.v.V. (1906), 188 ff., besonders 188 f.
[221] Grundzüge (1930), 43.

abhängt) die „tatbestandliche Fahrlässigkeit": „der Täter ist deshalb nicht in dolo gewesen, weil er seine Handlung schon in ihrer tatbestandlichen Bedeutung nicht erkannte oder nicht billigte, und sich der Vorwurf der Unaufmerksamkeit in *dieser* Richtung bewegt."[222]

c) Die logische Bedeutung des gesetzlichen Tatbestandes für „Täterschaft und Teilnahme"

In die Lehre von Täterschaft und Teilnahme kann nach Belings Meinung eine klare Einsicht nur gewonnen werden, wenn man den gesetzlichen Tatbestand „zum Fußpunkt des Denkens"[223] macht.

In einem nicht in Deliktstypen gepreßten Vergeltungsstrafrecht — führt er aus — würde es ein Täterschafts- und Teilnahmeproblem überhaupt nicht geben. Die Feststellung, jemand habe eine rechtswidrig-schuldhafte Handlung begangen, schlösse zugleich die Aussage mit ein, er sei strafbarer „Täter" dieser Handlung; „wären es mehrere, die jeder eine rechtswidrige Handlung begangen hätten, so wäre eben eine Summe von Tätern da; und unter den Tätern qualitativ zu scheiden, wäre, da eben nur die Wertrelation, nicht das Tatinhaltliche mit, von Belang wäre, unmöglich."[224] Der unterschiedliche Unrechts- und Schuldwert der einzelnen Handlungen hätte lediglich quantitative Bedeutung[225].

Anders nun aber, wenn der Gesetzgeber aus dem Gesamtbereich schuldhaften Unrechts in wertender Tätigkeit einzelne Deliktstypen auswählt, so daß eine Handlung nur dann als strafbar in Betracht kommt, wenn sie einem gesetzlichen Tatbestand entspricht. „Dann ist der Begriff des strafbaren Täters relativ geworden: das Vorstellungsbild ,Täter' kann ohne Bezug auf einen bestimmten Tatbestand nicht auftauchen, es gibt nur Täter im Sinne des Tatbestandes der ,Tötung eines Menschen' oder des Tatbestandes der ,Zerstörung einer fremden Sache' usw."[226] Und da der Gesetzgeber mit Hilfe der gesetzlichen Tatbestände bestimmte Verhaltensweisen ihrer „Artung" nach „charakterisieren" will, so ist als Täter i. S. eines gesetzlichen Tatbestandes nicht schon anzusehen, wessen Handlung *irgendwie* zum Tode eines Menschen, zur Zerstörung einer fremden Sache usw. beigetragen hat, sondern nur, wessen Verhalten ein solches ist, „das auch ohne Mitvorstellung andersartigen Verhaltens desselben Individuums oder ande-

---

[222] Grundzüge (1925), 52 f.; siehe auch Methodik (1922), 79; Unschuld (1910), 52 f.
[223] Methodik (1922), 92.
[224] a.a.O., 92.
[225] a.a.O., 93.
[226] a.a.O., 93 f.

rer Individuen die charakteristische Bedeutung der ‚Tötung eines Menschen' hat, so, daß man von dem so Handelnden unbedenklich sagt: er habe eben durch dieses Verhalten einen Menschen getötet"[227]. Der Strafgesetzgeber hat also ganz bewußt auf den Sprachgebrauch des täglichen Lebens abgestellt[228].

Beling fährt in seinen Überlegungen fort: Bedient sich der Gesetzgeber solcher „konzentrierter Vorstellungsbilder"[229], so wird er sich allerdings zu fragen haben, ob dem Kreis der leitbildmäßig Handelnden, der „Täter", nicht ein „Kreis von Strafbaren zweiter Ordnung"[230] hinzuzufügen ist, d. h. ein Kreis solcher Personen, deren Handlungen zu einzelnen Tatbeständen zwar in enger Beziehung stehen, aber nach dem Lebenssprachgebrauch doch außerhalb derselben liegen bleiben[231]. Hier taucht das Vorstellungsbild der „Teilnahme" auf. Zu der nach dem Lebenssprachgebrauch „zentral ‚tatbestandsmäßigen' Tätigkeit oder ‚*Ausführung*' "[232] des Täters stehen nämlich oft Handlungen anderer Personen[233] in einer inneren Beziehung, die zwar außerhalb des Tatbestandes liegen, ihm aber notwendig als „Anhängsel" angegliedert werden müssen. „Sie fallen sozusagen noch in die Interessensphäre des Tatbestandes hinein und bilden insofern mit ihm ein Ganzes. Neben den eigentlichen Tatbestand, den Tatbestandskern oder engeren Tatbestand, wie man ihn nennen kann, die dominierenden Elemente, tritt so eine Außenzone mit sekundären Elementen, die sich um den Kern herum legt, und die mit ihm zusammen den weiteren Tatbestand bilden."[234] Innerhalb solcher *„tatbestandsbezogenen"*[235] Verhaltensweisen unterscheidet Beling drei Gruppen:

1. „Vorbereitungshandlungen", wie z. B. beim Tatbestand „Tötung eines Menschen" der Ankauf eines Revolvers[236].
2. „Nebenhandlungen"; Beling nennt als Beispiel: A hält B mit der linken Hand fest, während er mit der rechten den tödlichen Streich führt. „Unzweifelhaft *besteht* hier die Tötung in dem tödlichen Streich; aber das Festhalten ist darum nicht bedeutungslos, sondern hat seine relevante Stelle in dem ganzen Vorgang."[237]

---

[227] a.a.O., 95.
[228] G.S. 101 (1932), 6; Grundzüge (1925), 29; Methodik (1922), 96.
[229] Methodik (1922), 96.
[230] a.a.O., 94.
[231] a.a.O., 96.
[232] Grundzüge (1925), 25.
[233] Natürlich auch Handlungen des Täters selbst; diese läßt Beling im vorliegenden Zusammenhang aber außer Betracht.
[234] L.v.V. (1906), 246.
[235] Methodik (1922), 80; Grundzüge (1930), 55; L.v.T. (1930), 8.
[236] L.v.V. (1906), 246; Grundzüge (1925), 25.
[237] L.v.V. (1906), 249; siehe auch Grundzüge (1925), 25.

V. Die „apriorische Grundlegung" im Strafrecht (2. Abschnitt)

3. „Nachhandlungen", „die sich darin erschöpfen, daß *sie nach* einer Tatbestandsverwirklichung den dadurch geschaffenen rechtswidrigen Zustand festhalten oder verlängern."[238]

Während nun das heutige Strafrecht von der Denkform der „Nachhandlung" keinen Gebrauch macht[239], bedient es sich der Figuren der „Vorbereitungshandlung" und „Nebenhandlung" in den „Erscheinungsformen" der Anstiftung (§ 48 StGB) und Beihilfe (§ 49 StGB). In Gestalt der Anstiftung stellt der Gesetzgeber diejenigen Vorbereitungshandlungen unter Strafe, die die Haupttat hervorgerufen haben, in Gestalt der Beihilfe die übrigen Vorbereitungshandlungen[240]. Beling bezeichnet Anstiftung und Beihilfe als „unselbständige Deliktstypen", weil sie mit einer „abhängigen" Strafdrohung versehen sind, welche nur ein „rechnerisches Verhältnis" zu den „Grundstrafdrohungen" der Deliktstypen des Besonderen Teils angibt[241]. Auch diese unselbständigen Deliktstypen haben ihre eigenen Leitbilder; das der Anstiftung besteht in der „Bestimmung eines anderen", das der Beihilfe in dem „durch Rat und Tat Hilfe leisten"[242]. Diese Leitbilder gewinnen aber immer erst in Verbindung mit dem Leitbildtatbestand eines selbständigen Deliktstypus strafrechtliche Bedeutung. Daher vermeidet Beling hier den terminus „Tatbestand" oder „Leitbild" und spricht vom „Anstiftungsbild" und „Beihilfebild"[243].

Erst die Zurückführung des Begriffspaares „Täterschaft und Teilnahme" auf die systematisch-methodische Unterscheidung „tatbestandsmäßigen" und „tatbestandsbezogenen" Handelns, tatbestandlich „zen-

---

[238] L.v.V. (1906), 473; siehe auch 246 ff.; Grundzüge (1925), 25.
[239] In der L.v.V. (1906), 472 ff., geht Beling ausführlich auf die Lehre von der Nachtäterschaft ein; diese war bemerkenswerterweise der eigentliche Anlaß für die Veröffentlichung der L.v.V. Beling berichtet darüber selbst (Autobiogr. (1925), 13): „Nun hatte ich für die ‚Vergleichende Darstellung des deutschen und ausländischen Strafrechts' den Abschnitt ‚Begünstigung und Hehlerei' zur Bearbeitung übernommen; und mein Nachdenken über diese Figuren führte mich zu der Erkenntnis, daß auch sie durch scharfe Erfassung des Tatbestandsbegriffs zur Klärung gediehen. So gedachte ich die Gelegenheit zu benutzen, hier die Lehre vom Tatbestand zu beleuchten ... Bald aber sah ich, daß die Tatbestandslehre zu groß und weitverzweigt war, als daß sie in den äußeren und inneren Rahmen meines Beitrages für das rechtsvergleichende Werk hineingepaßt hätte. Da ich aber auf der anderen Seite den Tatbestand als Unterbau für meine Auffassung eines Teils der von den Bezeichnungen ‚Begünstigung und Hehlerei' gedeckten Gebilde als ‚Nachtäterschaft' brauchte, so schrieb ich mir zuerst meine um den Tatbestandsbegriff schwingende ‚Lehre vom Verbrechen' von der Seele (1906) und ließ dann meinen rechtsvergleichenden Beitrag nachfolgen."
[240] Grundzüge (1925), 91.
[241] Grundzüge (1930), 22 f.; L.v.T. (1930), 2.
[242] Grundzüge (1930), 56; L.v.T. (1930), 7.
[243] Grundzüge (1930), 56.

tralen" und tatbestandlich „peripherischen"[244] Verhaltens ermöglicht somit nach Belings Auffassung die richtige Fragestellung und Ordnung in diesem Bereich[245]. Hierin erschöpft sich seines Erachtens aber auch die apriorische Grundlegung und damit zugleich die Tätigkeit des Systematikers. Die Antwort auf die Frage, ob eine Verhaltensweise tatbestandsmäßig, ob tatbestandsbezogen ist, läßt sich nicht allgemeingültig geben. Hier handelt es sich vielmehr um die Ermittlung von Rechtsinhalten. Es ist von den einzelnen positiv geregelten Verbrechenstypen auszugehen und zu prüfen, in welcher Weise der Gesetzgeber, im Anschluß an den Sprachgebrauch des Volkes, die Grenzen gezogen hat. Die „praktisch zu lösenden Fragen"[246] sind: Hat A „einen Menschen *getötet*", „eine fremde bewegliche Sache *weggenommen*"? Hat B ihn dazu „bestimmt", ihm dabei „Hilfe geleistet"? „Was der Jurist zu tun hat" — sagt Beling — „das ist, den gesetzlichen Bedeutungsgehalt bald einmal des ‚Tötens‘, bald des ‚Wegnehmens‘, bald des ‚Schwörens‘ usw. festzustellen."[247] Nicht der Systematiker, sondern der Kommentator kommt hier zu Wort[248].

So handelt es sich für Beling auch bei der sog. mittelbaren Täterschaft um eine Frage, die „aus dem Inhalt der gesetzlichen Tatbestände" zu lösen ist[249]. Seines Erachtens geht es dabei einfach um Fälle, in denen der „natürliche Sprachgebrauch" keinen Anstand nimmt, „von demjenigen, der sich ‚des anderen als Werkzeug bedient‘ hat, zu sagen, *er* habe ‚getötet‘, weggenommen' usw., indem er dem Umstande Rechnung trägt, daß es auf Eins hinauskommt, ob jemand eine Maschine

---

[244] Grundzüge (1925), 29.
[245] Die Feststellung, daß Täterschaft „tatbestandsmäßiges", Teilnahme „tatbestandsbezogenes" Handeln bedeutet, erfährt bei Beling für die Fälle eine Ausnahme, in welchen ein Deliktstypus ein außertatbestandliches „subjektives Sondermerkmal" (Grundzüge (1930), 54) enthält, wie z. B. der Diebstahl (§ 242 StGB) die Zueignungsabsicht. Da solche Sondermerkmale höchstpersönlichen Charakters seien, komme eine Strafbarkeit wegen Täterschaft für denjenigen nicht in Betracht, bei dem sie nicht vorlägen, möge er auch tatbestandsmäßig gehandelt haben. Habe der Gesetzgeber nun ein Sondermerkmal so verwendet, daß beim Fehlen desselben kein anderer Deliktstypus eingreife, so sei durch diese innerhalb der selbständigen Deliktstypen vorhandene Lücke noch nicht zum Ausdruck gebracht, daß Straflosigkeit gegeben sei, sondern nur, daß Strafbarkeit unter dem Gesichtspunkt der Täterschaft ausgeschlossen sein solle. Daher fielen diese Fälle, „in denen der Handelnde rein tatbestandlich sogar Täter wäre", per argumentum a fortiori in den Bereich der unselbständigen Deliktstypen Anstiftung und Beihilfe (siehe L.v.T. (1930), 20 Anm. 1; ferner: L.v.V. (1906), 397 Anm. 1, 411, 423; Grundzüge (1925), 92).
[246] Grundzüge (1925), 29.
[247] G.S. 101 (1932), 6.
[248] Beling hat eine entsprechende Formulierung bei einem im November 1930 vor der Juristischen Studiengesellschaft München gehaltenen Vortrag verwendet; siehe Kohnstamm, JW 1931, 188.
[249] Grundzüge (1930), 39.

V. Die „apriorische Grundlegung" im Strafrecht (2. Abschnitt)   63

oder einen nicht als ‚Persönlichkeit' handelnden Menschen in Bewegung setzt"[250]. Es leitet uns hier „die volksmäßige und vom Gesetzgeber aufgenommene Gleichwertung gewisser nicht ‚eigenhändiger' Tötungen (sc. usw.) mit ‚eigenhändigen' "[251]. Man muß also „das Problem der mittelbaren Täterschaft nicht als ein bloß formal-juristisches, sondern als Wertungsproblem erfassen"[252].

Alle Lehren über die Abgrenzung von Täterschaft und Teilnahme, welche nicht auf dem Tatbestandsbegriff fußen, hält Beling für methodisch fehlerhaft. Daher wendet er sich gegen die „materiell-objektive" wie auch gegen die „subjektive Theorie". Die „materiell-objektive Theorie", welche auf Wertungsunterschiede innerhalb der Ursachen eines Erfolges abstellen wolle, verkenne, daß es im Strafrecht gar nicht um einen „apriorisch-allgemeingültigen Ursachbegriff"[253] gehe, sondern um die Erfassung des Inhalts der einzelnen tatbestandlichen Leitbilder, um eine — wenn man überhaupt von Kausalität sprechen wolle — „tatbestandliche Kausalität"[254]. Für den Juristen gebe es kein Verursachungsproblem, sondern nur die Fragen, was eine „Tötungs"-Handlung sei, welche Handlungen charakteristische „Wegnahme"-Handlungen seien usw.[255]. Im übrigen seien unter dem Gesichtspunkt der Kausalität aber auch alle Erfolgsbedingungen gleichwertig[256].

Die „subjektive Theorie", nach welcher Täter sei, wer mit „animus auctoris" handele, Teilnehmer, wer nur den „animus socii" habe, setze sich unzulässigerweise über die Tatsache hinweg, daß die Deliktstypen des Strafrechts auf objektiven Leitbildern basierten, und führe ein dem heutigen Strafrecht völlig unbekanntes Unterscheidungskriterium ein, nämlich das Motiv des Handelnden[257].

Die „einzige methodisch gesicherte Teilnahmetheorie" ist nach Belings Meinung somit die sog. formal-objektive, die die gesetzlichen Tatbestände zum Ausgangspunkt nimmt. „Sie hat nur einen Schönheitsfehler, den nämlich, daß sie ‚formal' heißt. Das ist sie nur, sofern man damit ‚streng juristisch' meint. Ihr Wesen aber ist nichts weniger als ‚formal'; denn die gesetzlichen Tatbestände, denen sie gesetzestreu folgt, sind ja selber Produkte ‚materieller' gesetzlicher Wertung des Lebens."[258]

---

[250] Grundzüge (1925), 30.
[251] G.S. 101 (1932), 9.
[252] G.S. 91 (1925), 372; siehe auch L.v.V. (1906), 251 f.; Methodik (1922), 99.
[253] G.S. 101 (1932), 4.
[254] a.a.O., 9 f.
[255] a.a.O., 7; Grundzüge (1925), 29.
[256] Grundzüge (1925), 29.
[257] a.a.O., 93; G.S. 101 (1932), 10 ff.
[258] G.S. 101 (1932), 12.

2. Kap.: Die Grundzüge der Strafrechtsdogmatik Belings

d) *Die logische Bedeutung des gesetzlichen Tatbestandes für „Begehung und Unterlassung"*

Auch die Begriffe „Begehung" und „Unterlassung" stehen nach Belings Auffassung im Bann des gesetzlichen Tatbestandes. Man muß hier seines Erachtens die Feststellung zum Ausgangspunkt machen, daß beide Begriffe nur zwei verschiedene Arten der „Tatbestandsverwirklichung" bedeuten. Es gibt Tatbestände, die auf eine bestimmtartige „Körperbewegung" lauten: sie können nur durch „Begehung" verwirklicht werden („schlichte Tätigkeitsdelikte"). Es gibt andererseits Tatbestände, „die auf Nichtvornahme einer bestimmten Körperbewegung oder auf Nichtherbeiführung einer Veränderung der Außenwelt lauten"[259]; sie können nur durch „Unterlassung" verwirklicht werden („reine Unterlassungsdelikte"[260]). Es gibt schließlich Tatbestände, welche auf Herbeiführung eines „positiven Erfolges" lauten („Materialdelikte"[261]); sie können durch „Begehung" verwirklicht werden, darüber hinaus aber auch durch „Unterlassung", „nämlich durch Unterlassung derjenigen Tätigkeit, die den tatbestandsmäßigen Erfolg abgewendet hätte"[262].

Im Hinblick auf den zuletzt genannten Fall der sog. Kommissivdelikte durch Unterlassung — fährt Beling fort — herrschen in der Lehre Zweifel; man hält ihn für problematisch, da doch zwischen Negativem (Untätigkeit) und Positivem (Veränderung der Außenwelt, Erfolg) kein Kausalzusammenhang bestehen könne. So wurden die verschiedensten Versuche unternommen, das Problem der „Kausalität der Unterlassung" zu lösen. Alle diese Bemühungen beruhen jedoch auf einer unzutreffenden Fragestellung und sind daher fruchtlos. Sie verkennen die Bedeutung, welche dem gesetzlichen Tatbestand als „strafrechtlichem Stammbegriff"[263] auch hier zukommt. Stellt man nämlich — wie man muß — den Tatbestandsbegriff an den Anfang der Überlegungen, so wird sogleich deutlich, daß die Frage, auf die es allein ankommen kann, die ist, „ob das Unterlassen in das Vorstellungbild hineinfällt, das der gesetzliche Tatbestand (‚Töten eines Menschen' usw.) meint"[264]. Und das ist durchaus zu bejahen. „Der vom Gesetzgeber zugrunde gelegte Lebenssprachgebrauch versteht unter ‚Töten' und entsprechend auch bei den übrigen Tatbeständen auch das Nichtabwenden des Erfolges: die Mutter ‚tötet' das Kind dadurch, daß sie ihm keine Nahrung

---

[259] Grundzüge (1930), 38.
[260] a.a.O., 38.
[261] a.a.O., 38.
[262] a.a.O., 38.
[263] L.v.T. (1930), 8.
[264] Grundzüge (1930), 38.

V. Die „apriorische Grundlegung" im Strafrecht (2. Abschnitt)   65

reicht, der Bergführer ‚tötet' den in eine Gletscherspalte gefallenen Bergsteiger dadurch, daß er ihn in der Spalte umkommen läßt ..."²⁶⁵ Es geht hier also ebensowenig wie bei der Abgrenzung von Täterschaft und Teilnahme um einen „apriorisch-allgemeingültigen Ursachbegriff", sondern um „tatbestandliche Kausalität"²⁶⁶.

Eine derartige „tatbestandliche Kausalität" kann freilich nur in „juristischer Kleinarbeit"²⁶⁷ an Hand der einzelnen Tatbestandsinhalte ermittelt werden. Der Systematiker bleibt auf die Herausarbeitung der richtigen Fragestellung beschränkt. Aber — fragt Beling — „wer wollte diese Wendung nicht als wohltuend empfinden"? „Unsere Feststellungen schmiegen sich elastisch dem Leben und dem Gesetz an, statt an starren, aus einer anderen Welt herübertönenden Formeln ausgerichtet zu sein."²⁶⁸

Mit dem Grundsatz nulla poena sine lege (§ 2 StGB) ist die Anerkennung von „Kommissivdelikten durch Unterlassung" Belings Auffassung nach zu vereinbaren, „da es sich nicht um bloße Analogien, sondern um Ausschöpfung des gesetzgeberisch unmittelbar Gemeinten handelt"²⁶⁹.

e) Die logische Bedeutung des gesetzlichen Tatbestandes für „Vollendung und Versuch"

Den gesetzlichen Tatbestand betrachtet Beling auch als den Schlüssel für das Verständnis des Begriffspaars „Vollendung und Versuch". Er führt hierzu aus:

In einem typisierten Strafrecht ist der gesetzliche Tatbestand derjenige Begriff, mit Hilfe dessen ein scharfer Strich zwischen den möglicherweise strafbaren und den jedenfalls straflosen Handlungen gezogen werden kann. Entspricht eine Handlung einem tatbestandlichen Leitbild, so ist sie strafbar, sofern sie in ihrer Eigenschaft als tatbestandsmäßige Handlung rechtswidrig und schuldhaft ist; ist sie dagegen in irgendeinem Punkte nicht leitbildmäßig, so fällt sie sofort in den Bereich straflosen Handelns. Jeder — auch noch so geringfügige — „Mangel am Tatbestand" bewirkt die Straflosigkeit einer Handlung,

---

[265] a.a.O., 38; siehe auch L.v.V. (1906), 224 f.; Grundzüge (1925), 32. Im Punkte der Rechtswidrigkeit gilt hier nach Beling allerdings Besonderes: „Die Rechtspflicht zum positiven Handeln behufs Abwendung des tatbestandsmäßigen Erfolges ist enger begrenzt, als diejenige zum Unterlassen seiner Herbeiführung" (Grundzüge (1930), 38).
[266] Grundzüge (1930), 38; G.S. 101 (1932), 4, 9.
[267] Krit. Vierteljahrsschr. 54 (1919), 115.
[268] G.S. 101 (1932), 10.
[269] Grundzüge (1930), 38; siehe auch L.v.V. (1906), 225 Anm. 1.

mag diese noch so rechtswidrig und schuldhaft sein[270]. Dem Gesetzgeber eines typisierten Vergeltungsstrafrechts kann es nun aber erforderlich erscheinen, daß auch solche Handlungen bestraft werden, die seinen Deliktstypen zwar nicht völlig, aber doch sehr weitgehend entsprechen. Einer solchen Ausdehnung der Strafbarkeit dient die „Erscheinungsform" des Versuchs (§ 43 StGB)[271].

Einem Deliktstypus nicht völlig, aber doch sehr weitgehend kann eine Handlung — von allen weiteren Voraussetzungen abgesehen — nur dann entsprechen, wenn sie zwar nicht als tatbestandsmäßige, immerhin aber als „tatbestandsartige"[272] Verhaltensweise erscheint. Beling fragt daher: Wann kann eine Handlung als „tatbestandsartig" angesehen werden? Um die Frage beantworten zu können, muß seines Erachtens „die gedankliche *Schichtung*, die die gesetzlichen Tatbestände, welchen Inhalts sie im einzelnen seien, denkbarerweise haben können, zum Ausgangspunkte genommen werden"[273].

Seiner Funktion, bestimmtartige Verhaltensweisen zu charakterisieren, kann der gesetzliche Tatbestand grundsätzlich in dreifacher Weise genügen; er kann[274]

a) die Art und Weise des Verhaltens selber zum charakteristischen Moment erheben (z. B. „Schreien", „Gestikulieren"); oder

b) das Verhalten durch ein von ihm verursachtes nachfolgendes Ereignis charakterisieren (z. B. „Töten"; oder — in Kombination mit a — „Schreien mit dadurch herbeigeführtem Ärgernis"); oder schließlich

c) das örtliche, zeitliche, gegenständliche oder persönliche Milieu, in welchem sich eine Handlung abspielt, zur Charakterisierung heranziehen (z. B. — in Kombination mit a oder b — nur öffentliche Begehung einer Handlung, Begehung nur zur Kriegszeit, Begehung mittels einer Waffe, Begehung nur durch einen Beamten).

Sonach gibt es zwei grundsätzliche Möglichkeiten eines „Mangels am Tatbestand":

1. Einmal kann er darin bestehen, daß ein Verhalten „noch nicht" dem tatbestandlichen Leitbild entspricht, derart, daß es zwar schon als Beginn der Tatbestandsverwirklichung erscheint, aber entweder — im Fall a — die Handlung selbst nicht so weit fortgeschritten ist, daß sie vollständig der tatbestandlichen Charakterisierung ent-

---

[270] Methodik (1922), 80 f.
[271] Grundzüge (1925), 84 f.
[272] Methodik (1922), 83; Grundzüge (1930), 57.
[273] Methodik (1922), 82.
[274] Vgl. zum folgenden Methodik (1922), 82.

V. Die „apriorische Grundlegung" im Strafrecht (2. Abschnitt)

spricht, oder — im Fall b — die Handlung nicht zur Verursachung der tatbestandlichen Folge geführt hat[275].

2. Ein „Mangel am Tatbestand" kann zum anderen darin liegen, daß eine Handlung zwar der unter a oder b bezeichneten Artung ist, daß aber eine tatbestandlich erforderliche Milieubeziehung (c) fehlt[276].

In dem unter 1. genannten Fall einer „noch nicht" tatbestandsmäßigen Handlung — fährt Beling fort — kann man mit gutem Grund von „tatbestandsartigem" Verhalten sprechen; denn es handelt sich hier darum, daß ein Verhalten bereits auf dem Wege ist, leitbildmäßig zu werden; „... es entwickelt sich von einem ersten Schritt, der einesteils schon das tatbestandliche Gepräge an sich trägt — schon als ‚Handlung', die das z. B. der ‚Tötung eines Menschen' charakteristische Moment aufweist — erst so zur ‚Tatbestandsmäßigkeit' hin, daß der Fortgang, sei es des Verhaltens selber (a), sei es das jenseits des Verhaltens selber liegende Geschehen (b) das tatbestandliche Vorstellungsbild ganz aufkommen läßt."[277] Eine Handlung ist somit „tatbestandsartig", wenn sie als „Anfang der Ausführung" i. S. eines gesetzlichen Tatbestandes erscheint. „So gelangt man zu der Figur einer Erscheinungsform, für die sich ungerufen der Name des ‚unvollendeten Delikts', des ‚Versuchs' einstellt. Er umfaßt dasjenige Verhalten, das schon tatbestands*artig*, nur *noch nicht fertig* tatbestands*mäßig* ist."[278]

Der „Versuch" entspricht in seinem Aufbau den Erscheinungsformen der Anstiftung und Beihilfe[279]. In dem „gedanklichen Gebilde" „Anfang der Ausführung" besitzt er ein unselbständiges Leitbild, das „Versuchsbild"[280]; weil er mit einer abhängigen Strafdrohung versehen ist, stellt er einen „unselbständigen Deliktstypus" dar[281].

Im Gegensatz zu dem Fall nun, daß ein Verhalten „noch nicht" dem tatbestandlichen Leitbild voll entspricht, kann man Belings Auffassung nach von einer „tatbestandsartigen" Handlung dann nicht sprechen, wenn ihr eine der oben genannten Milieubeziehungen fehlt. Es fehle nämlich nicht nur an der Fortsetzung eines immerhin „gedanklich auf den Tatbestand beziehbaren Entwicklungsanfangs"[282], sondern die

---
[275] a.a.O., 83.
[276] a.a.O., 83.
[277] a.a.O., 83.
[278] a.a.O., 84; zu den nicht einmal „tatbestandsartigen", sondern nur „tatbestandsbezogenen" Vorbereitungshandlungen siehe oben S. 60 f.
[279] Vgl. oben S. 61.
[280] Grundzüge (1930), 56; L.v.T. (1930), 7.
[281] Grundzüge (1930), 22 ff.; L.v.T. (1930), 2.
[282] Methodik (1922), 84.

Handlung passe hier „schon als Gegenwartsereignis nicht zum gesetzlichen Tatbestande"[283]. Mit dem Fortfall der betreffenden Milieubeziehung zerfalle gewissermaßen das tatbestandliche Leitbild. Eine Strafbarkeit wegen Versuchs komme daher nicht in Betracht.

Gar nicht anders als im Fall fehlender Milieubeziehung verhält es sich für Beling beim Versuch am absolut untauglichen Objekt oder mit absolut untauglichem Mittel; es fehlt auch hier an einer „tatbestandsartigen" Handlung, die sich zu einer voll tatbestandsmäßigen weiterentwickeln könnte. „Man hat sich einen Zuschauer zu denken, dem zwar, wie allen Menschen, der Blick auf die Zukunft verschleiert ist, der aber die gegenwärtige Sachlage richtig und vollständig erkennt."[284] Ist es aus der Sicht eines solchen fiktiven Zuschauers unmöglich, daß ein von ihm beobachtetes Verhalten zu einem Tatbestandsende führt, so kann auch keine „tatbestandsartige" Handlung vorliegen. (Beling nennt folgende Beispiele: Ein Blinder hält in einer Steinwüste ein Streichholz an einen Felsen und meint, ein Gebäude in Brand zu setzen; eine Nichtschwangere nimmt ein Abtreibungsmittel ein; Fälle des Aberglaubens: Totbeten usw.[285]) Auch hier paßt die Handlung schon als „Gegenwartsereignis" nicht zum tatbestandlichen Leitbild. Solch ein absolut untauglicher Versuch — meint Beling — mag die Gefährlichkeit des Täters erweisen; dies rechtfertigt aber nur Präventivmaßnahmen. Die staatliche Vergeltungsstrafe setzt neben einem rechtswidrigen Handlungsentschluß — der ja auch beim absolut untauglichen Versuch vorliegt — einen objektiven Unrechtsgehalt voraus, der einem selbständigen oder unselbständigen Unrechtstypus entspricht; hieran fehlt es aber bei einer nicht „tatbestandsartigen" Handlung[286].

f) Die logische Bedeutung des gesetzlichen Tatbestandes für „Tateinheit und Tatmehrheit"

Die Feststellung — sagt Beling —, das Verbrechen sei „Handlung"[287], scheint logisch unausweichlich zu dem Ergebnis zu führen, daß jede einzelne Handlung für sich als Verbrechen zu qualifizieren ist; einer Mehrheit von Handlungen entspräche dann eine Mehrheit von Verbrechen[288]. Bei genauerer Betrachtung stellt sich aber heraus, daß eine Zählung der Handlungen *exakt* überhaupt nicht möglich ist. „Was feststellbar ist, das ist das ‚Handeln' als willentliche Lebensbetätigung.

---

[283] Grundzüge (1925), 87.
[284] Methodik (1922), 88.
[285] a.a.O., 88; Grundzüge (1925), 88; L.v.V. (1906), 329 ff.
[286] Methodik (1922), 86 ff.; Grundzüge (1925), 88.
[287] Siehe oben S. 37.
[288] L.v.V. (1906), 333.

V. Die „apriorische Grundlegung" im Strafrecht (2. Abschnitt)

Die ‚einzelnen' Handlungen fließen wie ein Fluß eine nach der anderen stetig fort, und so wenig man die einzelnen Tropfen eines Flusses zählen kann, so wenig kann man die einzelnen Handlungen des menschlichen Lebens zählen."[289] Zählen könnte man allenfalls „Handlungs*abschnitte*", welche durch Abschnitte des Nichthandelns (Schlafen usw.) voneinander getrennt sind. Aus der Sicht heraus, daß der Grundbegriff der „Handlung" auf die negative Funktion beschränkt ist, Lebensakte auszuschneiden, welche für eine strafrechtliche Wertung von vornherein nicht in Betracht kommen[290], erscheint es Beling nebensächlich, ob dort, wo man mit der strafrechtlichen Betrachtung einsetzt, „eine" Handlung vorliegt oder „mehrere"; auch mehrere Handlungen können einer einheitlichen Betrachtung unterworfen werden.

Worin liegt nun aber das Kriterium, nach welchem eine solche einheitliche strafrechtliche Betrachtung zu erfolgen hat? Beling meint: Da es die gesetzlichen Tatbestände sind, an welche der Gesetzgeber bei der Normierung der einzelnen Voraussetzungen der Strafbarkeit angeknüpft hat[291], so kann auch nur der jeweils in Betracht kommende gesetzliche Tatbestand das gesuchte Kriterium sein. „Damit ist die Erkenntnis geliefert: die sog. Handlungseinheit ist gar keine Verleugnung der Mehrheit von Handlungen, sondern nur die Bejahung eines *tatbestandlichen Ganzen*. Die Denkfigur bedeutet nur, daß mehrere Handlungen als einmalige Tatbestandsverwirklichung aufgefaßt werden: sie bedeutet tatbestandliche Zusammengehörigkeit = Tateinheit."[292] Dementsprechend bedeutet „Tatmehrheit", daß mehrere gesetzliche Tatbestände in Betracht kommen, von welchen jeder einen Handlungskomplex erfaßt.

Die Feststellung, wann im einzelnen eine „Tateinheit" vorliegt, betrachtet Beling als eine jenseits der „apriorischen Grundlegung" liegende Wertungsfrage; es dürfe sich am „Tatbild" nichts verschieben, wenn man sich statt der mehreren Handlungen eine einzige Handlung mit dem gleichen konkreten Erfolg vorstelle, den Fall einer „verstärkten Tatbestandsmäßigkeit"[293] also. Als Fälle der Tateinheit nennt Beling u. a. die sog. natürliche Handlungseinheit, das sog. fortgesetzte Verbrechen, die Zusammengehörigkeit von Vorbereitungs-, Neben- oder Nachhandlungen mit der eigentlichen Ausführungshandlung[294].

---
[289] a.a.O., 334.
[290] Siehe oben S. 37.
[291] Siehe oben S. 50.
[292] L.v.V. (1906), 340; Hervorhebungen z. T. fortgelassen.
[293] Es werden z. B. mit einem Griff mehrere Geldstücke weggenommen, mit einem Wort mehrere Personen beleidigt.
[294] Grundzüge (1925), 100 f.; L.v.V. (1906), 362 ff.

3. Zusammenfassung:
Die grundbegrifflichen Funktionen des gesetzlichen Tatbestandes

Die vorangehenden Ausführungen versuchten deutlich zu machen, warum Beling im gesetzlichen Tatbestand den „strafrechtlichen Stammbegriff" sieht, „von dem sämtliche anderen strafrechtlichen Begriffe in dem Sinne abstammen, daß sie ohne jenen keine bestimmten endgültigen strafrechtlichen Ergebnisse liefern können"[295]. Der gesetzliche Tatbestand vermittelt seines Erachtens nicht nur den richtigen Gesichtspunkt, unter welchem die Rechtswidrigkeits- und Schuldfrage aufzuwerfen sind und eine Mehrheit von Handlungen zu einer „Tateinheit" zusammenzuschließen ist, sondern es wird durch ihn auch sichtbar, daß strafrechtliche Allgemeinbegriffe wie Täterschaft und Teilnahme, Begehung und Unterlassung, Versuch und Vollendung nicht a priori gegebene Größen sind, die es nur „richtig zu erkennen" gilt, sondern daß diese Begriffe von den zwecklogischen Notwendigkeiten her zu verstehen sind, welche von den Deliktstypen ausgehen. Indem der Tatbestandsbegriff in dieser Weise „die klare Stellung und Schichtung der Probleme ermöglicht"[296], gibt er zugleich den systematischen Ort derselben an und dient Beling so als „methodischer *Ordnungs*begriff"[297].

Darüber hinaus mißt Beling dem gesetzlichen Tatbestand große praktische Bedeutung für die Methode der Fallbearbeitung bei; das strafgesetzliche „Leit*bild*" wird hier zum „Leit*seil*"[298].

VI. Der Begriff des Verbrechens

Im „systematischen Verbrechensbegriff"[299] sieht Beling eine formelhafte Zusammenfassung der Ergebnisse, zu welchen der Strafrechtssystematiker durch eine Besinnung auf die Denknotwendigkeiten seines Rechtsgebiets gelangt ist. Als denknotwendige Voraussetzungen eines typisierten Vergeltungsstrafrechts hat Beling die Grundbegriffe der „Handlung", der „objektiven Rechtswidrigkeit", der „Rechtsschuld" und des „gesetzlichen Tatbestandes" entwickelt. Demnach definiert er das Verbrechen zunächst als Handlung (1), die tatbestandsmäßig (2), rechtswidrig (3) und schuldhaft (4) ist. Eine solche Begriffsbestimmung hält er jedoch aus zwei Gründen für unvollständig. Einmal gehe aus ihr nicht hervor, daß tatbestandsmäßig-rechtwidriges Handeln nur bei

---

[295] L.v.T. (1930), 8.
[296] a.a.O., 22.
[297] a.a.O., 22; zum Ganzen siehe auch Methodik (1922), 90 f., 107 f.; L.v.T. (1930), 7 f.
[298] L.v.T. (1930), 20.
[299] Grundzüge (1925), 17.

VI. Der Begriff des Verbrechens

bestimmten Gestaltungen der Schuld unter Strafe gestellt sei; so sei z. B. Sachbeschädigung (§ 303 StGB) nur für den Fall der Vorsätzlichkeit unter Strafe gestellt. Zum anderen sei in der Definition noch nicht berücksichtigt, daß der Gesetzgeber bei der Normierung der Strafbarkeit zuweilen auch Merkmale verwende, die nur objektiv vorliegen müßten, sei es, daß er diese den Unrechtstypen einverleibe („objektive Bedingungen der Strafbarkeit" oder „besondere Strafdrohungsbedingungen"[300]), sei es, daß er sie ganz allgemein zur Voraussetzung der Strafbarkeit mache, weil er bei ihrem Vorliegen die Vergeltung selbst typisch rechtswidrigen und schuldhaften Handelns für entbehrlich halte („allgemeine Strafdrohungsbedingungen"[301]). Berücksichtige man dies, so lasse sich „die Definition der strafbaren Handlung juristisch-technisch in folgender Formel wiedergeben": Verbrechen „ist 1. eine Handlung, die 2. tatbestandsmäßig; 3. rechtswidrig; 4. schuldhaft; 5. durch eine im Schuldpunkt passende Strafdrohung gedeckt ist und 6. den gesetzlichen Strafdrohungsbedingungen genügt"[302].

Aber auch diese Begriffsbestimmung befriedigt Beling noch nicht; denn sie umfasse noch nicht die unselbständigen Deliktstypen (Anstiftung, Beihilfe, Versuch), bei welchen nur eine „tatbestandsbezogene" oder „tatbestandsartige" Handlung erforderlich sei; außerdem gehe aus ihr nicht hinreichend deutlich hervor, daß es sich immer um gerade tatbestandsmäßige Rechtswidrigkeit und gerade tatbestandsmäßige Schuld handeln müsse. Er entschließt sich daher, den gesetzlichen Tatbestand in der Verbrechensdefinition unberücksichtigt zu lassen und statt seiner auf die bloße Typizität abzustellen[303]. So gelangt er zu der seines Erachtens treffenderen und dabei doch knapperen Begriffsbestimmung: „Verbrechen ist die typisch rechtswidrige und entsprechend schuldhafte Handlung, soweit nicht ein (sachlicher) gesetzlicher Strafausschließungsgrund gegeben ist."[304] Das Merkmal der „passenden Strafdrohung" kann entfallen, weil es in dem Erfordernis der Typizität mit enthalten ist. Der einschränkende Zusatz „soweit nicht ein ...

---

[300] Grundzüge (1925), 18.

[301] Als „allgemeine Strafdrohungsbedingungen" betrachtet Beling z. B. die Zugehörigkeit des Tatorts zum Inland oder Ausland (§ 4 StGB), die Indemnität der Parlamentsberichte (§ 12 StGB), den Notstand des § 54 StGB (siehe Grundzüge (1925), 57 f., 17 f.).

[302] a.a.O., 19 (Hervorhebungen fortgelassen); der Sache nach ebenso L.v.V. (1906), 7.

[303] L.v.T. (1930), 18. Beling stellt jedoch ausdrücklich fest: „Wenn hiernach der gesetzliche Tatbestand aus der Verbrechensdefinition verschwindet, so ist damit seine Bedeutung nicht verkümmert. Jedes der Verbrechensmerkmale bedarf ja der Erläuterung; und innerhalb der ‚Typizität' hat der gesetzliche Tatbestand die ihm gebührende beherrschende Stelle zu erhalten" (a.a.O., 19).

[304] a.a.O., 19; der Sache nach ebenso Grundzüge (1930), 70.

Strafausschließungsgrund gegeben ist" betrifft die außertypischen „allgemeinen Strafdrohungsbedingungen", die je nach der gesetzestechnischen Fassung als Strafbarkeitsbedingungen oder als Strafausschließungsgründe erscheinen[305]. *Persönliche* Strafausschließungsgründe können Belings Meinung nach außer Betracht bleiben, da sie den Verbrechensbegriff unberührt lassen; sie entziehen seines Erachtens nur einzelne Personen der Strafe, auch wenn diese eine „strafbare Handlung", ein „Verbrechen" begangen haben[306].

---

[305] L.v.T. (1930), 19.
[306] Grundzüge (1925), 16, 59 f.

Drittes Kapitel

Entwicklungen in Belings Strafrechtsdogmatik

In den ersten beiden Kapiteln sollte gezeigt werden, daß Belings Strafrechtsdogmatik in ihren wesentlichen Zügen durch Gedankengut des südwestdeutschen Neukantianismus geprägt wird. Dies Bild erhielten wir, indem wir Belings strafrechtliches Lebenswerk gewissermaßen auf eine zeitlich einheitliche Ebene projizierten. Dabei trat allerdings die Entwicklung, welche Beling während seiner fast vierzigjährigen Tätigkeit als Strafrechtslehrer durchlaufen hat — er wurde 1893 im Alter von 26 Jahren habilitiert — in den Hintergrund. Wenn es nun auch nicht dem Ziel der Arbeit entspricht, diese Entwicklung im einzelnen darzustellen, so dürfen doch zwei an ihr besonders charakteristisch erscheinende Punkte nicht unerwähnt bleiben.

I. Karl Bindings Einfluß

Belings strafrechtlicher Werdegang begann unter dem Einfluß von Karl Binding. In Leipzig hatte er mit dem Studium begonnen und dort auch in seinem dritten Semester Strafrecht bei Binding gehört. Wie stark er dabei in dessen Bann geriet, berichtet uns Beling selbst[1]: „Der Erfolg war der, daß ich nicht nur Bindings Grundauffassungen (Normen, Vergeltung, Schuld) mit Begeisterung in mich aufnahm, sondern auch das Strafrecht von nun an in den Mittelpunkt meines Interesses für die Jurisprudenz trat. Wenn ich Kriminalist geworden bin, so hat mich Binding dazu gemacht. Und die Erinnerung an seine Denkerpersönlichkeit und die von ihr ausgehende aufrüttelnde Kraft ist in mir immer lebendig geblieben, mochte ich auch seinen Auffassungen vielfältig, z. T. in wesentlichen Punkten Kritik und Widerspruch entgegensetzen."

Wo überall Belings Strafrechtswerk unter dem Einfluß Bindings steht, dem kann hier nicht nachgegangen werden. Sicher jedenfalls wurde sein strafrechtliches Schaffen durch Bindings Einfluß von vornherein in eine bestimmte Richtung gelenkt. Dies können wir nicht nur

---

[1] Autobiogr. (1925), 4.

3. Kap.: Entwicklungen in Belings Strafrechtsdogmatik

Belings eigenem Zeugnis entnehmen, sondern es ergibt sich auch schon aus seiner oben dargestellten Strafrechtsdogmatik im ganzen. Andererseits aber war Beling selbst „Denkerpersönlichkeit" genug, um seinem Werk von vornherein und je länger je mehr den eigenen Stempel aufzuprägen. Dies soll an einem Begriff verdeutlicht werden, der im vorliegenden Zusammenhang ebenso aufschlußreich wie für Belings Dogmatik grundlegend ist: dem Begriff der Rechtswidrigkeit.

Zur Begründung des Rechtswidrigkeitsbegriffs bedient sich Beling zunächst[2] weitgehend der Normentheorie Bindings: Alle Strafgesetze — so lehrte er — kann man auf die Formel bringen:

„Wer rechtswidrig dies oder jenes Verhalten entwickelt, der wird so und so bestraft."

Darüber, ob und unter welchen Voraussetzungen das beschriebene Verhalten rechtswidrig sei, erhalte man vom Strafgesetz aber keine Auskunft. *„Das Strafgesetz setzt vielmehr begrifflich einen Rechtssatz voraus, der das zu strafende Verhalten für rechtswidrig erklärt hat.* Diesen Rechtssatz hat *Binding* die *Norm* genannt ... Die Norm ist ein stets dem öffentlichen Recht angehörender *Imperativ,* ein Verbot oder Gebot, z. B. ‚Du sollst nicht töten' ... Wer der Norm zuwiderhandelt, handelt ‚normwidrig' oder ‚rechtswidrig'."[3] Freilich lag auch zu diesem Zeitpunkt schon der Akzent auf der „begrifflichen" Trennung des die Strafe und ihre Voraussetzungen regelnden Strafgesetzes von dem die Norm-(Rechts-)widrigkeit begründenden Rechtssatz.

Die Dinge änderten sich, sobald Beling die Bedeutung des Tatbestandsbegriffs erkannte[4]. Er wandte sich jetzt gegen die Vorstellung detaillierter Einzelnormen; in der ihnen durch Binding gegebenen Ausgestaltung hätten die Normen Gebiete okkupiert, die ihnen nicht zukämen. Habe sich der Gesetzgeber bei der Bildung der Verbrechenstypen der gesetzlichen Tatbestände bedient, so könne eine gleichzeitige Konstruktion der Verbrechensarten auf der Grundlage einzelner „selbstformulierter Normtatbestände"[5] nur zu Verwirrung führen. Für den Bau des Verbrechens sei die Norm danach zwar nicht überflüssig, aber ihr könne „lediglich die wertende Aufgabe zufallen, zu bestimmen, *ob* jene Typen und *wann* sie imperativwidrig sind"[6]. Beling fährt fort: *„Nicht die detaillierten Einzelnormen sind es, mit denen wir zu arbeiten haben, sondern die Normalität oder Nichtnormalität der*

---
[2] Grundzüge (1899), 9 f., siehe auch 26 f.; Grundzüge (1902), 14, siehe auch 41 f.
[3] Grundzüge (1899), 10; Grundzüge (1902), 14.
[4] Siehe L.v.V. (1906), 117 ff.; siehe auch Grundzüge (1912), 12 f.
[5] L.v.V. (1906), 118.
[6] a.a.O., 119.

*Handlung überhaupt."*⁷ Diese Überlegungen führten Beling zu weiteren Modifizierungen der Bindingschen Normentheorie. Die Normen bildeten gar nicht einen besonderen Teil des öffentlichen Rechts, sondern sie seien die Rechtssätze aller verschiedenen Rechtsdisziplinen „von einer bestimmten Seite betrachtet ... Nennen wir einen Rechtssatz eine Norm, so reißen wir ihn nicht aus seiner Zugehörigkeit zum bürgerlichen Recht usw. heraus, sondern wir betonen nur das in ihm liegende Moment, daß er menschliches Handeln dem Staate gegenüber bindet"⁸. Demnach komme es für das Strafrecht auf Normalität oder Nichtnormalität des Handelns einfach in dem Sinne an, ob das Handeln dem Ganzen der Rechtsordnung widerstrebe⁹.

Hatte Beling in dieser Weise die Normentheorie schon stark dem eigenen gedanklichen Bau seiner Dogmatik angepaßt, so war ihr Einfluß auf ihn doch immer noch groß; dies zeigt sich deutlich daran, daß er den „Zwischenbegriff der Norm"¹⁰ nach wie vor für unentbehrlich hielt: „Denn sieht man von dem Normcharakter der Rechtssätze ab, so zerfällt der Begriff der Rechtswidrigkeit in so viele Rechtswidrigkeiten, wie es Rechtsdisziplinen gibt: in eine Privatrechtswidrigkeit, eine Staatsrechtswidrigkeit, eine Kirchenrechtswidrigkeit, eine Verwaltungsrechtswidrigkeit, eine Strafrechtswidrigkeit usw. ... Vor solcher Atomisierung bewahrt uns die Norm. Sie faßt die Rechtssätze unangesehen ihre Zugehörigkeit zu der einen oder anderen Disziplin streng einheitlich zusammen unter dem Gesichtspunkt eben des normativen Elements in den Rechtssätzen, sie führt aus der Vielheit der Erscheinungen zu dem in den Rechtssätzen lebenden staatlichen Willen, der nach Achtung heischt, zu der *Rechtsordnung als Ganzem* in ihrer Verbindungskraft für menschliches Handeln."¹¹ Erst später¹² gelangte Beling zu der oben¹³ dargestellten eigenständigen Kennzeichnung der „objektiven Rechtswidrigkeit" als eines Grundbegriffes, welcher den Widerstreit „der Gegebenheiten des gesellschaftlichen Lebens mit den in diesem oder jenem Verbande maßgeblichen Wertungen"¹⁴ bedeute.

Schon in seiner „Lehre vom Verbrechen" war Beling zwar davon ausgegangen, daß die objektive Rechtswidrigkeit ein sich aus den „Denknotwendigkeiten" ergebender Grundbegriff sein müsse. Er selbst

---

⁷ a.a.O., 118.
⁸ a.a.O., 124.
⁹ Grundzüge (1912), 13.
¹⁰ L.v.V. (1906), 127.
¹¹ a.a.O., 127.
¹² Siehe vor allem Krit. Vierteljahrsschr. 54 (1919), 113; 56 (1923), 339 ff.; 57 (1925), 66, 71 f.; ARWP 20 (1926/27), 71 ff.
¹³ S. 38 ff.
¹⁴ ARWP 20 (1926/27), 73.

berichtet später[15], daß es ihm in diesem Werk um eine „methodische Wegeleitung" gegangen sei; und daß seine Äußerungen in der „Lehre vom Verbrechen" in diesem Sinne verstanden werden können, wurde oben[16] zu zeigen versucht. Aber es war Beling noch nicht gelungen, seine Konzeption in der erforderlichen Deutlichkeit herauszuarbeiten. So konnte er der Bindingschen Normentheorie nicht den nach seiner eigenen Dogmatik angemessenen Rang zuweisen, sah er den „Zwischenbegriff der Norm"[17] noch als unentbehrlich für sein eigenes System an.

So hat sich am Beispiel des Begriffs der Rechtswidrigkeit gezeigt, daß Bindings Einfluß zunächst stark war, daß dieser Einfluß aber kontinuierlich durch die immer präziser werdende eigene Grundkonzeption Belings zurückgedrängt wurde.

II. Die Herausbildung der rechtsphilosophischen und rechtstheoretischen Grundlagen: Entfaltung oder neue Einsichten?

Zugleich erhebt sich allerdings die Frage, inwieweit es überhaupt berechtigt ist, die oben[18] geschilderten rechtsphilosophischen und rechtstheoretischen Grundgedanken Belings als wirkliche „Ausgangspunkte" seiner Dogmatik zu bezeichnen. Handelt es sich hierbei nicht eher um neue Einsichten, welche nur zur nachträglichen Abrundung einer im wesentlichen bereits feststehenden Dogmatik herangezogen wurden?

„Ex professo und systematisch"[19] hat sich Beling mit rechtsphilosophischen Fragen erst relativ spät beschäftigt. Als er im Jahre 1913 einem Ruf der Universität München auf einen Lehrstuhl für Strafrecht, Strafprozeßrecht und Rechtsphilosophie folgte, stand er nach seinem eigenen Bericht[20] noch vor der Aufgabe, sich „die Grundlagen und die Ausblicke" erst erarbeiten zu müssen, deren es für eine Vorlesung über Rechtsphilosophie bedurfte. So sind denn auch seine Veröffentlichungen, welche rechtsphilosophische Probleme zum Gegenstand haben, erst während der Münchener Zeit erschienen; zu erwähnen sind hier die zahlreichen Besprechungen rechtsphilosophischer Schriften in der Kritischen Vierteljahresschrift für Gesetzgebung und Rechtswissenschaft, deren Mitherausgeber Beling von 1919 bis 1932 war; ferner die Schriften „Rechtswissenschaft und Rechtsphilosophie" (1923), „Revolu-

---

[15] Autobiogr. (1925), 15.
[16] Siehe S. 38 ff.
[17] L.v.V. (1906), 127.
[18] S. 15 ff.
[19] Autobiogr. (1925), 16.
[20] a.a.O., 16.

tion und Recht" (1923), „Das Rechtsordnungssubjekt" (1924 und 1926/27), „Apriorität des Rechtsbegriffs?" (1930), „Vom Positivismus zum Naturrecht und zurück" (1931). Die Grundlinien in der Strafrechtsdogmatik — insbesondere die Begriffe Handlung, gesetzlicher Tatbestand, Rechtswidrigkeit, Schuld — standen für Beling zu dieser Zeit schon weitgehend fest; er hatte sie vor allem in seiner 1906 erschienenen „Lehre vom Verbrechen" erarbeitet; wichtige Ergänzungen und Vertiefungen dazu hatten insbesondere die „Grundzüge des Strafrechts" in der dritten und vierten Auflage (1905 bzw. 1912), „Die Vergeltungsidee und ihre Bedeutung für das Strafrecht" (1908) sowie die Schrift „Unschuld, Schuld und Schuldstufen im Vorentwurf zu einem deutschen Strafgesetzbuch" (1910) gebracht. Dennoch spielen Belings rechtsphilosophische Grundgedanken eine bedeutendere Rolle als die einer bloß nachträglichen Untermauerung und Stützung bereits feststehender Lehren; gewissermaßen keimhaft und noch der Entfaltung harrend lagen sie nämlich schon von Anfang an seiner Dogmatik zugrunde.

In seiner Selbstdarstellung[21] erfahren wir von Beling, daß er ursprünglich beabsichtigt hatte, die venia legendi außer für Strafrecht und Prozeßrecht auch für Rechtsphilosophie zu erbitten; warum er diesen Plan wieder aufgab — es waren reine Zweckmäßigkeitserwägungen — soll hier nicht näher interessieren; aufschlußreich erscheint jedoch, was er in diesem Zusammenhang berichtet: „Ich hatte zwar keine sehr umfassenden rechtsphilosophischen Studien getrieben, und eine rechtsphilosophische Vorlesung nahm ich mir erst für spätere Jahre vor; aber mir stand in unbestimmten Zügen eine Rechtsphilosophie vor Augen, die diesen Namen wirklich verdiente, also weder Naturrechtslehre, d. h. einfach Ethik, noch Politik und Durchsprechung der einzelnen de-lege-ferenda-Probleme, noch positivistisch-historische Beleuchtung der sozialen Motivationsprozesse war, und die auch nicht weltenfern von der Jurisprudenz ablag."[22] Wie in dem zitierten Satz schon angedeutet ist und wie sich aus Belings weiteren Ausführungen ergibt, handelte es sich hierbei bereits um den Kern seiner oben[23] dargestellten, dem südwestdeutschen Neukantianismus nahekommenden Grundkonzeption. Erst seit der Berufung nach München zwar festigte und verdichtete sich diese; aber auch schon bei der Festlegung der Grundlinien seiner Strafrechtsdogmatik in den oben erwähnten Werken stand sie ihm — wenn auch nur „in unbestimmten Zügen" — vor Augen und beeinflußte so von vornherein die Richtung seines Denkens. Dies zeigt sich sehr deutlich an Belings Tatbestandsbegriff, dem Kernstück seiner Dogmatik.

---

[21] Autobiogr. (1925), 8.
[22] a.a.O., 8.
[23] S. 15 ff.

3. Kap.: Entwicklungen in Belings Strafrechtsdogmatik

Den „gesetzlichen Tatbestand" suchten wir oben[24] ganz von Belings kritizistischer Grundhaltung her zu verstehen: als den Kern des logischen Sinngehalts aller Deliktstypen, mit dessen Hilfe die Wesenszüge zu erforschen seien, welche der „begriffliche Bau" des Strafrechts durch die Deliktstypen erhalte; und diesen Begriff hat Beling in den wesentlichen Zügen nicht erst in seiner Münchener Zeit, sondern schon 1906 in der „Lehre vom Verbrechen"[25] entwickelt. Schon hier steht fest, daß der gesetzliche Tatbestand eine „strafrechtserkenntnistheoretische Form ist; freilich tritt dies nicht immer in der erforderlichen Deutlichkeit hervor. So sagt Beling später selbst über seine „Lehre vom Verbrechen"[26]: „... es mag sein, daß mein Vorhaben, eben lediglich die Geleise zu legen, hie und da nicht deutlich hervortritt ..." Immerhin bezeichnet er den Tatbestand „im technischen Sinne" als „strafrechtlichen Grundbegriff"[27]; er stellt fest, „daß sich der Allgemeine Teil des Strafrechts an den Tatbestand als singularischen Begriff ankristallisieren muß, daß der Tatbestand geradezu Ziel und Richtung der strafrechtlichen Untersuchung bestimmt (wenn auch nicht er *allein* es ist, der Ziel und Richtung bestimmt)"[28]. Es steht für ihn ferner fest, daß der Tatbestand deskriptiv ist und daß er die äußere Tatseite betrifft[29]; daß er die äußere Tatseite aber nur insoweit umgreift, als diese von der Schuld erfaßt sein muß[30].

Im Vergleich zu diesem Kern der Tatbestandslehre Belings sind seine späteren Äußerungen als zwar wichtige Ergänzungen, aber durchaus nicht grundlegende Veränderungen zu werten[31]. Bezüglich der weiteren Äußerungen lassen sich zwei Phasen unterscheiden.

Eine erste wesentliche Ergänzung erfolgt 1920[32]. Auf eine Anregung Mittermaiers hin[33] unterscheidet Beling von nun an zwischen Tatbestand und Verbrechenstypus[34]. In der „Lehre vom Verbrechen" benutzte

---

[24] S. 47 ff.
[25] sowie in der fast gleichzeitig erschienenen 3. Aufl. der Grundzüge (1905).
[26] Autobiogr. (1925), 15.
[27] L.v.V. (1906), S.V, 1.
[28] a.a.O., S.V f.
[29] a.a.O., 145 ff., besonders 156 ff.; 178 ff.
[30] a.a.O., 51 ff., 201. — Siehe auch ZStW 26 (1906), 695 f.
[31] Vgl. *Buchetmann*, Abgrenzung der Verbrechensmerkmale (1934), 36 Anm. 3, 60 Anm. 1; *Sieverts*, Beiträge (1934), 89 f.; a.A. *Class*, Grenzen des Tatbestandes (1933), 9, 28 f., 67 f.; *Schweikert*, Wandlungen der Tatbestandslehre (1957), 76 f.
[32] Grundzüge (1920), 19 ff.; siehe auch Methodik (1922), 66.
[33] Siehe Autobiogr. (1925) 14 f.
[34] Seit der 11. Aufl. der Grundzüge (1930) und der L.v.T. (1930) bevorzugt Beling den Ausdruck „Deliktstypus". Von „Deliktstypen" sprach er aber z. B. auch schon in ZStW 26 (1906), 695.

II. Entfaltung oder neue Einsichten?

er die Begriffe Tatbestand und Typus noch synonym, in der Meinung, außertatbestandliche Verbrechensmerkmale wie die „objektiven Strafbarkeitsbedingungen" (z. B. der schwere Erfolg beim Raufhandel, § 227 StGB) oder die „besonderen Schuldgestaltungen" (z. B. die Zueignungsabsicht beim Diebstahl, § 242 StGB) wirkten nicht typisierend[35].

Weitere Ergänzungen folgen 1930[36]. Beling arbeitet jetzt das Verhältnis zwischen Tatbestand und Verbrechenstypus (Deliktstypus) klarer heraus, indem er feststellt, daß der Tatbestand für den Deliktstypus nur regulativ, nicht konstitutiv sei. Er ändert außerdem die Begriffsbestimmung des Verbrechens[37].

So läßt denn der als Beispiel angeführte Tatbestandsbegriff den im 2. Kapitel[38] unternommenen Versuch als berechtigt erscheinen, für das Verständnis auch der früheren Werke Belings seine erst später erschienenen rechtsphilosophischen Veröffentlichungen heranzuziehen: die rechtstheoretischen und rechtsphilosophischen Ausgangspunkte, zu denen er sich später ausdrücklich bekannt hat, waren nicht neue Einsichten, sondern sie lagen seiner Strafrechtsdogmatik von Anfang an — nur unausgesprochen und vielfach noch unbestimmt, teilweise wohl auch nur unbewußt — zugrunde. Die Entwicklung, die Beling durchlaufen hat, stellt sich demgemäß als ein fortwährendes Bemühen dar, seine Strafrechtsdogmatik immer bewußter und immer konsequenter nach seiner sich gleichfalls immer weiter entfaltenden rechtsphilosophischen und rechtstheoretischen Grundkonzeption zu durchdenken und aufzubauen. Als eine ganz eigenständige und individuelle Art des Zuendedenkens neukantianischer Grundgedanken auf dem Gebiet des Strafrechts muß sein Werk daher gewürdigt werden.

---

[35] Siehe L.v.V. (1906), 24, 51 ff., 178 ff., 201; siehe auch Grundzüge (1912), 24 f. — Wie sich die Trennung von Tatbestand und Typus bei Beling allmählich herausgebildet hat, daß sie sich „keimhaft" schon in der 4. Aufl. der Grundzüge (1912) findet, wird in schöner Weise bei *Buchetmann*, Abgrenzung der Verbrechensmerkmale (1934), 60 Anm. 1, gezeigt.

[36] L.v.T. (1930) und Grundzüge (1930).

[37] Siehe oben S. 71.

[38] Siehe oben S. 28 ff.

Viertes Kapitel

Belings dogmatische Grundlagen aus heutiger Sicht

Betrachten wir die Belingsche Dogmatik aus heutiger Sicht, so können wir gleich zu Anfang feststellen: ein „Zurück zu Beling!" — wie es Theodor Rittler noch im Jahre 1955 gefordert hat[1] — erscheint ausgeschlossen; denn die rechtsphilosophischen und rechtstheoretischen Grundansichten Belings teilen wir heute nicht mehr.

I. Belings „Positivismus"

Nicht gerecht wird man Belings Dogmatik allerdings, wenn man sie von vornherein als eine solche ohne philosophisches Fundament, als in diesem Sinne positivistisch ablehnt. So ist beispielsweise Erik Wolf[2] der Auffassung, Beling habe „die Lücke philosophischer Begründung" mit einer „formal-juristischen Begriffsjurisprudenz" ausgefüllt; auch Karl Larenz[3] bezeichnet Beling als positivistisch, wobei er unter „Positivisten" Schriftsteller versteht, welche bei der Aufgabe, „den Begriff des Rechts und die etwa aus ihm abzuleitenden Grundbegriffe zu bestimmen", „ohne eine erkenntnistheoretische Grundlage und ohne bewußten Zusammenhang mit der Philosophie" verfahren. Freilich hatten wir oben[4] selbst festgestellt, daß Belings Auffassung vom Recht positivistisch sei. Aber die dort gemeinte Art des Positivismus hat mit der hier in Rede stehenden nichts gemeinsam. War Beling doch zu seiner Auffassung von der Positivität alles Rechts gerade in Anlehnung an die philosophische Richtung des südwestdeutschen Neukantianismus gelangt. Im Hinblick auf dessen Wirklichkeitsbegriff zwar hat Welzel[5] — in Anlehnung an ein Wort des Psychologen Erich Jaensch — nicht ohne Berechtigung gesagt, es lasse sich „die neukantische Rechtsphilosophie als eine Komplementärtheorie des Rechtspositivismus bezeich-

---

[1] Jur. Bl., 77. Jg. (1955), 614.
[2] Große Rechtsdenker (1963), 720.
[3] Rechts- und Staatsphilosophie (1931), S. 5 in Verbindung mit S. 9.
[4] S. 15 f., 18 ff.
[5] Naturrecht und materiale Gerechtigkeit (1962), 190.

nen"; hierauf wird sogleich näher einzugehen sein. Aber daß es dieser Richtung überhaupt ebenso wie auch Beling um echtes philosophisches Bemühen ging, kann nicht bezweifelt werden, und es kommt dies in besonders klarer Weise in den folgenden, aus Belings eigener Feder stammenden Sätzen zum Ausdruck[6]:

„Vollends hat der Positivismus, wie ich ihn verfechte, gar nichts gemein mit jener ebenso genannten Denkrichtung, die aller apriorischen Rechtsphilosophie feindlich gegenübertritt und, indem sie alles nicht ‚positiv'-rechtswissenschaftliche Nachdenken über das Recht für Hirngespinst erklärt, zu einer Anbetung des ‚positiven' Rechts und damit einer bedingungslosen Verherrlichung jeder machtmäßigen Normierung führt. Für mich bedeutet vielmehr ganz im Gegenteil gerade die Anerkennung, daß alles Recht begrifflich Menschenwerk ist, die über die Rechtswissenschaft hinausführende Aufgabe, an dieses bloße Menschenwerk nunmehr von höherer Warte aus Wertmaßstäbe anzulegen: zu ergründen, ob solches Menschenwerk überhaupt Sinn hat, und wenn ja, wie die Inhalte solcher irdischen Rechtsordnung beschaffen sein sollen. Der empirische Rechtsbegriff ermöglicht uns eben nur ein Stück der Wirklichkeit zu ‚begreifen', d. i. als vorhanden in seinen begrifflichen Zügen zu *erkennen*. Er schneidet die apriorische — rechtsphilosophische — *Bewertung* des als ‚seiend' Erkannten nicht nur nicht ab, sondern fordert sie gerade heraus."

II. Belings Auffassung vom Wesen des Rechts

Können wir somit der Dogmatik Belings auch nicht das philosophische Fundament absprechen, so erscheint uns dieses selbst doch heute nicht mehr als tragfähig. Wie verschieden nämlich die gegenwärtigen Richtungen im einzelnen auch sein mögen, so ist man sich immerhin darin einig, daß die neukantianische Gegenüberstellung von empirischer Wirklichkeit einerseits und unerfahrbaren Werten andererseits unzutreffend ist. Wir meinen heute, daß sich die „Wirklichkeit" nicht in materiellen und psychischen Vorgängen erschöpft, sondern daß auch geistige Gebilde den Charakter des Wirklichen haben[7]. Zur Veranschaulichung und Klärung wird z. T. auf Nicolai Hartmanns „Schichtenlehre" hingewiesen[8], nach welcher innerhalb des „Gesamtphänomens der ‚Welt' " vier Schichten unterschieden werden: das „Physisch-Materielle", das „organische Leben", das „seelische Sein", das „Reich des geistigen Seins"; jede höhere Schicht wird von der niederen getragen, ist aber bei aller Abhängigkeit doch in ihrer Eigenart „autonom"[9].

---

[6] Studi filosofico-giuridici (1930), 29 f.

[7] Siehe *Henkel*, Rechtsphilosophie (1964), 10; *Larenz*, Methodenlehre (1960), 121.

[8] *Henkel*, a.a.O., 8 ff.; *Larenz*, a.a.O., 121.

[9] Nicolai *Hartmann*, Problem des geistigen Seins (1949), S. 15—17.

4. Kap.: Belings dogmatische Grundlagen aus heutiger Sicht

Ausgehend von dem engen Wirklichkeitsbegriff des südwestdeutschen Neukantianismus hat Beling — wie oben[10] gezeigt wurde — das Recht als etwas empirisch Wahrnehmbares zu erfassen versucht. „Und da es" — so folgerte er — „sicherlich nichts Körperhaftes, Empfindbares, auch nicht ein Etwas im eigenen Seelenleben des Einzelnen ist, so kann es nichts anderes sein, als eine *massenpsychologische Tatsächlichkeit*."[11] Die „psychologische Massenerscheinung", daß es in jedem Verbande eine „tonangebende Schicht" von Menschen gibt, „in deren Vorstellungen das So- oder Anderssein der rechtlichen Normierungen dieses Verbandes verankert ist", sah Beling als das „letztendige Seinsmoment im Rechtsbegriff" an[12].

Heute meinen wir, daß eine solche Auffassung dem Wesen des Rechts nicht gerecht wird. Recht ist nichts empirisch Wahrnehmbares, sondern ein Phänomen gerade im „Reich des geistigen Seins"[13]; es ist eine „geistige Wirklichkeit"[14], ein „geistiges Gebilde"[15], eine „geistige Schöpfung"[16]. Zwar ist Belings „psychologische Betrachtungsweise"[17] insofern zutreffend, als wir über die Psyche der einzelnen Mitglieder einer Rechtsgemeinschaft Zugang zum Recht erhalten, sei es in Gestalt einer spontanen psychischen Regung — dies ist der Weg des „Rechtsgefühls" — sei es in bewußtem und rational begründetem Vollzug — dies ist der Weg des „Rechtsbewußseins"[18]; in den Kategorien der erwähnten Schichtenlehre Nicolai Hartmanns können wir sagen: das Recht wird als geistiges Sein von der darunterliegenden Schicht des seelischen Seins getragen[19].

Das Unzutreffende einer psychologischen Rechtsdeutung liegt aber darin, „daß hier das Sein des Rechts in den Vollzug psychischer Akte gelegt und darin als erschöpfend enthalten gedacht wird"[20]. Dem Recht kommt nach unserer heutigen Auffassung vielmehr ein „überindividuelles Ansichsein"[21] zu, das sich im persönlichen Bewußtsein der einzelnen, in den Wertvorstellungen der „tonangebenden Schicht" offen-

---

[10] S. 15 f., 18 ff.
[11] Rechtsw. u. Rechtsph. (1923), 12.
[12] a.a.O., 16 f.
[13] Siehe *Henkel*, Rechtsphilosophie (1964), 11 ff.
[14] *Larenz*, Rechts- und Staatsphilosophie (1931), 36.
[15] *Larenz*, Methodenlehre (1960), 121.
[16] *Coing*, Rechtsphilosophie (1950), 265.
[17] *Henkel*, Rechtsphilosophie (1964), 384 ff., bezeichnet Belings Auffassung vom Recht als „psychologischen Rechtspositivismus".
[18] *Henkel*, a.a.O., 12, 385.
[19] Vgl. *Henkel*, a.a.O., 12 ff.
[20] *Henkel*, a.a.O., 12.
[21] *Henkel*, a.a.O., 13.

II. Belings Auffassung vom Wesen des Rechts

bart. Es tritt im Bewußtsein der einzelnen hervor als „objektiver Geist"[22].

Unter „objektivem Geist" verstehen wir hierbei das „Geistesleben in seiner Ganzheit, wie es geschichtlich in einer jeweilig bestehenden, durch Zeitgenossenschaft und Lebensgemeinschaft verbundenen Menschengruppe sich herausbildet, entwickelt, zur Höhe gelangt und niedergeht"[23]. „Objektiver Geist" ist mehr als einfach die Summe oder das Ganze der Individualgeister. „Wie der vielzellige Organismus keine Summe von Zellen ist, so auch der Gemeingeist keine Summe personaler Geister."[24] Er ist vielmehr eine „geistige Größe eigener Art"[25], das „geistig Gemeinsame" einer Menschengruppe[26]. Der „objektive Geist" ist wegen seiner ungeheuren Fülle und Mannigfaltigkeit für keine Einzelperson voll erfaßbar; aber jeder personale Geist wird vom „objektiven Geist" geprägt, „‚übernimmt' gewordene und vorgefundene Gültigkeiten, Sitten, Sprache"[27].

An diesem „objektiven Geist" hat das Recht seinen Anteil; von „Recht" sprechen wir unter dem Aspekt, daß „der in der Gesellschaft lebendige objektive Geist ... das rechte Verhalten der Glieder der Gesellschaft untereinander in lebendigen Idealen vorzeichnet", „die Ideen einer Grundordnung des gesellschaftlichen Zusammenlebens" liefert[28].

Mit der Aussage, daß das Recht nicht eine „massenpsychologische Tatsächlichkeit" ist, sondern „objektiver Geist", ist allerdings noch nicht alles Wesentliche festgestellt. Welzel — dem wir uns hierin anschließen — hat es als den bleibenden Wahrheitsgehalt des Naturrechts bezeichnet, daß das Wesen des Rechts in dem Gedanken des „unbedingten *Verpflichtet-Seins*" liegt, „daß es in den menschlichen Sozialverhältnissen nicht bloß etwas gibt, das durch seine überlegene Macht zwingt oder von uns infolge einer eingewurzelten Gewohnheit tatsächlich geübt wird, etwas das mehr besitzt als bloß faktische Realität, vielmehr etwas, das — unabhängig von einem Befehl oder einer Gewohnheit — uns in unserem innersten Sein zu bestimmtem Handeln *verpflichtet*"[29].

---

[22] *Larenz*, Methodenlehre (1960), 148; *Henkel*, a.a.O., 15; siehe auch *Engisch*, Einführung in das juristische Denken (1964), 192.
[23] Nicolai *Hartmann*, Problem des geistigen Seins (1949), 205.
[24] Nicolai *Hartmann*, a.a.O., 192.
[25] *Henkel*, Rechtsphilosophie (1964), 14.
[26] Nicolai *Hartmann*, Problem des geistigen Seins (1949), 192.
[27] Nicolai *Hartmann*, a.a.O., 192; siehe auch *Henkel*, Rechtsphilosophie (1964), 14; *Schmidhäuser*, Von den zwei Rechtsordnungen (1964), 22.
[28] *Schmidhäuser*, a.a.O., S. 24 und S. 23/24.
[29] *Welzel*, Naturrecht und materiale Gerechtigkeit (1962), 237 f. — Die folgenden Ausführungen bewegen sich in der „Geltungsdimension" der „Normgeltung des Rechts" (*Henkel*, Rechtsphilosophie (1964), 444 ff.); als

4. Kap.: Belings dogmatische Grundlagen aus heutiger Sicht

Die Tatsache allein, daß in jeder Gesellschaft bestimmte Ideale für das Zusammenleben ihrer Glieder lebendig sind, vermag ein solches „unbedingtes Verpflichtet-Sein" nicht zu erklären. Von einer derartigen „verpflichtenden Kraft"[30] des Rechts kann vielmehr nur überzeugt sein, wer davon ausgeht, daß hinter diesen in einer Gesellschaft lebendigen Idealen absolute Werte stehen[31]. Zahlreiche Äußerungen im neueren Schrifttum zielen in diese Richtung; einige hierin besonders typisch erscheinende seien angeführt.

So ist Larenz[32] der Auffassung, der Jurist könne letzten Endes nicht umhin, „nach den letzten Sinnzusammenhängen zu fragen, in denen alle der Rechtsordnung immanenten Wertmaßstäbe fundiert sein müssen". Es müsse gezeigt werden, daß dem jeweiligen Wertbewußtsein einer Zeit „ein als solcher einsichtig zu machender ‚Sinneskern' zugrunde liegt, der sich, mit Hegel zu reden (Vorrede zur Rechtsphilosophie), ‚mit der bunten Rinde umzieht, in welcher das Bewußtsein zunächst haust', auf den aber jedes an die historische Situation gebundene Wertbewußtsein hinzielt, den es, wenn auch nur unvollkommen und getrübt, zum Ausdruck bringt." Coing[33] stellt fest: „Jedes positive Recht beruht auf gewissen Wertvorstellungen, die in sich einen geschichtlichen Zusammenhang bilden und als Geist eines bestimmten Volkes oder einer bestimmten Epoche, als ihre Auffassung der Rechtsidee, eine geschichtlich-individuelle Totalität ausmachen ... Hinter dieser historischen Einheit der Wertvorstellungen aber steht der systematische Zusammenhang der ethischen Werte selbst, mit denen alles Recht wesensgemäß verbunden ist." Speziell im Hinblick auf das Strafrecht führt Schmidhäuser[34] aus: „soweit das Strafrecht bestimmte menschliche Verhaltensweisen als Voraussetzung der Strafe schildert,

---

andere „Dimension" des Problems der Rechtsgeltung ist hiervon die „tatsächliche (faktische, empirische) Geltung" (*Henkel*, a.a.O., 440.) zu unterscheiden. Auf das Problem der Geltung des Rechts kann hier aber nicht näher eingegangen werden.

[30] Armin *Kaufmann*, Probleme rechtswissenschaftlichen Erkennens (1962), 148.

[31] Zu Recht bemerkt daher *Fechner* (Rechtsphilosophie (1956), 161.): „Daß jeweils bestimmte Werte im Verlauf der Entwicklung einer Gemeinschaft im Verhältnis zu den einzelnen Gliedern einen objektiven Charakter gewinnen, daß die in einer Gemeinschaft üblichen, traditionellen Wertungen in diesem Gemeinwesen überindividuelle Geltung erlangen, den Einzelnen im Erziehungs- und Reifeprozeß mitgestalten und für ihn später weithin verbindlich bleiben, ist eine unbestreitbare Tatsache des sozialen Bereichs. Hierbei aber handelt es sich *nachweislich* nur um eine Objektivität in den Grenzen der jeweiligen Gemeinschaft, nicht um eine wirkliche Objektivität des Wertes als solchen ..."

[32] Methodenlehre (1960), 128.

[33] Rechtsphilosophie (1950), 276 f.

[34] Gesinnungsmerkmale (1958), 161.

II. Belings Auffassung vom Wesen des Rechts

kann es — wenn es nicht lediglich als staatliche Zwangsordnung angesehen werden soll — nur ein Verhalten meinen, das gegen ein allgemeines Sollen verstößt, also ein wertwidriges Verhalten; der Wert, gegen den es verstößt, kann bei diesen Prämissen nicht ein Nützlichkeits- oder Zweckmäßigkeitswert sein, sondern nur ein sog. absoluter Wert, und unter den hier in Betracht kommenden Werten wiederum letztlich nur der der Sittlichkeit."[35]

Sehr zweifelhaft erscheint allerdings die objektive Erfahrbarkeit dieser „letzten Sinnzusammenhänge", die Nachweisbarkeit absolut gültiger Werte. Die in der „materialen Wertethik" Max Schelers[36] und Nicolai Hartmanns[37] entwickelte Auffassung, Werte seien als solche in einer direkten Erfahrung unmittelbar gegeben, wird weitgehend abgelehnt[38]. Insofern befinden wir uns heute — wie Armin Kaufmann[39] sagt — bei dem „Ringen um das richtige Recht in einer mißlichen Lage". Dennoch wird man von der Existenz absoluter Werte ausgehen dürfen. Zwar handelt es sich hier um eine — wie es Welzel[40] formuliert hat — „letzte Gegebenheit, von der aus zwar Beweis geführt, die aber selbst nicht mehr bewiesen werden kann". Immerhin aber gibt es Phänomene, welche den Bestand objektiver Werte wahrscheinlich machen, Anhaltspunkte, „die die Vermutung einer objektiven Grundlage auch der Wertentscheidungen nahelegen"[41]. Hier ist vor allem die Erscheinung des Gewissens zu erwähnen[42]. „Die Annahme, daß das Gewissen der Quellpunkt der (ethisch relevanten) Werterlebnisse ist, liegt ebenso nahe wie die Vermutung, daß in ihm mehr zum Ausdruck kommt als nur subjektives Reagieren auf zufällige Situationen."[43] Es ist ferner eine bemerkenswerte Tatsache, daß Wertentscheidungen als Einwirkung „objektiver Mächte"[44] vom einzelnen erlebt werden. Fechner schildert dies in eindrucksvoller Weise: „Im Wert-

---

[35] In ähnliche Richtung tendieren auch Äußerungen von *Engisch*, Einführung in das juristische Denken (1964), 188 f.; *Jescheck*, ZStW 73 (1961), 208; *Würtenberger*, Die geistige Situation (1959), 17.
[36] Siehe Der Formalismus in der Ethik und die materiale Wertethik, 3. Aufl., 1927.
[37] Siehe Ethik, 3. Aufl., 1949.
[38] Kritisch besonders: *Engisch*, ARSP 38 (1949/50), 274—277; *Fechner*, Rechtsphilosophie (1956), 156 ff.; *Welzel*, Naturrecht und materiale Gerechtigkeit (1962), 220 ff. — Dagegen hat *Coing* (Die obersten Grundsätze des Rechts (1947), Rechtsphilosophie (1950), 151 ff.) den Versuch unternommen, ein System „oberster Rechtsgrundsätze" aufzustellen, welche zeitlose Gültigkeit besitzen.
[39] Probleme rechtswissenschaftlichen Erkennens (1962), 151.
[40] Naturrecht und materiale Gerechtigkeit (1962), 238.
[41] *Fechner*, Rechtsphilosophie (1956), 160; siehe auch *Welzel*, a.a.O., 238.
[42] *Welzel*, a.a.O., 238; *Fechner*, a.a.O., 160.
[43] *Fechner*, a.a.O., 160.
[44] *Fechner*, a.a.O., 160.

erleben wird der Mensch angesprochen." Es „scheinen die von bestimmten Werten Ergriffenen aus einer tieferen Quelle der Gewißheit zu schöpfen. Sie fühlen sich von objektiven Mächten angesprochen, die viel stärkere Wirkungen hervorrufen, als das bei der Vernunfterkenntnis der Fall ist." „So wenig wir wissen, was dem Ergriffenen dabei begegnet, so sehr sind wir doch gehalten, die Tatsache als solche festzustellen."[45]

Beling hat — wie oben[46] berichtet wurde — seinen Positivismus als „naturrechtsfreundlich" bezeichnet; die wertenden Vorstellungen der tonangebenden Schicht seien — so sehr sie eine massenpsychologische Tatsächlichkeit seien — „doch inhaltlich weitgehend am Naturrecht orientiert"; das Naturrecht erfülle, „wenn schon nicht in seiner echten Gestalt, so doch in seinem Abglanz in Menschenköpfen, weitgehend den Inhalt des positiven Rechts selbst". Man könne von einer „Rezeption des Naturrechts in das positive Recht" sprechen[47]. Beling sah also hinter dem als massenpsychologische Tatsächlichkeit verstandenen Recht gewissermaßen ein höheres Prinzip; wenn er feststellte, die Wertvorstellungen der tonangebenden Schicht seien inhaltlich weitgehend am Naturrecht ausgerichtet — und das soll heißen: an einer „,rechten', idealen Ordnung"[48], an einem „Musterbild einer Rechtsordnung"[49], einem „Rechtsideal"[50] — so kam er damit unserer heutigen Auffassung vom Recht näher als es auf den ersten Blick scheinen könnte. Aber andererseits muß doch festgestellt werden, daß für Beling durch einen zu engen Wirklichkeitsbegriff der Weg zum Verständnis dessen verstellt war, was „das Wesen und die Substanz des Rechts"[51] ausmacht. Die Zurückführung des Rechts auf etwas empirisch Wahrnehmbares, auf die „massenpsychologische Tatsächlichkeit" der Wertvorstellungen einer tonangebenden Schicht vermag zwar die „faktische Rechtsgeltung"[52], das Wirksamsein des Rechts als „allgemeine Handlungsweise"[53] zu erklären: „Die tatsächliche Rechtsgeltung beruht auf einem Rechtsgehorsam, der in einer in der Sozietät vorherrschenden *positiven Haltung gegenüber dem Recht*, in einer *bejahenden Hinnahme des Rechts*, seine ursächliche Grundlage hat."[54] Aber eine derartige auf das Fak-

---

[45] *Fechner*, a.a.O., 161.
[46] S. 20.
[47] Festgabe für Heck usw. (1931), 15; ähnlich Studi filosofico-giuridici (1930), 30.
[48] Rechtsw. u. Rechtsph. (1923), 27.
[49] ARWP 20 (1926/27), 63.
[50] Festschrift für Heck usw. (1931), 5.
[51] *Henkel*, Rechtsphilosophie (1964), 386.
[52] Siehe oben S. 83 f. Anm. 29.
[53] *Larenz*, Methodenlehre (1960), 144, in Anlehnung an Hegel.
[54] *Henkel*, Rechtsphilosophie (1964), 443.

tische abstellende Kausalerklärung vermag nicht die „verpflichtende Kraft" des Rechts zu erklären, auch dann nicht, wenn man davon ausgeht, daß die Wertvorstellungen der tonangebenden Schicht „inhaltlich weitgehend am Naturrecht orientiert" sind. Dies kann vielmehr nur gelingen, wenn wir das Recht als ein geistiges Sein begreifen, zu dessen Eigenart es gehört, daß wir es als „sinnvoll" verstehen[55]; wenn wir es als objektiven Geist einer Gesellschaft, als „geschichtlich gewordenes Wertbewußtsein"[56] erfassen.

III. Die methodologischen Ansichten Belings

Der Wandel in der Auffassung vom Wesen des Rechts hat zu neuen methodologischen Einsichten geführt. Da wir das Recht nicht mehr als etwas nur Faktisches, als eine mehr oder weniger zufällige Zusammenfassung von wertenden Vorstellungen einer tonangebenden Schicht begreifen, erscheint es uns auch nicht mehr als ein gestaltloser, undifferenzierter Stoff, der erst durch die „formende Verstandestätigkeit"[57] Strukturen erhält. Das Recht als ein geistiges Gebilde in dem oben geschilderten Sinn erscheint uns vielmehr als ein schon in sich differenziertes, gestalthaftes Sein; ihm sind Sinnzusammenhänge immanent, welche das erkennende Bewußtsein aufzudecken hat[58]. Diese Umkehr der Blickrichtung kommt sehr deutlich in der Kritik zum Ausdruck, welche Welzel im Jahre 1935 an der Wertphilosophie des südwestdeutschen Neukantianismus geübt hat[59]; er führte aus: „Die wissenschaftlichen Begriffe sind nicht verschiedenartige ‚Umformungen' eines identischen wertfreien Materials, sondern ‚Reproduktionen' von Teilstükken eines komplexen ontischen Seins, das die gesetzlichen Strukturen und die Wertdifferenzen immanent in sich trägt und nicht erst von der Wissenschaft herangetragen bekommt ... Daraus folgt aber weiter, daß nicht die Methode den Erkenntnisgegenstand bestimmt, sondern daß sich umgekehrt die Methode wesensnotwendig nach dem Gegenstand als dem ontischen Seinsstück richten muß, das es zu erforschen gilt."[60]

---

[55] *Larenz*, Methodenlehre (1960), 121; *Henkel*, Rechtsphilosophie (1964), 386.

[56] *Schmidhäuser*, Gesinnungsmerkmale (1958), 163.

[57] *Welzel*, Naturalismus und Wertphilosophie (1935), 44.

[58] Vgl. *Larenz*, Methodenlehre (1960), 114; siehe auch *Engisch*, Einheit der Rechtsordnung (1935), 83: die Rechtsordnung sei „als Erzeugnis menschlichen Geistes kein amorphes Chaos".

[59] Naturalismus und Wertphilosophie (1935).

[60] a.a.O., 49 f.

1. Der Systemgedanke des Kritizismus

Den Systemgedanken des Kritizismus, der Belings Dogmatik zugrunde liegt, können wir dementsprechend heute nicht mehr als zutreffend anerkennen. Die Prinzipien der Systematik können — jedenfalls nicht allein — in den Formen der Erkenntnis liegen. Geht man davon aus, daß das Recht mehr ist als ein „ungeformtes Konglomerat"[61] von als Fakten einfach hinzunehmenden Wertvorstellungen einer tonangebenden Schicht, so muß es eine „natürliche Einheit"[62] besitzen; diese erkennbar werden zu lassen, das Rechtsganze „als einen Sinnzusammenhang durchsichtig und verständlich zu machen"[63], muß dann eine wesentliche Funktion des Systems sein. Mit Coing[64] können zwei Momente unterschieden werden, auf welchen diese „natürliche Einheit" des Rechts beruht.

Es ist dies einmal die „geschichtliche Einheit"[65] der im objektiven Geist der jeweiligen Gesellschaft lebendigen Ideale einer gesellschaftlichen Grundordnung, hinter welcher letztlich „der systematische Zusammenhang der ethischen Werte selbst"[66] steht. Es gilt hier also, die einem Recht immanenten tragenden Leitgedanken und rechtsethischen Prinzipien aufzudecken.

Zum anderen wirkt das Recht „in einen Lebenszusammenhang hinein, der selbst eine gewisse ‚natürliche' Gliederung in Lebenskreise und Phänomene mit einer gewissen Eigengesetzlichkeit aufweist"[67]. Hier liegen „die Grundlagen eines natürlichen, in der Natur der Sache vorgebildeten Systems", durch das sichtbar zu machen ist, wie die einzelnen Rechtsnormen aus der Anwendung der zugrunde gelegten Wertungen auf die Lebenskreise und Phänomene erwachsen[68].

Meinen wir heute, wegen dieser neuen Einsichten über Beling hinaus zu sein, so darf doch andererseits nicht die Bedeutung unterschätzt werden, welche die Denkformen für die Systembildung auch heute noch besitzen. Das Fragen nach dem Denkverfahren, das Beling in seiner Strafrechtsdogmatik so meisterhaft durchgeführt hat, mag zwar bei der neuen Blickrichtung, „daß nicht die Methode den Erkenntnisgegenstand bestimmt, sondern daß sich umgekehrt die Methode wesens-

---

[61] *Coing*, Rechtsphilosophie (1950), 276.
[62] *Coing*, a.a.O., 276.
[63] *Larenz*, Methodenlehre (1960), 135.
[64] Rechtsphilosophie (1950), 276 f.
[65] *Coing*, a.a.O., 276.
[66] *Coing*, a.a.O., 277.
[67] *Coing*, a.a.O., 277.
[68] *Coing*, a.a.O., 277; siehe auch *Würtenberger*, Die geistige Situation (1959), 9 ff.

III. Die methodologischen Ansichten Belings

notwendig nach dem Gegenstand als dem ontischen Seinsstück richten muß ..."[69], zeitweilig in den Hintergrund getreten sein, es bleibt aber aktuell. Dies schon deswegen, weil — wie besonders Larenz betont — die erkenntnistheoretische Fragestellung des Neukantianismus berechtigt bleibt, „wie ein dem Bewußtsein ‚transzendentes' Sein dennoch adäquat gewußt werden kann"[70]. Darüber hinaus ist folgendes zu berücksichtigen[71]:

Wir erwarten vom Recht, daß es die in ihrer Fülle sehr unterschiedlichen und komplexen Lebensvorgänge in berechenbarer und gleichmäßiger Weise ordnet. Das ist nur dann möglich, wenn die im Recht und in der Rechtsprechung enthaltenen Wertentscheidungen mit einer kontrollierbaren rationalen Denkoperation einhergehen. Dies vollzieht sich in der Form der sog. Subsumtion eines Sachverhalts unter den entsprechenden Tatbestand einer Gesetzesnorm, die dem Urteil den logischen Charakter eines Syllogismus gibt; es wird die im Obersatz angegebene Rechtsfolge durch den Richterspruch für den subsumierten Sachverhalt des Untersatzes in Kraft gesetzt. Das Subsumtionsverfahren aber setzt die Bildung abstrakter Begriffe voraus, welche dadurch gewonnen werden, daß aus der Fülle der Eigenschaften der zu erfassenden Erscheinung bestimmte als wesentlich angesehene ausgewählt und in eine Definition aufgenommen werden. Je höher der Grad einer solchen Abstraktion ist, um so weniger enthält der Begriff freilich von dem eigentlichen Sinngehalt, der der gemeinten Erscheinung ananhaftet. Diese Begriffsbildung durch Abstraktion und die Anwendung der abstrakten Begriffe durch Subsumtion ist „das Mittel, durch das unser Verstand eine feste ‚Ordnung' in unsere Vorstellungen bringt und das rasche und sichere Erkennen jeden Dinges als eines ‚solchen', sowie das Schließen vom Allgemeinen auf das ihm unterfallende Besondere erst möglich macht"[72]. Liegen die Dinge aber so, dann kann sich die Aufgabe der Systematik nicht darin erschöpfen, die dem Recht als einem in sich differenzierten, gestalthaften Sein immanenten Prinzipien zum Zwecke eines tieferen Sinnverständnisses sichtbar zu machen, sondern sie erstreckt sich auch darauf, das Recht durch ein System abstrakter Begriffe überschaubar zu machen und dem Denkverfahren der Subsumtion zu erschließen, wie es durch Belings Systematik geschehen ist. Sein System allgemeiner Grundbegriffe, „ratio-

---

[69] *Welzel*, Naturalismus und Wertphilosophie (1935), 50.
[70] *Larenz*, Methodenlehre (1960), 115, Anm. 1; siehe auch *Fechner*, Rechtsphilosophie (1956), 100; *Wieacker*, Privatrechtsgeschichte (1952), 254 f.
[71] Zum folgenden siehe besonders *Fechner*, Rechtsphilosophie (1956), 77 f., 100, 163 f.; *Larenz*, Methodenlehre (1960), 115, 322 ff., besonders 325 f., 329, 332, 351, 367.
[72] *Larenz*, a.a.O., 325.

naler Denkformen"[73] erweist sich somit in seinem Kern als auch heute noch gültig: es ist durch andere Methoden des Systematisierens nicht zu ersetzen, sondern zu ergänzen.

Noch in anderer Hinsicht enthält Belings Systemgedanke einen Wahrheitsgehalt. Es handelt sich dabei um die Erscheinung, die wir heute mit dem Begriff der „sachlogischen Strukturen" kennzeichnen[74]. Henkel[75] hat diesen in die „Sachlogik" fallenden Begriff — „ein Gebiet, das allerdings bislang erkenntnistheoretisch noch wenig durchforscht ist"[76] — in jüngster Zeit präzisiert. Von der Kennzeichnung, die das Phänomen der „sachlogischen Strukturen" bei ihm gefunden hat, soll daher ausgegangen werden.

Es wurde bereits festgestellt[77], daß die Lebenskreise und Phänomene, welche durch das Recht geregelt werden, eine gewisse Eigengesetzlichkeit aufweisen. Jeder Regelungsgegenstand hat „seine *innere Seinsstruktur*, sein Wesensgefüge und seine wesensmäßigen Bestimmtheiten"[78]. So erfassen wir beispielsweise beim Phänomen der „Schuld" als „innere Seinsstruktur" „das Verfehlen der dem Handelnden möglichen wert- und sinnhaften Selbstbestimmung seines Verhaltens"[79]. Neben der inneren Seinsverfassung eines Regelungsgegenstandes bestehen aber ontologische Strukturen auch in seiner *„seinsgesetzlich notwendigen Entsprechung* zu anderen Phänomenen"[80]. Bei der Schuld z. B. sind dies *„die wesensgesetzlichen Zusammenhänge* mit der Selbstbestimmung des Menschen, seinem Charakter als Person und der damit gegebenen Verantwortlichkeit"[81]. Dies sind die „sachlogischen Strukturen"; „ ‚logische' insofern, als eine *Beziehungsnotwendigkeit* zwischen den Gegenständen vorhanden ist, ‚sachlogische' insofern, als wir die Beziehung nicht erst durch unser Denken schaffen, sondern durch Sinnerfassen, durch Einsicht in ihr seinsgesetzliches Entsprechungsverhältnis, in den Gegenständen selbst auffinden und dem Denken bewußt machen."[82]

---

[73] Krit. Vierteljahrsschr. 57 (1925), 54.
[74] Der Begriff der „sachlogischen Strukturen" ist von Welzel in die wissenschaftliche Diskussion eingeführt worden; siehe Naturrecht und materiale Gerechtigkeit (1951), 197.
[75] Rechtsphilosophie (1964), 274 ff.
[76] *Henkel*, a.a.O., 275.
[77] Siehe oben S. 88.
[78] *Henkel*, Rechtsphilosophie (1964), 276.
[79] *Henkel*, a.a.O., 276.
[80] *Henkel*, a.a.O., 276.
[81] *Henkel*, a.a.O., 276.
[82] *Henkel*, a.a.O., 276.

III. Die methodologischen Ansichten Belings

Beling hat diese „sachlogischen Strukturen" in seiner Systematik bereits berücksichtigt. Von seinem kritizistischen Standpunkt aus erschienen sie ihm freilich nicht als in den Gegenständen selbst auffindbare „Beziehungsnotwendigkeiten", sondern als bloße „Denknotwendigkeiten". Daß er der Sache nach aber dasselbe Phänomen vor Augen hatte, ergeben die folgenden Erwägungen.

Wie oben[83] berichtet, ist für Beling die Feststellung von ausschlaggebender Bedeutung, daß das Strafrecht Ergebnis eines den Regeln der volitiven Logik unterliegenden „Willensdenkprozesses" ist. Von diesem „Willensdenkprozeß" fordere die volitive Logik vor allem, daß ihn das gesetzgeberische Willensziel — der „Wertungsstandpunkt" — „in allen Gliedern *gegenständlich durchdringt*"[84]. Der gesetzgeberische „Wertungsstandpunkt" erfordere „einen ihm als der regierenden Vorstellung logisch angepaßten Denkumbau"[85]. Mit jedem „Wertungsstandpunkt" nun gelangen bestimmte Regelungsgegenstände in das Blickfeld. Will man ein dem „Wertungsstandpunkt" angepaßtes Denkgebäude errichten, so ist es unumgänglich, die zwischen diesen Regelungsgegenständen bestehenden „Beziehungsnotwendigkeiten" zu berücksichtigen. Dies hat Beling bei der Festlegung der „Grundzüge der Strafrechtsdogmatik" auch getan. Ausgehend von dem „Wertungsstandpunkt" „Strafe zum Zwecke der Wahrung und Stärkung der staatlichen Autorität"[86] stellte er zunächst fest, Vergeltungsstrafe als Äquivalent für ein innerlich fehlerhaftes Verhalten könne sich nur an menschliches Verhalten knüpfen, welches einer Willensentschließung entspringe. So gewann er als ersten strafrechtlichen Grundbegriff den Begriff der Handlung: das von „Willkür" getragene menschliche Körperverhalten. Im Zuge seiner „apriorischen Grundlegung" folgerte er weiter, daß das menschliche Verhalten den staatlichen Wertungen objektiv widerstreiten müsse, sowie in seiner „Willensentschließung" zum umfassenden Imperativ des Rechtsordnungssubjekts, sich an die Rechtsordnung zu halten, in Widerspruch stehen müsse; daß ein Strafübel als „verdientes Äquivalent" für einen solchen imperativwidrigen Handlungsentschluß aber nur sinnvoll sei, wenn es sich um einen *vorwerfbaren* Handlungsentschluß handele. Als weitere denknotwendige Voraussetzung eines Vergeltungsstrafrechts stellte Beling somit fest: strafbar sei nur eine Handlung, die der Rechtsordnung objektiv widerstreite (Grundbegriff der „objektiven Rechtswidrigkeit"[87]) und deren innere Seite (Hand-

---

[83] S. 29.
[84] Methodik (1922), 4; Hervorhebung hinzugefügt.
[85] a.a.O., 4.
[86] Siehe oben S. 36.
[87] Siehe oben S. 39 f.

lungswille, Handlungsentschluß) „rechtlich vorwerfbar" sei (Grundbegriff der „Rechtsschuld"[88]). Der Begriff der „Rechtsschuld" gewann eine weitere Ausgestaltung durch die Überlegung, daß ein imperativwidriger Handlungsentschluß nur vorwerfbar sei, wenn die Handlung Ausdruck einer im Handelnden vorhandenen „Spontaneität" oder „Selbstbestimmung" sei, von der aus er sich für oder gegen das Handeln habe entscheiden können. Dies wiederum setze voraus, daß die menschlichen Handlungen nicht allein das Ergebnis der charakterlichen Anlagen und der jeweils auftretenden motivierenden Kräfte seien, sondern daß vielmehr auch „die Widerstandskraft des Menschen als eine dritte mitwirkende und den Ausschlag zu geben geeignete Kraft, die man getrost auch die Vernunft nennen kann"[89], mit in Ansatz zu bringen sei. Die Zurechnungsfähigkeit als „diejenige seelische Verfassung, in der die Widerstandskraft als Kraft, dem Rechte gehorsam zu sein, vorhanden ist"[90], sei daher denknotwendige Voraussetzung aller Rechtsschuld.

Belings Gedankengänge, die im 2. Kapitel der Arbeit im einzelnen geschildert wurden, sollen hier nicht weiter verfolgt werden. Das beispielhaft Erwähnte zeigt bereits, daß die zwischen den Regelungsgegenständen bestehenden „Beziehungsnotwendigkeiten" für ihn bei der Errichtung eines dem gesetzgeberischen „Wertungsstandpunkt" angepaßten Denkgebäudes keine unwichtige Rolle spielten, mag auch in vielen Einzelheiten die Entwicklung heute über seine Lehren hinausgegangen sein; und wenn uns heute von anderen Ausgangspunkten her die „sachlogischen Strukturen" nicht mehr als bloße im erkennenden Verstand begründete „Denknotwendigkeiten" erscheinen, so ist doch zu bedenken, daß wir gerade auf dem Gebiet der sog. Sachlogik — wie bereits erwähnt — zu einer endgültigen Klärung durchaus noch nicht vorgedrungen sind.

Es hat sich gezeigt, daß die Prinzipien der Systematik nach heutiger Auffassung sehr vielfältig sind. Die systematisierende Tätigkeit des heutigen Dogmatikers erschöpft sich nicht in der Errichtung eines „ ‚logischen Systems' abstrakter Begriffe"[91]. Darüber hinaus gilt es vielmehr, im Wege eines „an die Sache gebundenen Denkens"[92], im steten Blick auf „die sich aus der historischen Zeitsituation ergebenden *sachlichen Lebensprobleme*"[93] „Richtpunkte der strafrechtsdogmatischen

---

[88] Siehe oben S. 41 f.
[89] Vergeltungsidee (1908), 54.
[90] Grundzüge (1925), 41.
[91] *Larenz*, Methodenlehre (1960), 351.
[92] *Würtenberger*, Die geistige Situation (1959), 9.
[93] *Würtenberger*, a.a.O., 10.

Arbeit"[94] zu gewinnen, gilt es, die dem Recht immanenten „Sinnzusammenhänge"[95] durch Aufdecken der tragenden Leitgedanken und rechtsethischen Prinzipien sichtbar werden zu lassen. Dadurch ist manches von der Einfachheit und Klarheit, welche uns bei Belings Systematik ins Auge stechen, verlorengegangen. Auch ist eine gewisse Skepsis dem Systemgedanken gegenüber heute nicht zu verkennen. Zwar fehlt es nicht an ausdrücklichen Bekenntnissen zur Notwendigkeit und Unverzichtbarkeit rechtswissenschaftlicher Systematik[96], doch es werden auch stets ihre Grenzen betont. So faßt z. B. Engisch das Ergebnis eines umfassenden Aufsatzes über „Sinn und Tragweite juristischer Systematik"[97] in dem Satz zusammen: „Alles in allem wird man vor zu großem Optimismus bei der Systematisierung warnen müssen." Emge[98] bemerkt: „Wer die Geschichte der Systeme überblickt, so wie sie uns bisher geboten wurden, wird wohl die Behauptung wagen dürfen: ein System ist stets ein inhaltlich zu weit gehendes Unterfangen der ‚Vernunft'. Der menschliche Verstand übernimmt sich, wenn er gewisse Systeme vorlegt." Würtenberger[99] schließlich meint, „daß der Gedanke eines völlig in sich geschlossenen, widerspruchsfreien rechtsdogmatischen Systems unvollziehbar wird. Bedenken wir, daß unsere Gegenwart gegenüber Systembildungen schlechthin mißtrauisch geworden ist". „Ein jeder Versuch der Einordnung eines Denkergebnisses in Systemzusammenhänge ist ... stets nur ein ‚vorläufiger'." Es kann „nur der Aufbau eines *offenen Systems* in der Gestalt erstrebt werden, wie es der jeweilige wissenschaftliche Erkenntnisstand im Hinblick auf die sachliche Problemstellung gestattet."

2. Belings Begriffsbildung

Die gewandelten Vorstellungen von den Aufgaben der Systematik gehen mit neuen Auffassungen im Bereich der Begriffsbildung einher. Belings Gegenüberstellung von rein formalen „fundamentalen rechtlichen Grundbegriffen"[100] einerseits und sog. rechtssatzmäßigen Begriffen, welche der Erfassung der einzelnen Rechtsregelungsinhalte dienen, andererseits erscheint nicht mehr als ausreichend. Soll das System die

---

[94] *Würtenberger*, a.a.O., 9.
[95] *Larenz*, Methodenlehre (1960), 356.
[96] Siehe z. B. *Coing*, Geschichte und Bedeutung des Systemgedankens (1956), 28; *Engisch*, Stud. gener., 10. Jg. (1957), 189; *Henkel*, Rechtsphilosophie (1964), 426; *Larenz*, Methodenlehre (1960), 322; *Würtenberger*, Die geistige Situation (1959), 11.
[97] Stud. gener., 10. Jg. (1957), 188.
[98] Einführung in die Rechtsphilosophie (1955), 378.
[99] Die geistige Situation (1959), 11 f.
[100] Methodik (1922), 14.

dem Recht immanenten Sinnzusammenhänge sichtbar werden lassen, so müssen auch Begriffe gebildet werden, die für solch eine Sinnentfaltung geeignet sind. Doch sind in der Literatur bisher keine Lehren vorhanden, die über die gemeinsame Tendenz hinaus Allgemeingut geworden sind. Im Rahmen dieser Arbeit soll der Hinweis auf drei besonders repräsentativ erscheinende Äußerungen genügen.

Coing[101] spricht im vorliegenden Zusammenhang von *„Wesensbegriffen"*, „die das Wesen des gemeinten Gegenstandes wiedergeben". Innerhalb dieser unterscheidet er noch:

„Wesensbegriffe, die auf ethische Werte gehen (Wertbegriffe)" (z. B. der Begriff „Rechtssicherheit");

„Wesensbegriffe, die auf das Wesen wertdurchdrungener typischer Phänomene des sozialen Lebens gehen (Phänomenbegriffe)" (z. B. der Begriff „Privateigentum" im Verfassungsrecht, der Begriff „Person").

Bei der Anwendung der „Wertbegriffe" handelt es sich nach Coing nicht um logische Subsumtion, sondern um „Wertumschreibung". Ihr normativer Gehalt ist dadurch zu ermitteln, daß man nach dem Verhalten fragt, das sie in bestimmten Situationen fordern[102]. Entsprechendes gilt von den *„Phänomenbegriffen"*. Auch hier geht es „um Wesensverdeutlichung, nicht um logische Ableitungen und Ausschließungen"[103].

Den *„Wesensbegriffen"* stellt Coing die sog. empirischen *Allgemeinbegriffe* gegenüber, „die nur auf ,die vielen gemeinsame, nicht ihrem Wesen nach durchschaute Erscheinungsform der Gegenstände' gehen"[104]. Sie haben nur „Abgrenzungswert", besitzen aber keinen „normativen Wert". Daher hat die logische Subsumtion unter die „Allgemeinbegriffe" für die Entscheidung eines Rechtsfalles „nur vorbereitende Bedeutung"; Coing ist der Auffassung, daß die eigentliche Rechtsanwendung „stets von den Wert- und Zweckgesichtspunkten ausgehen muß, die der Rechtsordnung zugrunde liegen, und die zu entscheidende Situation nach ihren Wesenszügen, nicht nach ihrer formalen Beschaffenheit beurteilen muß"[105]. —

Engisch[106] unterscheidet im Rahmen eines Überblicks über die verschiedenen Arten rechtswissenschaftlicher Begriffe[107]:

1. „Rechtsinhaltsbegriffe"[108]

2. „Freie rechtswissenschaftliche Begriffe"[109]

3. „Universale Rechtsbegriffe"[110]

---

[101] Rechtsphilosophie (1950), 271.
[102] *Coing*, a.a.O., 272.
[103] *Coing*, a.a.O., 273.
[104] *Coing*, a.a.O., 271, in Anlehnung an eine Formulierung von *Brugger*, Philosophisches Wörterbuch, p. 9.
[105] *Coing*, a.a.O., 274.
[106] Die Relativität der Rechtsbegriffe, 61 ff.
[107] Die er den sog. Rechtssatzbegriffen gegenüberstellt; darauf ist im vorliegenden Zusammenhang jedoch nicht einzugehen.
[108] *Engisch*, a.a.O., 62.
[109] *Engisch*, a.a.O., 63.
[110] *Engisch*, a.a.O., 63.

4. „Rechtswissenschaftliche Grundbegriffe"[111]
5. „Metajuristische Begriffe"[112]

Die „Rechtsinhaltsbegriffe" und die „freien rechtswissenschaftlichen Begriffe" dienen der Erfassung des Rechtsstoffs; sie decken sich im wesentlichen[113] mit Belings „rechtssatzmäßigen Begriffen". Die „universalen Rechtsbegriffe" dienen dem rechtstheoretisch oder rechtsvergleichend tätigen Juristen. Die „rechtswissenschaftlichen Grundbegriffe" sind Belings „juristischen Grundbegriffen" sehr ähnlich. Im vorliegenden Zusammenhang interessieren in erster Linie die „metajuristischen Begriffe". Engisch denkt hierbei an „rechtssoziologische, rechtspolitische, rechtsideologische, rechtsphilosophische Begriffe wie ‚Rechtsgehorsam', ‚faktische Rechtsgeltung', ‚richtiges Recht', ‚Gerechtigkeit', ‚Freiheit', ‚Rechtsstaat', ‚Humanität', ‚Autonomie' "[114], Begriffe, die außer für die kritische Beurteilung des geltenden Rechts und die Arbeit an der Rechtsreform „*für ein tiefer eindringendes Verständnis*" des Rechts[115] unentbehrlich sind. „Denn die teleologische Rechtsfindung gebietet immer wieder ein Zurückgreifen auf die die gesamte Rechtsordnung tragende ‚Grundnorm' (Kelsen) und auf die alle Rechtsnormen in ihrem Gehalt durchdringende ‚Rechtsidee'."[116] Mit der Bezeichnung „metajuristisch" will Engisch zum Ausdruck bringen, daß der Jurist bei der „Konkretisierung der Rechtsidee" und bei dem „Einsatz nicht nur über*gesetzlicher*, sondern sogar über*rechtlicher* Wertungen", wie der „Berufung auf das ‚Sittengesetz', ‚die Menschenwürde', das ‚Gemeinwohl' ", den Boden der eigentlichen juristischen Methodenlehre verläßt und in den Bereich rechtsphilosophischer Problematik gerät[117]. Nicht will er damit sagen, daß diese Tätigkeit außerhalb der Kompetenz des Juristen liege[118]; denn daß „Rechtsdogmatik und Rechtsmethodologie des Rückhalts in einer Rechtsphilosophie bedürfen, ist heute Allgemeingut der Rechtswissenschaft"[119]. —

Larenz[120] schließlich führt den aus der Hegelschen Philosophie stammenden „konkret-allgemeinen Begriff" ein, „um die Rechtsordnung in der *Einheit des ihr innewohnenden Sinnes* zu erfassen"[121]. Es kann nicht zweifelhaft sein — meint Larenz —, daß der Jurist, wenn er von bestimmten Rechtserscheinungen spricht, wie „Recht", „Pflicht", „Rechtsverhältnis", ihm der „Gedanke" des Rechts, der Pflicht usw. schon als solcher aufgegangen sein muß. „Alle diese Begriffe umschließen einen bestimmten Sinn, den der Jurist *voraussetzen* muß und jedesmal mitmeint, wenn er von *bestimmten* Rechten, Pflichten, Rechtsverhältnissen spricht, weil ohne dies seine Rede in der Tat ‚sinn-los', ein bloßes Spiel der Worte wäre."[122] Diesen bei den

---

[111] *Engisch*, a.a.O., 64.
[112] *Engisch*, a.a.O., 75.
[113] Auf Einzelheiten kommt es im vorliegenden Zusammenhang nicht an.
[114] *Engisch*, Die Relativität der Rechtsbegriffe, 65.
[115] *Engisch*, a.a.O., 65.
[116] *Engisch*, a.a.O., 75.
[117] Einführung in das juristische Denken (1964), 189.
[118] *Engisch*, a.a.O., 189.
[119] *Engisch*, ZStW 75 (1963), 631.
[120] Methodenlehre (1960), 353 ff.
[121] *Larenz*, a.a.O., 353. — In der Sache ganz ähnlich *Roxin*, Täterschaft und Täterschaft (1963), 579 ff., besonders 582 mit Anm. 9; ZStW 75 (1963), 586 ff.
[122] *Larenz*, a.a.O., 354.

einzelnen Rechtserscheinungen jeweils vorausgesetzten Sinn bezeichnet Larenz als deren „apriorischen Sinnbegriff"; „apriorisch" sind diese „Sinnbegriffe" freilich „nicht notwendig in einem erkenntnistheoretischen, wohl aber in einem positivrechtlichen Sinn: Mag ihr Inhalt auch durch das allgemeine Rechts- und Kulturbewußtsein, also historisch, mitbedingt (nicht im Sinne reiner Logik und Mathematik zeitlos gültig) sein, so ‚entstammen' sie doch nicht dem jeweiligen positiven Recht, sondern liegen ihm als ‚Bedingungen seiner Möglichkeit' im ‚objektiven Geist' der Rechts- und Kulturgemeinschaft zugrunde."[123]

Um nun die „Fülle des Sinnes"[124] dieser „apriorischen Sinnbegriffe" unverkürzt in Gedanken erfassen zu können, sich ihrer nicht nur in einer „intuitiven Schau", sondern auch im Denken bemächtigen zu können, bedarf es nach der Auffassung von Larenz einer anderen Art der Begriffsbildung als der herkömmlichen isolierenden Abstraktion, weil diese zu einer inhaltlichen Entleerung der Begriffe führt. Als geeignete logische Ausdrucksform sieht Larenz den erwähnten „konkret-allgemeinen Begriff" Hegels an. Der Begriff ist „konkret", denn er wird nicht „— durch Heraushebung einzelner, isoliert betrachteter ‚Merkmale' — von den in der Erfahrung angetroffenen Gegenständen nur ‚abgezogen', sondern er ist ein dem Wirklichen zugrunde liegendes, die Wirklichkeit gestaltendes *Prinzip*, dessen wir inne werden, indem wir die Wirklichkeit ‚vernünftig'... auffassen. Wir ‚bilden' daher den (konkreten) Begriff nicht eigentlich, sondern wir werden uns seiner im Nach-Denken bewußt."[125] „Allgemein" ist der konkrete Begriff „nicht im Sinne dessen, was nur vielen ‚gemeinsam' ist..., sondern des ‚universellen', d. h. des ‚sich selbst Besondernden', das in seinen besonderen Formen und Gestalten sich selbst erhält, gleichsam durch sie hindurchgeht und in ihnen ‚bei sich selbst bleibt'."[126] Der „konkret-allgemeine Begriff" ist ein Ganzes, dessen einzelne Momente auch wieder Ganzheiten sind, die nur im Gesamtverband mit allen anderen Momenten des Begriffs — nicht isoliert — erfaßt werden können. Larenz verdeutlicht dies am Begriff der Person. In den herkömmlichen juristischen Definitionen stehen die Begriffe „Person", „subjektives Recht" und „Rechtspflicht" zwar in einem Zusammenhang, dieser ist aber äußerlich, weil jeder Begriff isoliert für sich gesehen wird, insbesondere die „Person", als nur „passiver Träger" von Rechten und Pflichten, eine „Leerform" ist, die nur als „Bezugspunkt" dient. „Geht man dagegen von dem ethischen Sinn des Personbegriffs aus und bestimmt von hier aus das rechtliche Grundverhältnis der Person zu anderen Personen als das Recht eines jeden auf Achtung seiner Person und die Pflicht eines jeden, den anderen als Person zu achten, so hat man im Ansatz bereits die Begriffe des Rechts und der Pflicht und zwar beide als ‚Momente' des entfalteten Personbegriffs gefunden und damit den inneren, notwendigen Sinnzusammenhang dieser Begriffe erkannt."[127] Der „konkret-allgemeine Begriff" wird nicht durch eine Aneinanderreihung von Merkmalen bestimmt, sondern wird in seinen begrifflichen Momenten entwickelt und entfaltet. „Der Begriff treibt in der gedanklichen Bewegung des Erkennens seine Momente aus sich hervor... Er faßt sie aber auch wieder

---

[123] *Larenz*, a.a.O., 354.
[124] *Larenz*, a.a.O., 355.
[125] *Larenz*, a.a.O., 357.
[126] *Larenz*, a.a.O., 357, in Anlehnung an Formulierungen von Hegel.
[127] *Larenz*, a.a.O., 358.

III. Die methodologischen Ansichten Belings

in sich zusammen, führt sie in die Einheit mit sich zurück."¹²⁸ Dieses „wechselseitige Auf-einander-Hinweisen der Momente und das Übergehen eines jeden in ein anderes in der ‚Bewegung' des ganzen Begriffs" — sagt Larenz — „macht die ‚Dialektik' des konkreten Begriffes aus."¹²⁹ Von einer „Subsumtion" soll beim „konkret-allgemeinen Begriff" wegen seines dialektischen Charakters nicht gesprochen werden, sondern nur von einer „Zuordnung"¹³⁰.

Larenz ist der Auffassung, daß sich die Rechtswissenschaft der „apriorischen Sinnbegriffe" durchaus bewußt ist, sie aber mit der herkömmlichen Begriffsbildung nicht in angemessener Weise zum Ausdruck zu bringen vermag¹³¹. Immer dann — führt er aus —, wenn der Jurist sich den „Wesensgehalt" eines Rechtsinstituts — etwa des „Eigentums" oder der „Privatautonomie" oder der „Ehe" — vergegenwärtigen will, läßt er die Definitionen der abstrakten Begriffe beiseite und schöpft aus derselben Quelle wie der Rechtsphilosoph: „aus dem zunächst in der Form der Vorstellung, einer ‚vorwissenschaftlichen' sozial-ethischen und rechtlichen Erfahrung vorhandenen Bewußtsein des in diesen Instituten verwirklichten Sinngehalts. Nur, daß der Jurist diesem Sinngehalt alsbald wieder die *Form* des abstrakten Begriffs zu geben bemüht ist, während er doch ... seiner Natur nach nur in der Form des konkret-allgemeinen Begriffs in adäquater Weise zur Darstellung gelangen kann."¹³² Es gilt zu erkennen — schließt Larenz —, daß die abstrakten Begriffe bezogen sind auf ihnen entsprechende „konkret-allgemeine Begriffe"¹³³.

Den drei für den gegenwärtigen Entwicklungsstand repräsentativen Äußerungen liegt — trotz aller Unterschiede im übrigen — die gemeinsame Überzeugung zugrunde, daß dem Recht Sinnzusammenhänge immanent sind, welche begrifflich erfaßt und sichtbar gemacht werden müssen. Mit dieser Einsicht meinen wir heute über Beling hinaus zu sein, mag in der Frage ihrer Durchführung auch noch vieles offen und unbestimmt sein. Es soll hier freilich nicht behauptet werden, daß Belings Begriffsbildung überhaupt ungeeignet war, den hinter den rechtlichen Regelungen liegenden Sinn zu erfassen. Im 1. Kapitel¹³⁴ wurde gezeigt, daß Belings „rechtssatzmäßige Begriffe" teleologisch gebildet sind, d. h. von den „materiell-normativen Zwecken"¹³⁵ des „Rechtsordnungssubjekts" regiert werden. Es geht hier vielmehr um die Feststellung, daß Beling nicht den Versuch unternommen hat, über die gesetzgeberischen Einzelwertungen hinaus größere Sinnzusammenhänge, dem Recht immanente Grundprinzipien, begrifflich zu erfassen. Da er sich von dem zu engen Wirklichkeitsbegriff des Neukantianismus

---

¹²⁸ *Larenz*, a.a.O., 358.
¹²⁹ *Larenz*, a.a.O., 359.
¹³⁰ *Larenz*, a.a.O., 360.
¹³¹ *Larenz*, a.a.O., 362.
¹³² *Larenz*, a.a.O., 366 f.
¹³³ *Larenz*, a.a.O., 368.
¹³⁴ Siehe oben S. 23 ff.
¹³⁵ Methodik (1922), 16.

her darauf beschränkte, das Recht rein faktisch als die mehr oder weniger zufällige Zusammenfassung von Wertvorstellungen einer tonangebenden Schicht zu erfassen, so konnte es für ihn — von der logischen Struktur abgesehen — keine solchen immanenten Grundprinzipien geben. Nur im Bereich der seines Erachtens von der Rechtswirklichkeitsbetrachtung scharf zu trennenden Rechtswertbetrachtung hat Beling die Bildung tragender Grundprinzipien für zulässig angesehen, welche er als „Begriffe für das richtige Recht"[136] bezeichnete.

Aufschlußreich ist in diesem Zusammenhang ein Blick auf Belings strafprozeßrechtliche Dogmatik. In Gestalt der sog. Prozeßprinzipien oder Prozeßmaximen hat die strafprozeßrechtliche Wissenschaft den Versuch unternommen, die ihrem Rechtsteil immanenten Leitgedanken und Werte begrifflich zu erfassen. Beling bezeichnet diese „Strafprozeßprinzipien" als „oberste Grundsätze für die Normierungs*inhalte*", welche „im Gegensatz zu den formalen Grundbegriffen als den rein kategorialen Prinzipien" stehen[137]. Sie sind aus dem — wie er sich bezeichnenderweise ausdrückt — „Gewühl der Werterwägungen über möglichst ideale Gestaltung des Strafprozeßrechts" hervorgetreten[138]. Einen inneren Grund dafür, daß sich gerade ganz bestimmte Prinzipien herausgebildet haben, vermag er aber von seinem positivistischen Rechtsbegriff her nur in historischen Erwägungen zu finden. Er führt aus: Bei der Auswahl der sog. Strafprozeßprinzipien „aus den zahlreichen Wertungen überhaupt läuft freilich eine gewisse Willkür (!) unter; man könnte noch gar manche anderen Grundsätze, die das Strafprozeßrecht durchziehen, als ‚Prinzipien' bezeichnen (und tut dies auch wohl); aber die hier in Rede stehenden sind vornehmlich dadurch gekennzeichnet, daß sie seit der Aufklärungsperiode in den Brennpunkt der gesetzgebungspolitischen Erörterungen gerückt worden sind."[139] Als in den Bereich der Rechtspolitik und damit der Rechtswertbetrachtung gehörende „sachliche Maximen der Gesetzgebung"[140] rechnet Beling diese „obersten Grundsätze für die Normierungs*inhalte*" denn auch gar nicht der strafprozeßrechtlichen Dogmatik zu, deren Aufgabe es nur ist, darzulegen, „auf welche Seite bei den einzelnen Punkten sich unser geltendes Recht geschlagen hat"[141].

Im Rahmen der Begriffsbildung Belings ist auch einzugehen auf die Art der Verwendung, welche die Denkform des „Typus" bei ihm

---

[136] Krit. Vierteljahrsschr. 54 (1919), 113.
[137] Strafprozeßrecht (1928), 31.
[138] a.a.O., 31.
[139] a.a.O., 31.
[140] a.a.O., 31.
[141] a.a.O., 31 Anm. 1.

III. Die methodologischen Ansichten Belings

gefunden hat. Der Typus, von dem Engisch[142] sagt, er sei „in neuerer Zeit in allen Wissenschaften zum Modebegriff geworden", hat auch in der Rechtswissenschaft in zunehmendem Maße an Interesse gewonnen. Beling hat den Begriff des Typus in die Strafrechtswissenschaft eingeführt. In seiner Dogmatik spricht er von „Verbrechenstypen"[143] oder „Deliktstypen"[144] und im Zusammenhang damit von „Unrechtstypus" und „Schuldtypus"[145], „typischen Lebensbildern"[146], dem Erfordernis der „Typizität"[147] u. a. m. Engisch hat ihn daher als den „Protagonisten des Typusgedankens im Strafrecht" bezeichnet[148]. Demgegenüber ist allerdings H. J. Wolff[149] der Auffassung, bei Belings Deliktstypen werde gar nicht der „Typus i. e. S., sondern eine multiple Klasse gemeint". Larenz[150] stimmt dem zu und meint, daß „die strafrechtlichen ,Deliktstypen' ... i. S. der ,Typologik' schwerlich noch als ,Typen' verstanden werden können". Es handelt sich hier letztlich um eine Frage der Terminologie; der Begriff des Typus, „an den man die Frage richten könnte, ob er seinerseits ein abstrakt-allgemeiner Begriff oder nicht auch ein Typus bzw. ein konkret-allgemeiner Begriff ist"[151], leidet unter einer „gewissen Vieldeutigkeit"[152]. Geht man — wie Engisch — davon aus, von „Typen" werde im Recht immer dort gesprochen, „wo das vergleichsweise Konkrete, sei dieses nun das Reale oder das Anschauliche oder das Ganzheitliche oder das Spezifische oder das Individuelle, innerhalb der juristischen Begriffswelt zum Durchbruch drängt"[153], so liegt „genügend Grund"[154] vor, Belings „Deliktstypen" als echte Typen zu bezeichnen; denn sie zeichnen sich dadurch aus, daß sie eine *spezifische* Bedeutung haben und insofern als relativ konkret unterhalb solcher Allgemeinbegriffe wie ,Unrecht', ,Schuld' ... usw. stehen. ,Das Verbrechen' ist ein Allgemeinbegriff, ,der Mord' dagegen ein Typus"[155]. Es ist ferner zu bedenken, daß es sich bei den „Deliktstypen" — im Gegensatz zu den Allgemeinbegriffen Unrecht, Schuld, strafbare Handlung usw., „die sich mehr als Produkt einer juristischen Abstraktion

---

[142] Die Idee der Konkretisierung (1953), 237.
[143] Siehe z. B. L.v.V. (1906), 23.
[144] Siehe z. B. Grundzüge (1930), 21.
[145] Siehe z. B. L.v.T. (1930), 3.
[146] Methodik (1922), 61.
[147] Siehe z. B. L.v.V. (1906), 23.
[148] Die Idee der Konkretisierung (1953), 266.
[149] Stud. gener., 5. Jg. (1952), 203 mit Anm. 62.
[150] Methodenlehre (1960), 344.
[151] *Engisch*, ZStW 75 (1963), 629.
[152] *Engisch*, a.a.O., 629; siehe auch H. J. *Wolff*, Stud. gener., 5. Jg. (1952), 195 ff.
[153] *Engisch*, Die Idee der Konkretisierung (1953), 289 f.
[154] *Engisch*, a.a.O., 270.
[155] *Engisch*, a.a.O., 270 f.

und Kunstsprache darstellen"[156] — um „rechtshistorisch gewachsene Individualitäten auf der Begriffsebene"[157] handelt. Schließlich kommt den Deliktstypen auch eine „relative Anschaulichkeit"[158] zu.

Anders aber, wenn man — wie Larenz und H. J. Wolff — der Auffassung ist, die Denkform des Typus biete sich als ein wichtiges Hilfsmittel immer dort an, „wo der abstrakt-allgemeine Begriff und das logische System dieser Begriffe für sich allein nicht zureichen, um der Fülle des Seins (oder des Sinnes) gerecht zu werden"[159]. Aus dieser Sicht erscheint es als ein wesentliches Kennzeichen des Typus, daß er nicht im strengen Sinne definiert wird, daß im Gegensatz zur „starren Begriffseinteilung" die Grenzen der Typen „fließend" sind, daß dem Typus die Einzelerscheinung nicht „subsumiert, sondern *zugeordnet*" wird, und zwar dadurch, daß sie „als ihm (mehr oder weniger) ‚entsprechend' " erkannt wird[160]. Bei einer solchen Auffassung von Wesen

---

[156] *Engisch*, a.a.O., 271.

[157] *Engisch*, a.a.O., 271. — Das Individuelle beruht bei Belings „Deliktstypen" auf der tatbestandlichen Charakterisierung bestimmtartiger Verhaltensweisen; (daß Beling in begrenztem Umfang auch außertatbestandliche besondere Verbrechensmerkmale kannte, kann hier außer Betracht bleiben;) diese stellen zwar erst „Deliktstypen" dar, wenn sie sich als rechtswidrigschuldhaft erweisen. Rechtswidrigkeit und Schuld haben aber keine individualisierende Funktion, dergestalt daß die rechtfertigenden und entschuldigenden Umstände negative Merkmale der „Deliktstypen" wären. Siehe z. B. Beling in einem Brief an Herrn Professor Engisch vom 17. November 1931, wo er — unter Beschränkung auf den „Unrechtstypus" — sagt, „daß Tatbestand und Rechtswidrigkeit (!) *zusammen* den Unrechtstypus ergeben". Vgl. auch oben S. 46 f., 52. — Der Begriff des Deliktstypus wird heute z. T. anders als bei Beling verwendet. Siehe z. B. *Schaffstein*, ZStW 72 (1960), 388 f.: „*Unrechts*typen ... stellen die in den Strafdrohungstatbeständen beschriebenen Handlungen nur insoweit dar, als sie durch die Hinzunahme der negativen rechtfertigenden Merkmale ergänzt oder genauer: beschränkt werden." „Zu ‚Deliktstypen' werden sie erst durch die weitere Hinzunahme der schuldausschließenden, -erhöhenden und -mindernden Merkmale" (a.a.O., 388 mit Anm. 42). Schaffstein mißt also im Gegensatz zu Beling den rechtfertigenden und entschuldigenden Umständen eine individualisierende Funktion bei; so stellt er denn auch ausdrücklich fest, daß ohne deren Hinzunahme zu den strafgesetzlich charakterisierten Verhaltensweisen „oft genug nichts anderes als eben gerade ein ‚juristisches Kunstprodukt' " übrig bleibe, daß erst durch das Hinzukommen dieser Umstände eine „soziale Sinneinheit" entstehe (a.a.O., 389). Siehe hierzu auch unten S. 157 ff. — Wieder anders verwendet *Gallas* (ZStW 67 (1955), 16 ff., besonders 27 ff.) den Begriff des Deliktstypus. Er stellt zwar auch fest: „... die Deliktstypen sind nicht bloße juristische Kunstprodukte, vielmehr von Lebensvorgängen abgezogen, die als solche eine Sinneinheit darstellen" (a.a.O., 28); aber er sieht im Deliktstypus nur den Träger des „sachlichen Eigen-Sinns des tatbestandsmäßigen Verhaltens" (a.a.O., 28), sieht also Rechtswidrigkeit und Schuld nicht als Merkmale des Deliktstypus an. Siehe hierzu auch unten S. 146 Anm. 253, S. 160 ff.

[158] *Engisch*, Die Idee der Konkretisierung (1953), 271.

[159] *Larenz*, Methodenlehre (1960), 333; ähnlich H. J. *Wolff*, Stud. gener., 5. Jg. (1952), 198 ff.

[160] *Larenz*, a.a.O., 343.

und Funktionen des Typus kann man bei den strafrechtlichen Deliktstypen in der Tat nicht von eigentlichen Typen sprechen; denn diese sind aus Gründen der Rechtsstaatlichkeit (es handelt sich um den Grundsatz „nullum crimen, nulla poena sine lege" einerseits, das „Legalitätsprinzip" andererseits) begrifflich so weitgehend ausgeformt, daß es „rechtlich keine fließenden Übergänge zwischen Verbrechen und Nicht-Verbrechen oder auch nur zwischen den verschiedenen Verbrechensarten" gibt[161].

Man kann somit feststellen: Belings „Deliktstypen" sind eine Bereicherung der strafrechtlichen Dogmatik, insofern durch sie das Phänomen der strafgesetzlich katalogisierten, relativ konkreten „besonderen Straftaten" wie Mord (§ 211 StGB), Diebstahl (§ 242 StGB) usw. in seiner Eigentümlichkeit zutreffend erfaßt und allgemein bewußt gemacht worden ist. Unter diesem Gesichtspunkt gilt Beling zu Recht als „Protagonist des Typusgedankens im Strafrecht". Unter dem anderen Aspekt aber, daß die Denkform des wegen seiner fließenden Grenzen gewissermaßen flexiblen Typus eine wichtige Ergänzung der abstrakten Begriffsbildung sei, daß „die starre Kälte des Rechts" immer wieder durch eine „Typenjurisprudenz" „aufzuwärmen" sei[162], kann Beling nicht als ein Vorkämpfer des Typus-Denkens bezeichnet werden; denn abgesehen davon, daß die strafrechtlichen Deliktstypen unter diesem Aspekt gar nicht als eigentliche, nämlich „offene" Typen[163] bezeichnet werden können, zielte Belings Interesse gerade in die andere Richtung: mit Hilfe des „gesetzlichen Tatbestandes" als eines abstrakten Begriffes die „Deliktstypen" in ein „logisches System", ein „Denkgebäude" einzubauen[164]; meinte er doch allein in der logischen Struktur größere „Sinnzusammenhänge" sehen zu können[165].

3. Belings Auffassung in der Frage der „Lückenausfüllung"

Belings Gedankengänge zum Problem der „Lückenausfüllung"[166] erscheinen uns heute nur schwer nachvollziehbar. Wo es an einer gesetz-

---

[161] H. J. Wolff, Stud. gener., 5. Jg. (1952), 203. — Beling selbst bezeichnet die „Verbrechenstypen" oder „Deliktstypen" als „fest umrissen" (L.v.V. (1906), 21); sie bedeuten nach seiner Auffassung „volle Fixierung" (Beling in einem Brief an Herrn Professor Engisch vom 17. November 1931).
[162] H. J. Wolff, Stud. gener., 5. Jg. (1952), 202.
[163] Siehe Larenz, Methodenlehre (1960), 343.
[164] Siehe oben S. 47.
[165] Siehe z. B. Rechtsw. u. Rechtsph. (1923), 13: „Dasjenige nämlich, was bei den verschiedenen Rechtsexemplaren das Interesse des Juristen primo loco in Anspruch nimmt, ist ... eine eigenartige Gedankenwelt, ein Sinngefüge"; Methodik (1922), 62 Anm. 48: „denknotwendige Sinnzusammenhänge".
[166] Siehe oben S. 25 ff. — Im folgenden geht es nur um Belings Lehren zur Ausfüllung von Lücken; Belings Lückenbegriff selbst und dessen Ab-

lichen oder gewohnheitsrechtlichen Regelung fehle — so war zusammengefaßt seine Auffassung —, sei darauf zurückzugehen, wie sich die „tonangebende Schicht" eine solche „Lücke" ausgefüllt denke: ob die „Lückenausfüllung" nach der Methode der „Konstruktionsjurisprudenz" oder der „Interessenjurisprudenz" erfolgen solle. Während das Volk nun durch Jahrhunderte hindurch die Juristen die „Rechtssatzinhalte" habe „konstruieren" lassen, gehe die „öffentliche Meinung" nunmehr dahin, daß „die der führenden Schicht geläufigen (wenn auch nicht schon ‚geübten') Interessenabwägungen unmittelbar Rechtens" seien[167].

Diese Gedankengänge Belings werden von seiner Rechtsauffassung her verständlicher. Da er nämlich in den Wertvorstellungen der tonangebenden Schicht „das letztendige Seinsmoment im Rechtsbegriff"[168] sieht, sich auf die Feststellung einer bloßen „massenpsychologischen Tatsächlichkeit"[169] beschränkt, kann in seinen Augen der Streit um „Konstruktions"- und „Interessenjurisprudenz" nicht anders als — wie er selbst sagt — „relativ-empiristisch"[170] entschieden werden. Der letzte Grund für die Richtigkeit des einen oder anderen Verfahrens liegt von seinem Standpunkt aus in der Auffassung der „tonangebenden Schicht", einer nicht weiter ableitbaren „*Grundtatsache, die den Rechtsbestand selber bestimmt*"[171]. Demgegenüber meinen wir heute, daß über Berechtigung und Nichtberechtigung der „Konstruktionsjurisprudenz" wie der „Interessenjurisprudenz" nicht eine jeweils „tonangebende Schicht" bestimmt, sondern daß darüber objektiv und allgemeingültig zu entscheiden ist, und zwar danach, inwieweit diese Verfahren geeignet sind, das Recht als Objektivation des „Gemeingeistes" zu verstehen und sichtbar zu machen.

Es hat sich gezeigt, daß es für uns heute kein „Zurück zu Beling!" geben kann. Mit dem Systematisieren nach den „Denknotwendigkeiten",

---

grenzung vom „rechtsleeren Raum" können im vorliegenden Rahmen nicht erörtert werden. Die Begriffe der „Rechtslücke" und des „rechtsleeren Raums" verschieben sich mit dem Begriff des Rechts selbst; vgl. Engisch, Einführung in das juristische Denken (1964), 135. Sie sind vieldeutig und schillernd. *Engisch*, (a.a.O., 136) spricht von einem „Begriffsgestrüpp", durch das man sich einen Weg nur bahnen könne, „wenn man ein bestimmtes theoretisches Ziel ins Auge faßt und unter diesem Blickpunkt gewisse *Festsetzungen* trifft." Eine grundsätzliche Gegenüberstellung von „Rechtslücke" und „rechtsleerem Raum", wie Beling sie vornahm, wird aber auch heute vielfach vertreten; siehe nur *Engisch*, a.a.O., 138; Sauer-Festschrift (1949), 85 ff., besonders 99 ff.; ZStaatsW 108 (1952), 385 ff.; *Larenz*, Methodenlehre (1960), 179 f.

[167] Krit. Vierteljahrsschr. 57 (1925), 82.
[168] Rechtsw. u. Rechtsph. (1923), 17.
[169] Autobiogr. (1925), 19.
[170] Krit. Vierteljahrsschr. (1925), 82.
[171] a.a.O., 82.

III. Die methodologischen Ansichten Belings

mit der Errichtung eines „logischen Systems" erscheint nach heutiger Auffassung die systematische Erfassung eines Rechtsteils noch nicht als gelungen. Es gilt, über die logischen Strukturen hinaus immanente Prinzipien des Rechts aufzudecken, das Recht als geistiges Gebilde im Wege des Sinnverständnisses zu erschließen.

Andererseits aber darf auch nicht verkannt werden, daß Belings dogmatische Grundlagen einen Wahrheitsgehalt enthalten, der bis heute gültig geblieben ist. Es wurde bereits zu zeigen versucht[172], warum die Besinnung auf die Art und Weise des Denkverfahrens nach wie vor Voraussetzung einer gelungenen Dogmatik ist. Hierin bleibt Beling — wenn man von den zeitgebundenen Einzelheiten absieht und auf das Ganze blickt — der vorbildliche und nachahmenswerte Meister. Gerade weil er sich in völliger Unbefangenheit auf diesen einen Gedanken konzentriert hat — so will es scheinen —, gelang ihm dessen Durchführung in so hervorragender Weise. Seine konsequente „apriorische Grundlegung" wirkte auf die Strafrechtswissenschaft nicht nur — wie Lang-Hinrichsen[173] festgestellt hat — „ungemein befruchtend", sondern sie schuf auch das „Leitbild" einer auf das Ganze gerichteten Strafrechtsdogmatik, das bis heute seine Leuchtkraft behalten zu haben scheint, ja vielleicht gerade wegen der nun so differenziert und vielschichtig gewordenen Prinzipien der Begriffs- und Systembildung besonders anziehend wirkt[174].

---

[172] Siehe oben S. 89 f.
[173] In: N. D. B., Bd. 2 (1955), 28 f.; siehe auch *Engisch*, Festschrift Gießen (1957), 20.
[174] So sagt beispielsweise *Gallas*, ZStW 67 (1955), 2 f., Belings Systematik sei „in ihrer logischen Klarheit und Praktikabilität" immer wieder bestechend; vgl. ferner *Busch*, Moderne Wandlungen (1949), 4; *Schweikert*, Wandlungen der Tatbestandslehre (1957), 23. Siehe auch *Hardwig*, Zurechnung (1957), 182: „... Aber die Erkenntnis von der Komplexität aller Beziehungen muß notwendig die Bildung einer Systematik erschweren. Diese Art von Sicht nimmt unserem Sehen die Naivität, die für die Ausbildung eines Systems so förderlich ist. ... Damit sind die Auspizien für die Bildung eines glasklaren neuen Systems nicht ganz so günstig, als es vielleicht den Eindruck erwecken konnte. Deshalb kann hier auch nicht das Versprechen eines fertig abgeschlossenen Systems gegeben werden. Es soll nur der Versuch gemacht werden, einige Richtlinien für solch ein neues System zu geben, wie es vielleicht möglich ist." — Diese Sätze erscheinen als für unsere heutige Situation kennzeichnend.

Fünftes Kapitel

Belings Strafrechtswerk im Spiegel der ihm widerfahrenen Kritik

Da wir Belings Strafrechtsdogmatik in ihren Grundlagen nur noch teilweise und bedingt anerkennen können, erscheint sie uns notwendigerweise auch in der Durchführung als vielfach zeitgebunden. Es liegt nun nicht im Sinn dieser Arbeit, Belings strafrechtliches Werk Punkt für Punkt auf Unvergängliches und Zeitgebundenes hin durchzumustern. Dies würde eine Analyse des heutigen Meinungsstandes in allen wichtigen Fragen des „Allgemeinen Teils" voraussetzen.

Auf eine andere Weise aber soll versucht werden, Belings strafrechtliche Lehren aus heutiger Sicht zu würdigen. In der Literatur[1] findet sich eine Fülle kritischer Äußerungen über sein Strafrechtswerk; einige davon, welche besonders wichtig erscheinende Punkte betreffen, sollen nunmehr auf Berechtigung oder Nichtberechtigung hin geprüft werden: Belings Strafrechtswerk soll im Spiegel der ihm widerfahrenen Kritik gewürdigt werden.

A. Die Kritik an Belings „Formalismus"

Besonders häufig ist Belings Strafrechtsdogmatik als „formal", er selbst als „Formalist" bezeichnet worden[2]. Er selbst hat diesen Einwand

---

[1] Die Arbeit beschränkt sich auf die deutsche Literatur. Belings Lehren haben aber auch im Ausland starke Beachtung gefunden und sind dort z. T. mit geringeren Vorbehalten aufgenommen worden als bei uns; besonders in Österreich ist Belings Dogmatik bis heute wegweisend geblieben. Vgl. *Kern*, G. S. 103 (1933), 64 ff.; *Lang-Hinrichsen*, N.D.B., Bd. 2 (1955), 28; speziell im Hinblick auf Österreich siehe *Nowakowski*, in: Mezger-Schönke-Jescheck, Bd. III (1959), 439; *Kadečka*, Gesammelte Aufsätze (1959), 11; *Rittler*, Lehrbuch des österreichischen Strafrechts, A.T. (1954), 73 und Jur.Bl., 77. Jg. (1955), 614 (vgl. oben S. 80 m. Anm. 1); siehe ferner *Engisch*, Rittler-Festschrift (1957), 165 und passim; *Jescheck*, ZStW 73 (1961), 186 ff.

[2] In der älteren Literatur siehe z. B. *Class*, Grenzen des Tatbestandes (1933), 70; *Hegler*, ZStW 36 (1915), 20 ff.; *Liepmann*, ZStW 43 (1922), 715; *Mittasch*, Die Auswirkungen des wertbeziehenden Denkens (1939), 127 f.; *Radbruch*, Mon.Krim.Psych., 3. Jg. (1907), 570 f.; *Eb. Schmidt*, JW 1931, 189 f.,

sehr ernst genommen und sich an zahlreichen Stellen damit auseinandergesetzt[3], besonders eingehend in seiner Selbstdarstellung; dort führt er aus: „Wer das Formale pflegt, ist immer der Gefahr ausgesetzt, eines armseligen, dürren, verknöcherten Formalismus beschuldigt zu werden. Weil es Menschen gibt, die in Formen erstarren, und Gelehrte, denen das Formale Ein und Alles ist, wittert die erregte Leidenschaft anderer in jedem, der sich die formelle Selbstzucht des Denkens angelegen sein läßt, einen solchen Formalisten. Wer mich für einen solchen halten würde, würde mich freilich herzlich schlecht kennen. Gerade weil ich Kritizist bin, betone ich auf das energischste die dem Rational-Formalen gezogenen Grenzen. So wichtig die kategorial-systematische Denkordnung ist, so sagt sie uns natürlich nichts über das Denkinhaltliche."[4] Speziell im Hinblick auf seine „Lehre vom Verbrechen" stellt Beling fest: „Aber es mag sein, daß mein Vorhaben, eben lediglich die Geleise zu legen, hie und da nicht deutlich hervortritt, so daß stellenweise die Meinung entstehen konnte, ich wolle aus den Formen materielle Regelungsinhalte ableiten, was ja in der Tat ‚Formalismus' wäre."[5]

I. Unbegründete Kritik

Beling hat also den kritischen Einwand, seine Dogmatik sei formalistisch, im Sinne einer Verabsolutierung des Formalen verstanden. Derartiges ist ihm in der Tat mitunter vorgeworfen worden. So hat Liepmann[6] unter Verwendung von Formulierungen von Jaspers[7] gesagt, Belings Methodologie sei ein klassisches Beispiel für eine Entartung der Methodologie zu formallogischem, schließlich leerem Rechnen mit Begriffen, einer Rechenkunst, die immer am Äußerlichsten, Unwesentlichsten haften bleibe und durch bloßes Hin- und Herschieben von Begriffen eine verarmende und zerstörende Wirkung ausübe. Auch eine

---

der aber betont, daß die Feststellung, Beling huldige „der formalen Betrachtungsweise", „unter keinen Umständen im Sinne eines Vorwurfs genommen werden darf"; *Sieverts*, Beiträge (1934), 82, 115; *von Wedel*, Schw.Z.Str., 45. Jg. (1931), 377. Aus der neueren Literatur siehe z. B. *Gallas*, ZStW 67 (1955), 3, 23 und passim; *Jescheck*, ZStW 73 (1961), 184 f.; *Schweikert*, Wandlungen der Tatbestandslehre (1957), 28; Erik *Wolf*, Große Rechtsdenker (1963), 720.

[3] Siehe besonders Grundzüge (1912), S. IV; Methodik (1922), 24; ZStW 44 (1924), 220 f.; Autobiogr. (1925), 15, 18; L.v.T. (1930), 22; siehe auch oben S. 22.
[4] Autobiogr. (1925), 18.
[5] a.a.O., 15.
[6] ZStW 43 (1922), 715.
[7] Allgemeine Psychopathologie (1920), 12.

frühe Äußerung von Radbruch anläßlich einer Besprechung der „Lehre vom Verbrechen"[8] kann in diesem Sinne verstanden werden. Radbruch bezeichnet das Buch als zwar ungewöhnlich reichhaltig, ungewöhnlich scharfsinnig, ungewöhnlich gründlich; aber es dürfe andererseits nicht ungesagt bleiben, daß es auch ein ungewöhnlich formalistisches Buch sei. Während Bindings Normentheorie immerhin durch die dogmatischen Deduktionen, soweit sie sich auf die hinter dem Verbrechen liegende normwidrige Handlung stützten, einen kräftigen Strom kriminalpolitischer Erwägungen leite, habe Beling diese Quelle verstopft, indem er den „gesetzlichen Tatbestand" die Funktionen der verworfenen metagesetzlichen Einzelnormen habe übernehmen lassen.

Diesen Vorwurf einer unzulässigen Verabsolutierung des Formalen auf Kosten der „materiellen Regelungsinhalte" hat Beling mit Recht als ungerechtfertigt empfunden. Aus der Darstellung seiner Strafrechtsdogmatik und ihrer Grundlagen in den ersten beiden Kapiteln dieser Arbeit geht hervor, daß er die Grenzen einer „kategorial-systematischen Denkordnung", einer „apriorischen Grundlegung" nie verkannt[9] und die Erfassung des Rechtsinhaltlichen mit Hilfe der teleologisch gebildeten sog. rechtssatzmäßigen Begriffe als eine nicht minder wichtige Aufgabe des Strafrechtsdogmatikers durchaus nicht unterschätzt hat[10]. Darüber hinaus kann festgestellt werden, daß auch die „kategorial-systematische Denkordnung" Belings nur in einem eingeschränkten Sinne als „formal" bezeichnet werden kann. Wie oben ausgeführt wurde[11], betrachtete Beling diese Denkordnung als das Ergebnis des gesetzgeberischen Willensdenkprozesses, dessen sämtliche Glieder vom „Wertungsstandpunkt" des Gesetzgebers gegenständlich durchdrungen seien. Als ein dem gesetzgeberischen „Wertungsstandpunkt" teleologisch angepaßtes „Denkgebäude" stellt Belings System strafrechtlicher Grundbegriffe somit kein „leeres Rechnen mit Begriffen" dar, sondern es trägt durchaus „kriminalpolitischen Erwägungen" Rechnung[12]. Es ist formal nur in dem einen Sinn, daß es nichts über den Inhalt der im Strafrecht enthaltenen Wertungen und Zweckgedanken aussagt, sondern lediglich die von ihnen ausgehenden logischen Strukturen, die „denknotwendigen Sinnzusammenhänge"[13] erkennbar werden läßt.

---

[8] Mon.Krim.Psych., 3. Jg. (1907), 570 f.
[9] Siehe insbes. S. 22.
[10] Siehe insbes. S. 23 ff.
[11] Siehe S. 28 ff.
[12] Siehe auch *Buchetmann*, Abgrenzung der Verbrechensmerkmale (1934), 51.
[13] Methodik (1922), 62 Anm. 48.

II. Die Kritik der „wertbeziehenden Richtung"

1. Die Art der von dieser Richtung geübten Kritik

Daß sich Beling auf eine Systematik nach den „Denknotwendigkeiten" beschränkte, war es allerdings auch, was man ihm mit dem Einwand des „Formalismus" überwiegend zum Vorwurf machte. Das Wort vom „Formalismus" wurde vorzugsweise von den Anhängern eines durch die südwestdeutsche Wertphilosophie entwickelten — also ebenfalls kritizistisch ausgerichteten — „*wertbeziehenden Denkens*" benutzt, welche sich gegen die Nichtberücksichtigung materieller Gesichtspunkte in der strafrechtlichen Systematik wandten. Es ist aufschlußreich, daß sich Beling mit der Kritik unter diesem Aspekt gar nicht auseinandergesetzt hat; er konnte es nicht, weil er zutiefst davon überzeugt war, daß *seine* Art der Anwendung des Kritizismus auf die strafrechtliche Dogmatik die einzig mögliche und richtige sei; bei allem Kritizismus war er doch bezüglich der eigenen dogmatischen Grundlagen nicht selbstkritisch.

Im Zuge des aufkommenden „wertbeziehenden Denkens" wurde der „formellen Betrachtungsweise" Belings eine „materielle Betrachtungsweise" gegenübergestellt. So führte z. B. Eb. Schmidt — der dieser Richtung angehörte[14] — im Rahmen einer Besprechung von Belings Grundzügen (11. Aufl., 1930) aus: „Beling sucht den strafrechtlichen Problemen rein juristisch gerecht zu werden. Seine Betrachtungsweise ist daher die formallogische. Eine ‚materielle' Lehre von der Rechtswidrigkeit zu entwickeln und von hier aus, unter dem materiellen Gesichtspunkt der Sozialschädlichkeit, die Fragen der objektiven Rechtswidrigkeit zu lösen, kommt so wenig in Betracht, wie eine auf die Sozialgefährlichkeit des Täters abstellende ‚materielle' Schuldlehre ...

---

[14] Weitere Vertreter dieser Richtung sind u. a. *Radbruch, Sauer, Mezger, Grünhut* und Erik *Wolf* in seinen frühen Schriften. Dagegen kann *Hegler* nur mit Vorbehalt hierher gerechnet werden; seine „teleologische Betrachtungsweise" beruht mehr auf dem Einfluß der sog. Interessenjurisprudenz (*Heck, Rümelin*); vgl. *Sieverts*, Beiträge (1934), 8 f.; *Schweikert*, Wandlungen der Tatbestandslehre (1957), 48. Aber er steht den Anhängern des durch die südwestdeutsche Wertphilosophie entwickelten „wertbeziehenden Denkens" insofern sehr nahe, als einerseits auch *Heck* als Hauptvertreter der „Interessenjurisprudenz" von der südwestdeutschen Wertphilosophie nicht unbeeinflußt geblieben ist (so *Heck* selbst in: Begriffsbildung und Interessenjurisprudenz (1932), 25 f.) und andererseits auch die südwestdeutsche Wertphilosophie ebenso wie die „Interessenjurisprudenz" auf *Iherings*ches Gedankengut zurückgeht; siehe *Mittasch*, Auswirkungen des wertbeziehenden Denkens (1939), 20; *Heck*, Begriffsbildung und Interessenjurisprudenz (1932), 29, 32 ff.; *Lask*, Gesammelte Schriften, Bd. I (1923), 316. — Über die Entstehung des „wertbeziehenden Denkens" siehe *Schwinge*, Teleologische Begriffsbildung (1930), 4 ff.; *Heck*, a.a.O., 4 ff.; *Welzel*, Naturalismus und Wertphilosophie (1935), 41 ff.; *Mittasch*, a.a.O., 9 ff., 18 ff.; *Schweikert*, a.a.O., 52 ff.; *Larenz*, Methodenlehre (1960), 92 ff.

5. Kap. Kritik: A. Belings „Formalismus"

Vom Standpunkte einer solchen ‚materiellen' Verbrechensauffassung aus besteht durchaus die Möglichkeit, von anderen Gesichtspunkten aus Ordnung in die strafrechtsdogmatischen Erscheinungen zu bringen, als von der logisch-scharfen Antithese ‚objektiv-subjektiv', der sich nach *Beling* die Trennung der Begriffe Rechtswidrigkeit und Schuld fügen *muß*."[15]

Ein wichtiges dogmatisches Ergebnis der „materiellen Betrachtungsweise" war die Lehre von den „subjektiven Unrechtselementen"[16]. Als Sieverts diese im Jahre 1934 vom Boden der wertbeziehenden Betrachtungsweise aus durch eine größere Monographie[17] festigte und ausbaute, setzte er sich auch grundlegend mit Belings systematischer Trennung von Rechtswidrigkeit und Schuld auseinander. Die Kritik, die er hierbei an Belings „Formalismus" übte, ist kennzeichnend für die kritischen Einwände der wertbeziehend-teleologischen Richtung überhaupt.

Belings Aufteilung der Deliktstypusmerkmale nach Rechtswidrigkeit und Schuld — führt Sieverts aus — „ist prima facie rein formal klassifikatorisch nach naturalistisch-kognitiven Gesichtspunkten vorgenommen. Heuristisches Prinzip ist, ob das Merkmal gattungsmäßig ein Außenweltsmerkmal oder ein Moment in der Seele des Täters ist."[18] Diese formale Art der Aufteilung muß aber „als methodisch ungesichert erscheinen, da die unerläßliche teleologische Richtlinie darin nicht zu entdecken ist"[19]. Eine zutreffende Abgrenzung — fährt Sieverts fort — kann allein durch ein „wertbeziehendes Erkenntnisverfahren"[20] erzielt werden, d. h.: soll ein Begriff in seinem Wesen erkannt werden, „so muß der Rechtswert, der ihn gestaltet, aufgesucht werden; sodann sind in Beziehung auf diesen Wert die wesentlichen Merkmale des Begriffs festzulegen"[21]. Das bedeutet, „daß mit der Bestimmung der Rechtswidrigkeit als formalen Widerspruch mit der Rechtsordnung — wie wir sie Beling vertreten sahen — ... kein Auslangen mehr ist"[22]. Vielmehr muß „auf den materiellen Gehalt des

---

[15] JW 1931, 189.
[16] Sie wurde vor allem entwickelt durch M. E. *Mayer, Hegler, Sauer* und *Mezger*. Über die geschichtliche Entwicklung siehe *Mezger*, G. S. 89 (1924), 208 ff.; *Sieverts*, Beiträge (1934), 4 ff.; *Schweikert*, Wandlungen der Tatbestandslehre (1957), passim; *Engisch*, DJT-Festschrift, Bd. I (1960), 413 ff.
[17] „Beiträge zur Lehre von den subjektiven Unrechtselementen im Strafrecht."
[18] *Sieverts*, a.a.O., 115.
[19] *Sieverts*, a.a.O., 118.
[20] *Sieverts*, a.a.O., 115.
[21] *Sieverts*, a.a.O., 116.
[22] *Sieverts*, a.a.O., 118.

II. Die Kritik der "wertbeziehenden Richtung" 109

Unrechts als Rechtsgutsverletzung oder -gefährdung"[23] zurückgegriffen werden; denn erst damit gewinnt man — in Gestalt des Rechtsguts — einen „Wertbeziehungspunkt"[24], mit dessen Hilfe man aus der Gesamtheit der den Deliktstypus bildenden Merkmale diejenigen aussondern kann, welche dem Rechtswidrigkeitsurteil unterfallen, d. h. den innerhalb des Deliktstypus liegenden Unrechtstypus[25] bilden. Der Unrechtstypus ist also „aus den Momenten des Deliktstypus, in dem er lagert, zusammenzustellen, mit denen das Gesetz das in seiner Typik beschriebene Verhalten als strafwürdig rechtsgutsverletzend oder -gefährdend kennzeichnen will"[26]. Und dabei stellt sich dann heraus, daß dies nicht nur mit Hilfe objektiver Momente geschieht, sondern daß vom Gesetz auch „täterpsychische Merkmale"[27] — wie z. B. die Zueignungsabsicht beim Diebstahl (§ 242 StGB) — herangezogen werden. Somit erweist es sich als erforderlich — fährt Sieverts fort —, auf den materiellen Gehalt des Unrechts schon bei der systematischen Abgrenzung von Rechtswidrigkeit und Schuld zurückzugreifen, und nicht erst bei der Auslegung der dem einen oder dem anderen Bereich bereits zugeordneten Einzelmerkmale[28]. Sieverts faßt seine Kritik in dem Satz zusammen: „Es geht durch Belings Werk ein ähnlicher Zwiespalt von normlogischem Formalismus in der Systematik einerseits und ‚teleologischer Begriffsbildung' in der positiven Rechtsanwendung andererseits, wie er Bindings Schaffen durchzog."[29]

Daß Belings gesamte Strafrechtsdogmatik und damit auch seine systematische Trennung von (objektiver) Rechtswidrigkeit und (subjektiver) Schuld auf der bewußten und konsequenten Handhabung einer am Kritizismus orientierten Methode beruht, wurde in den ersten beiden Kapiteln dieser Arbeit zu zeigen versucht; unter diesem Aspekt

---

[23] *Sieverts*, a.a.O., 118.
[24] *Sieverts*, a.a.O., 117.
[25] Die Begriffe „Deliktstypus" und „Unrechtstypus" verwendet Sieverts in einem anderen Sinn als Beling. Während für Beling die Deliktstypen ganz im Bereich des schuldhaften Unrechts liegen (siehe z. B. L.v.T. (1930), 2, 9; vgl. oben S. 46 f.), rechnet Sieverts diesen nur die unrechts- und schuld*begründenden* Merkmale zu; dementsprechend enthält bei ihm auch — im Gegensatz zu Beling — der Unrechtstypus kein endgültiges Rechtswidrigkeitsurteil; für dieses muß erst noch das Nichteingreifen rechtfertigender Umstände festgestellt werden. Statt „des schwerfällig klingenden Worts ‚Unrechtstypus' " (a.a.O., 111 ff., Anm. 92 (S. 112)) verwendet Sieverts auch den Ausdruck „Tatbestand", der damit ebenfalls eine andere Bedeutung als bei Beling hat. Um das Verständnis nicht unnötig zu erschweren, wird bei der Wiedergabe der Gedankengänge von Sieverts nur der terminus „Unrechtstypus" verwendet.
[26] *Sieverts*, a.a.O., 117.
[27] *Sieverts*, a.a.O., 140.
[28] *Sieverts*, a.a.O., 118 mit Anm. 102.
[29] *Sieverts*, a.a.O., 82.

erscheinen seine Ergebnisse daher durchaus nicht als — wie Sieverts sagt — „methodisch ungesichert". Unter dem anderen Gesichtspunkt aber, daß seine Methodik ein bloß „logisches System" zum Ergebnis hatte, welches die dem Recht immanenten Werte und Leitgedanken unberücksichtigt ließ, ist die an Beling geübte Kritik als zutreffend anzuerkennen. Die von den Anhängern eines „wertbeziehenden Denkens" erhobene Forderung nach einer Materialisierung der Strafrechtssystematik erkennen wir heute allgemein als berechtigt an, worauf sogleich näher einzugehen sein wird.

2. Die abweichenden Ausgangspunkte der „wertbeziehenden Richtung"

Zuvor aber ist noch die Frage zu erörtern, wie es denn möglich war, daß Beling zu so ganz anderen dogmatischen Ergebnissen gelangte als die Anhänger des „wertbeziehenden Denkens", obgleich er doch — wie diese — in seinen Ausgangspunkten an den „südwestdeutschen Neukantianismus" anknüpfte.

Zweifellos erhielt die aufkommende „Materialisierung des Verbrechensbegriffs"[30] starke Impulse durch die kriminalpolitischen Forderungen der modernen Strafrechtsschule[31]; bezeichnenderweise findet sich denn auch die Unterscheidung von *formeller* und *materieller* Rechtswidrigkeit erstmals bei von Liszt[32]. Hauptsächlich aber erklärt sich die hier vorliegende Diskrepanz daraus, daß Beling der südwestdeutschen Wertphilosophie gerade in einem entscheidenden Punkt nicht folgte.

Charakteristisch für diese Schule ist nämlich die Auffassung, daß die Denkformen, welche in kritizistischer Sicht die Begriffs- und Systembildung bestimmen, unterschiedliche sind, je nachdem, ob es sich um Erkenntnis im Bereich der „Naturwissenschaften" oder der „Kulturwissenschaften" handelt. In den Naturwissenschaften geht es darum, die Natur in ihren allgemeinen Gesetzlichkeiten frei von fälschenden Bewertungen zu erkennen; der Naturwissenschaftler muß daher „wertblind" vorgehen. Demgegenüber kommt es bei der Erkenntnis von Gegenständen der Kultur gerade darauf an, sie in ihrer Individualität und Einmaligkeit zu erfassen, sie als etwas zu erkennen, das Gegenstand einer Bewertung sein kann; die Kulturwissenschaften müssen mit anderen Worten „wertbeziehend" vorgehen. Naturwissenschaften

---

[30] *Schmidhäuser*, Gesinnungsmerkmale (1958), 159, in Anlehnung an eine Formulierung von Richard *Lange*, Materialien, Bd. 1 (1954), 82.
[31] Siehe *Gallas*, ZStW 67 (1955), 3.
[32] Lehrbuch (1903), 140 f.; siehe *Heinitz*, Materielle Rechtswidrigkeit (1926), 2.

II. Die Kritik der „wertbeziehenden Richtung"

und Kulturwissenschaften bedienen sich somit von vornherein ganz verschiedener „kategorialer Apparate"[33].

Diese Gedanken, die von ihren Schöpfern — Windelband und Rickert — ursprünglich nur im Hinblick auf die *historischen* Kulturwissenschaften entwickelt worden waren[34] und erst von Lask auf die Methodologie der Rechtswissenschaft übertragen wurden[35], haben bei ihrer Anwendung auf die Probleme der strafrechtlichen Begriffsbildung und Systematik eine z. T. unterschiedliche Ausprägung erhalten[36]. Das ist jedoch im Rahmen dieser Arbeit, wo es nur um den Kontrast zu Belings Begriffsbildung und Systematik geht, von untergeordneter Bedeutung. Die Folgerungen, welche auf Grund des „wertbeziehenden Denkens" für die strafrechtliche Begriffsbildung und Systematik gezogen wurden, sollen daher auch nur beispielhaft am Werk eines einzelnen Denkers aufgezeigt werden: Gustav Radbruchs, der methodischen Fragen im Strafrecht stets besonderes Interesse schenkte und zur Beeinflussung des strafrechtlichen Denkens durch das Gedankengut des südwestdeutschen Neukantianismus entscheidend beigetragen hat[37].

Ausgehend von der Unterscheidung „wertblinden" (naturwissenschaftlichen) und „wertbeziehenden" (kulturwissenschaftlichen) Erkennens[38] stellt Radbruch zunächst fest: „Recht kann nur begriffen werden im Rahmen des wertbeziehenden Verhaltens."[39] Recht ist, wie alle Kultur, eine Wirklichkeit, „die die Bedeutung, den Sinn hat, Werte zu verwirklichen ..."[40] Es ist Menschenwerk „und kann wie jegliches Menschenwerk nur aus seiner Idee begriffen werden"[41]. Radbruch zieht hieraus die Folgerung: „Der Rechtsbegriff kann nicht anders bestimmt werden, denn als die Gegebenheit, die den Sinn hat, die Rechtsidee zu verwirklichen."[42] Da nun die Idee des Rechts nur die

---

[33] Siehe *Mittasch*, Auswirkungen des wertbeziehenden Denkens (1939), 10.

[34] Erstmals von Wilhelm *Windelband* in seiner Rektoratsrede über „Geschichte und Naturwissenschaft" (1894), abgedruckt in „Präludien" (1907), 355 ff. Heinrich *Rickert* baute sie aus, u. a. in seinen Schriften Kulturwissenschaft und Naturwissenschaft (beruhend auf einem Vortrag aus dem Jahre 1898); Die Grenzen der naturwissenschaftlichen Begriffsbildung (1902).

[35] *Lask*, Gesammelte Schriften, Bd. I (1923), 275 ff.

[36] Dies zeigen sehr deutlich die Ausführungen bei *Mittasch*, Auswirkungen des wertbeziehenden Denkens (1939), 33 ff., besonders 35—38.

[37] Siehe *Larenz*, Methodenlehre (1960), 98 ff.

[38] Rechtsphilosophie (1956), 91 ff.; siehe auch S. 91 Anm. 1, wo sich *Radbruch* ausdrücklich zu den Lehren des südwestdeutschen Neukantianismus bekennt.

[39] *Radbruch*, a.a.O., 95.

[40] *Radbruch*, a.a.O., 93.

[41] *Radbruch*, a.a.O., 95.

[42] *Radbruch*, a.a.O., 95, 123.

Gerechtigkeit sein kann, kann man genauer sagen: „Recht ist die Wirklichkeit, die den Sinn hat, der Gerechtigkeit zu dienen."[43]

Diese Formel stellt nach Radbruchs Auffassung allerdings noch keine eigentliche Begriffsbestimmung des Rechts dar; sie zeigt vielmehr nur den Weg an, auf welchem eine solche Begriffsbestimmung zu gewinnen ist[44]. Um zu einer eigentlichen Begriffsbestimmung des Rechts zu gelangen, muß erst festgestellt werden, wie die Wirklichkeit, die der Gerechtigkeit zu dienen bestimmt ist, denn beschaffen ist. Hier stellt Radbruch nun fest: „Die Wirklichkeiten, die den Sinn haben, Ideen zu dienen, haben die psychologische Natur von Wertungen und Forderungen und stellen damit eine besondere Art Wirklichkeit dar, ein Zwischengebilde zwischen der Idee und den anderen Wirklichkeiten: sie gehören als psychologische Tatsächlichkeiten selbst der Wirklichkeit an, erheben sich aber zugleich über die anderen Wirklichkeiten, indem sie an sie Maßstäbe anlegen und Anforderungen stellen. Solcher Art ist das Gewissen, das der sittlichen, der Geschmack, das der ästhetischen, der Verstand, das der logischen Idee zugeordnete Kulturgebilde. Die im gleichen Verhältnis der Rechtsidee entsprechende Tatsächlichkeit ist die Anordnung (oder Wertung[45]). Auch von ihr kann jener besondere Wirklichkeitscharakter, also Positivität und zugleich Normativität ausgesagt werden."[46] Radbruch bestimmt somit abschließend das Recht als den „Inbegriff der generellen Anordnungen (Wertungen) für das menschliche Zusammenleben"[47]. Dieser „deduktiv aus der Rechtsidee abgeleitete" Rechtsbegriff ist im Verhältnis zur Rechtswissenschaft apriorischer Natur. „Erst wenn wir das Chaos der Gegebenheit unter dem Gesichtspunkte des Rechtsbegriffs betrachten" — sagt Radbruch —, „scheidet sich ... das juristisch Wesentliche vom juristisch Unwesentlichen ab."[48] Im Rechtsbegriff sind aber zugleich auch eine Reihe unumgänglicher „Kategorien des juristischen Denkens"[49] enthalten, die mit ihm seine apriorische Natur teilen. Radbruch nennt Begriffe wie „Rechtssatz", „Rechtmäßigkeit" und „Rechtswidrigkeit", „Rechtssubjekt" und „Rechtsobjekt". Eine abschließende Aufzählung dieser kategorialen Begriffe ist seines Erachtens allerdings nicht möglich; denn „der Rechtsbegriff entfaltet sich in seiner Apriorität voll erst an der Fülle der Rechtstatsachen, und man kann die Entfaltungen im voraus ebenso-

---

[43] *Radbruch,* a.a.O., 127.
[44] *Radbruch,* a.a.O., 127.
[45] Radbruch hatte vorgesehen, das Wort „Anordnung" durch „Wertung" zu ersetzen, siehe a.a.O., 128 Anm. 2.
[46] *Radbruch,* a.a.O., 128.
[47] *Radbruch,* a.a.O., 128.
[48] *Radbruch,* a.a.O., 129.
[49] *Radbruch,* a.a.O., 129.

II. Die Kritik der „wertbeziehenden Richtung" 113

wenig erschöpfend abzählen wie die Tatsachen, die man an den Rechtsbegriff heranführen wird"[50].

Die geschilderten Gedankengänge sind nun nach Radbruchs Auffassung für die rechtswissenschaftliche Systematik überhaupt und damit auch für die strafrechtliche Systematik grundlegend. Bedeutet nämlich „Verstehen", „eine Kulturerscheinung eben als Kulturerscheinung, d. h. in ihrer Beziehung auf den entsprechenden Kulturwert sich zu eigen zu machen"[51], so bedeutet rechtswissenschaftliches Verstehen insbesondere: „das Recht sich zu eigen machen als Verwirklichung des Rechtsbegriffs, d. h. als eine Gegebenheit, die den Sinn hat, die Rechtsidee zu verwirklichen, d. h. als einen Versuch zur Verwirklichung der Rechtsidee."[52] Für die Rechtswissenschaft ergibt sich daraus — folgert Radbruch weiter — „die Aufgabe einer doppelten Verarbeitung ihres Stoffes, einer kategorialen Verarbeitung, welche das Recht als Verwirklichung des Rechtsbegriffs und der in ihm enthaltenen Rechtskategorien darstellt, und einer teleologischen Verarbeitung, welche das Recht als versuchte Verwirklichung der Rechtsidee schildert"[53], die positiven Rechtssätze aus ihrer „Zweckidee" nacherzeugt[54]. Dementsprechend gibt es eine zweifache Art der Systematik: eine „kategoriale", „die die Sache selbst in Form und Stoff, in Kategorie und Material zergliedert", und eine „teleologische", „eine Ordnung nach Zwecken und Mitteln"[55]. Im Strafrecht besteht die „kategoriale Systematik" darin, daß der „einheitliche Unrechtsbegriff der Allgemeinen Rechtslehre durch fortschreitende nähere Bestimmung zum Begriff des strafbaren Unrechts, des Verbrechens eingeschränkt wird"[56]. „Teleologisch" systematisiert man demgegenüber, „wenn ohne den Umweg über den allgemeinen Unrechtsbegriff sofort der Begriff des strafbaren Unrechts aus dem Strafzweck abgeleitet wird"[57].

Welche Folgerungen Radbruch aus diesen Gedankengängen für die strafrechtliche Dogmatik im einzelnen gezogen hat, ist hier nicht zu erörtern. Von Interesse ist im vorliegenden Zusammenhang nur, wie er das Gedankengut des südwestdeutschen Neukantianismus für die strafrechtliche Methodik fruchtbar zu machen suchte. Hierbei können

---

[50] *Radbruch*, a.a.O., 130.
[51] *Radbruch*, a.a.O., 217 f.
[52] *Radbruch*, a.a.O., 218.
[53] *Radbruch*, a.a.O., 218.
[54] *Radbruch*, Grundzüge (1914), 197.
[55] *Radbruch*, Frank-Festgabe, Bd. I (1930), 158 f.; Radbruch unterscheidet dort insges. 5 Arten der Systematik; darauf ist hier jedoch nicht näher einzugehen; siehe auch Rechtsphilosophie (1956), 218.
[56] *Radbruch*, Frank-Festgabe, Bd. I (1930), 160.
[57] *Radbruch*, a.a.O., 160.

zunächst durchaus Übereinstimmungen mit Beling festgestellt werden; wenn Radbruch insbesondere das Recht definiert als „den Inbegriff der generellen Anordnungen (Wertungen) für das menschliche Zusammenleben"[58], so stellt er damit in der Sache nichts anderes fest als Beling, der das Recht als eine einheitliche „Ordnung sozialen Lebens"[59] begreift, deren Inhalt durch die Wertungen einer tonangebenden Schicht (des „Rechtsordnungssubjekts") bestimmt wird[60]. Radbruch sucht auch wie Beling das Recht als etwas „Wirkliches" im Sinne des südwestdeutschen Neukantianismus zu erfassen, indem er die „Anordnungen" oder „Wertungen" als „psychologische Tatsächlichkeiten" bezeichnet[61]. Er ist schließlich auch ebenso wie Beling davon überzeugt, daß von dem apriorischen Rechtsbegriff Denkformen ausstrahlen, welche vom Juristen z. T. erst bei der Arbeit am Tatsachenmaterial der einzelnen Rechtsgebiete festgestellt und zu einem „kategorialen System" zusammengefügt werden.

Ein entscheidender Unterschied zu Belings rechtsphilosophischen und rechtstheoretischen Ausgangspunkten besteht nun aber darin, daß Radbruch im Anschluß an die Windelband-Rickertsche Gegenüberstellung „wertblinder" und „wertbeziehender" Erkenntnis den Rechtsbegriff an der Rechtsidee ausrichtete und dadurch eine rechtstheoretische Begründung für eine nach Werten und Zwecken aufbauende — „teleologische" — Systematik im Strafrecht lieferte, die „Materialisierung des Verbrechensbegriffs" also methodisch untermauerte[62].

Die hier bestehende Gegensätzlichkeit in den Auffassungen kommt sehr deutlich in der Kritik zum Ausdruck, die Beling selbst an Radbruchs Rechtsbegriff geübt hat[63]. Daß Radbruch „den Rechtsbegriff in logische Abhängigkeit zur Gerechtigkeit (Rechtsidee) setzt", bezeichnet Beling dort als einen „methodischen Fehler". „Der Fehler besteht darin" — führt Beling aus —, „daß das Kategoriale des Rechtsbegriffs und das Sachliche, das Bestimmtinhaltliche dabei, nicht geschieden werden. Ohne Zuhilfenahme der Kategorie ‚Wert' = Soll kann freilich das Recht nicht definiert werden, es ist eben empirische Wertung,

---

[58] *Radbruch*, Rechtsphilosophie (1956), 123; vgl. oben S. 112.
[59] Rechtsw. u. Rechtsph. (1923), 14.
[60] Siehe oben S. 17 ff.
[61] Siehe oben S. 112.
[62] Radbruchs Ausführungen über die Grundsätze der Systematik sind nicht immer eindeutig. Sie haben in der Literatur daher schon verschiedene Interpretationen erfahren; siehe besonders *Hegler*, Festschrift für Heck usw. (1931), 216 ff.; *Mittasch*, Auswirkungen des wertbeziehenden Denkens (1939), 80 ff.; *Engisch*, Stud. gener., 10. Jg. (1957), 184 f. und Mon.Krim.Psych., 25. Jg. (1934), 82. Die im Text erfolgte Darstellung wird Radbruchs Ausführungen aber wohl am ehesten gerecht.
[63] Rechtsw. u. Rechtsph. (1923), 34 Anm.*

II. Die Kritik der „wertbeziehenden Richtung"

Sollsetzung, alle empirische Kultur ist ein Zweckbezogenes. Aber die bloße Kategorie des Zweckes, des Soll, ist noch keine Idee, die vielmehr sachliche Werterfüllung bestimmter Art bedeutet. Und die Zuhilfenahme der Gerechtigkeitsidee braucht man nicht, um das Recht seinem Begriffe nach zu ‚verstehen'. Unsere Rechtserkenntnis, unsere Vorstellung einer empirischen Ordnung sozialen Lebens, bliebe wie sie ist, auch wenn dem Menschengeiste ein im Sinne der Gerechtigkeit wertendes Denken gänzlich unbekannt wäre. Ja, wir brauchen sogar den Begriff des Rechts als logisches prius, um ihm die Prüfung unter dem Gerechtigkeitsgesichtspunkt anzuschließen. Ein Objekt, das wir nicht in seinem Sein begriffen, verstanden, erkannt haben, können wir nicht bewerten; so auch das Recht, wenn wir ihm das Prädikat ‚gerecht' oder ‚ungerecht' beilegen wollen."

Radbruchs „wertbeziehendes" Verfahren erschien Beling also als ein Verstoß gegen den Grundsatz der scharfen Trennung von Rechtswirklichkeitsbetrachtung und Rechtswertbetrachtung. Karl Larenz meint, die Bedeutung des von Rickert entwickelten „wertbeziehenden Denkens" liege vornehmlich darin, daß er hierdurch dem Begriff des „Wertes" wieder Eingang in die geisteswissenschaftliche Methodik verschafft habe, „und zwar auf die für den ‚Neukantianismus' allein zulässige Weise, indem er diesen Begriff als ein erkenntnistheoretisches a priori dieser Wissenschaften aufwies ..."[64]. Beling erschien selbst diese Art der Berücksichtigung des Wertes unzulässig. Nur das Kategoriale am Wertbegriff, die Denkform des „Soll" erkannte er als ein erkenntnistheoretisches a priori der ganz im Bereich der Rechtswirklichkeitsbetrachtung liegenden Rechtswissenschaft an. Seine Auffassung ist außerordentlich konsequent; wenn man — wie es der Neukantianismus tat — davon ausgeht, daß das Recht eine der Welt der Werte gegenüber völlig eigenständige empirische Wirklichkeit ist, so ist in der Tat nicht recht ersichtlich, warum diese Wirklichkeit nicht ohne Zuhilfenahme der Werte soll begriffen werden können. Auch muß es unverständlich bleiben, wie die Werte dem Recht verpflichtende Kraft verleihen können, wenn sie an ihm nur auf Grund einer „wertbeziehenden" Betrachtungsweise „haften", was — wie Larenz[65] zu Recht hervorgehoben hat — „nicht im Sinne einer gegenständlichen Verknüpfung oder gar einer Immanenz der Werte, sondern lediglich als der Ausdruck der vom Subjekt zu vollziehenden Verknüpfung zu verstehen ist". Andererseits ist allerdings nicht zu verkennen, daß die Anhänger des „wertbeziehenden Denkens" unserer heutigen Rechtsauffassung näher als Beling waren, indem sie das Recht nicht einfach mehr als kategorial geform-

---

[64] *Larenz*, Methodenlehre (1960), 96.
[65] Rechts- und Staatsphilosophie (1931), 36.

ten „Stoff" erfaßten, sondern als eine Wirklichkeit, „die etwas ‚bedeutet', d. h.: sinnhaft auf Werte bezogen ist ..."[66].

3. Berechtigtes und Unberechtigtes an der Kritik der „wertbeziehenden Richtung"

Will man zusammenfassend über die Berechtigung der Kritik urteilen, welche die „wertbeziehende Richtung" an Belings „Formalismus" geübt hat, so wird man sagen können: Belings Auffassung zeichnete sich durch die größere Konsequenz aus, aber auf seiten der Verfechter des „wertbeziehenden Denkens" lag die zutreffendere Erfassung der Phänomene[67]. Eine in vollem Umfang überzeugende Kritik an Belings „formaler Betrachtungsweise" erscheint allerdings erst von einer Rechtsauffassung aus möglich, die — wie die heutige — nicht mehr von dem engen Wirklichkeitsbegriff des südwestdeutschen Neukantianismus ausgeht. Dies ist jetzt näher auszuführen.

III. Belings „Formalismus" aus heutiger Sicht

1. Die der heutigen Strafrechtsdogmatik zugrunde liegenden Prinzipien der Systematik

Es war schon festgestellt worden[68] und sei nochmals betont, daß eine Systematik nach dem Denkverfahren auch heute noch berechtigt und erforderlich erscheint; nach wie vor bedarf die strafrechtliche Dogmatik „juristischer Grundbegriffe", mit deren Hilfe unser Verstand das Strafrecht in eine feste Ordnung bringt und dadurch dem Subsumtionsverfahren erschließt. Da nun aber das Strafrecht wie das Recht überhaupt nicht mehr als ein „Gewühl" von als „Fakten" einfach hinzunehmenden Wertvorstellungen erscheint, sondern als eine in sich differenzierte, gestalthafte geistige Wirklichkeit, kann es mit der Errichtung eines strafrechtlichen „Denkgebäudes" nicht sein Bewenden haben. Vielmehr gilt es, das „logische System" an ein „System

---

[66] *Larenz*, Methodenlehre (1960), 99, 121.

[67] Die Bereitschaft, auf Kosten der Folgerichtigkeit dem Wesen des Rechts gerechter zu werden, zeigt sich bei Radbruch recht deutlich an seiner bereits oben (S. 112) zitierten Feststellung, die Wirklichkeiten, die den Sinn hätten, Ideen zu dienen, stellten ein „Zwischengebilde zwischen der Idee und den anderen Wirklichkeiten" dar (Rechtsphilosophie (1956), 128). Aufschlußreich ist auch Radbruchs Äußerung in Grundzüge (1914), 211, es gehöre zum „Reiz" und zur „Tragik" der Jurisprudenz, „daß sie ihre Stelle hat zwischen den beiden Reichen, nach denen unsere Sehnsucht steht, zwischen dem Pathos des Unbedingten und dem Reichtum des Wirklichen, fähig beide zu überschauen — unfähig sich einem von ihnen zu nähern".

[68] Vgl. oben S. 88 ff.

III. Belings „Formalismus" aus heutiger Sicht

immanenter Prinzipien" gewissermaßen anzuschließen. Dies geschieht in der Weise, daß nach dem Wesen des mit den Denkformen Begriffenen gefragt wird; in diesem Sinne erscheinen die „Grundbegriffe" auch heute noch als „Gesichtspunkte", unter welchen — wie Beling sagte[69] — der Jurist fragend an das Recht herantritt. Es handelt sich hierbei um den Vorgang, der vielfach als „materielle Betrachtungsweise"[70] oder „Materialisierung des Deliktsbegriffs"[71] bezeichnet wird, der aber wohl treffender charakterisiert wird, wenn man sagt, es gehe z. B. bei den Begriffen von „Unrecht" und „Schuld" darum, „nach dem Gegenstand zu fragen", „den das Strafgesetz bezüglich dieser Sachverhalte sinnvoll überhaupt meinen kann"[72]; es gehe um die „Wesenserkenntnis des Verbrechens"[73], den „Sinngehalt des Verbrechensbegriffes"[74]. Dabei treten die oben[75] erwähnten „Wesensbegriffe", „metajuristischen Begriffe", „konkret-allgemeinen Begriffe" in Funktion.

Bei der Erfassung des durch die systematischen Grundbegriffe Gemeinten kommt es entsprechend den beiden oben[76] im Anschluß an Coing unterschiedenen Momenten einer „natürlichen Einheit" des Rechts darauf an, einesteils die dem Strafrecht immanenten Zweckgedanken und rechtsethischen Prinzipien zu erfassen, anderenteils die aus der Natur der Sache sich ergebenden Strukturen aufzudecken. Das zuletzt genannte Moment ist in dem hauptsächlich von Welzel ausgebauten System der „finalen Handlungslehre"[77] besonders stark betont worden. So wird dort mit Nachdruck auf die „ontologische Struktur" der Handlung hingewiesen: „Die Struktur der menschlichen Zwecktätigkeit und die Funktion des Vorsatzes in ihr kann auch der Gesetzgeber

---

[69] Siehe oben S. 22 m. Anm. 61.
[70] Siehe z. B. *Gallas*, ZStW 67 (1955), 21; Arthur *Kaufmann*, Unrechtsbewußtsein (1949), 64 f.
[71] *Lange*, Materialien, Bd. 1 (1954), 82.
[72] *Schmidhäuser*, Gesinnungsmerkmale (1958), 160 (Hervorhebung fortgelassen); siehe auch Arthur *Kaufmann*, JZ 1956, 354 Anm. 18, der davon spricht, daß man im Begriff „stets das von ihm *gemeinte* reale Substrat" zu sehen habe.
[73] *Hardwig*, Der materielle Gehalt des Verbrechens (1949), 5; siehe auch Arthur *Kaufmann*, a.a.O., 64: „Formell betrachtet ist die Rechtswidrigkeit der Widerspruch zu einer staatlichen Norm ... Über Wesen und Inhalt der Rechtswidrigkeit erfahren wir durch diese Begriffsbestimmung nichts." Vgl. auch *Schönke-Schröder*, StGB (1965), S. 10, 15, wo ebenfalls zwischen dem Begriff und dem Wesen des Verbrechens unterschieden wird.
[74] Hellmuth *Mayer*, Strafrecht (1953), 50.
[75] S. 93 ff.
[76] S. 88.
[77] Außer *Welzel* haben u. a. auch Hellmuth *v. Weber*, Graf *Dohna* und Hellmuth *Mayer* zur Entwicklung dieser Lehre beigetragen; im einzelnen siehe *Busch*, Moderne Wandlungen (1949), 7 ff.

5. Kap. Kritik: A. Belings „Formalismus"

nicht ändern, sondern muß, wenn er sie normieren will, in seiner Regelung an sie anknüpfen, widrigenfalls er das Regelungsobjekt verfehlt."[78] Auch im Bereich der Schuldlehre wird den „ontologischen Grundgegebenheiten"[79] große Bedeutung beigemessen[80]. Ob die von der „finalen Handlungslehre" aus den „ontologischen Strukturen" gezogenen Folgerungen immer zwingend sind, kann allerdings zweifelhaft erscheinen[81].

Um die Erfassung dem Strafrecht immanenter Zweckgedanken und rechtsethischer Prinzipien handelt es sich, wenn man — wie es heute überwiegend geschieht — das Wesen der Rechtswidrigkeit in einem „sozialethisch verwerflichen Verhalten"[82], darüber hinaus in der „Sozialschädlichkeit"[83] sieht, oder wenn man feststellt, daß unter „Schuld" „das sittlich-wertwidrige geistige Verhalten der Person"[84] zu verstehen sei.

Wenn oben[85] festgestellt wurde, es gelte das logische System i. S. Belings an ein „System immanenter Prinzipien" anzuschließen, so konnte dadurch der Eindruck entstehen, es würden zwei selbständige, voneinander unabhängige Systeme behauptet. Dies ist aber nicht der Fall. Es müßte sonst auch eine durch nichts begründete Unterstellung bedeuten, daß beide Systeme zur Deckung kommen; hiervon gingen wir ja aus, wenn wir feststellten, zu den „immanenten Prinzipien" des Strafrechts gelange man, indem man nach dem Sinn und dem Wesen des durch die Denkformen Begriffenen frage. In Wahrheit sind beide Systeme durch wechselseitige Beziehungen innig miteinander verknüpft. Keines von beiden läßt sich in der Reinheit, wie sie hier der Anschaulichkeit wegen angenommen wurde, durchführen. Es wurde schon weiter oben[86] ausgeführt, daß selbst Belings Systematik — obgleich sie sich ganz auf die Denkformen beschränken sollte — schon sachlogische Strukturen berücksichtigt hat; und auch von den „immanenten Prinzipien" wird man annehmen müssen, daß sie nicht unbeeinflußt von den Denkformen bleiben: „es ergreift jeder nur, was zu begreifen er

---

[78] *Welzel*, Naturrecht und materiale Gerechtigkeit (1960), 197.
[79] *Welzel*, a.a.O., 197.
[80] Siehe z. B. *Welzel*, a.a.O., 197 f.; Armin *Kaufmann*, Probleme rechtswissenschaftlichen Erkennens (1962), 155 f.
[81] Kritisch z. B. *Würtenberger*, Die geistige Situation (1959), 14 f.; *Engisch*, Festschrift für Eb. Schmidt (1961), 90 ff.
[82] Siehe z. B. *Gallas*, ZStW 67 (1955), 38; *Schmidhäuser*, Gesinnungsmerkmale (1958), 161 mit zahlreichen Literaturhinweisen in Anm. 18.
[83] *Gallas*, a.a.O., 38; *Schmidhäuser*, a.a.O., 210.
[84] *Schmidhäuser*, a.a.O., 192.
[85] S. 116 f.
[86] S. 90 ff.

schon Begriffe hat."⁸⁷ So kann es sich nur darum handeln, daß man das Gewicht einmal mehr auf das „logische System", dann wieder mehr auf das System „immanenter Prinzipien" legt und auf diese Weise einerseits die Denkformen nach den im Recht schon vorhandenen Strukturen ausrichtet, andererseits das Recht als ein in sich differenziertes, gestalthaftes Sein dem Verstand „begreiflich" macht, es insbesondere dem Denkverfahren der Subsumtion — und das heißt: der Rechtsanwendung — erschließt.

Dies — so scheint es — sind die Prinzipien der Systematik, welche der heutigen strafrechtlichen Dogmatik zugrunde zu legen sind. Es können auch Äußerungen in der Literatur in diesem Sinne verstanden werden. So scheint z. B. Gallas⁸⁸ den Akzent auf das „logische System" zu legen, wenn er davon spricht, daß der strafrechtlichen Systematik Grenzen „durch die Eigenart unseres begrifflichen Denkens gezogen sind: eines Denkens, das des Gegenstandes in seiner wesensmäßigen Einheit nicht unmittelbar habhaft zu werden vermag, vielmehr auf eine Zergliederung in Einzelmerkmale angewiesen ist, wodurch die ursprüngliche Einheit in eine Mehrheit bloßer Teilmomente aufgelöst, das ursprüngliche Zugleich in ein logisches Nacheinander verwandelt wird". Demgegenüber hat er offensichtlich das System „immanenter Prinzipien" vor Augen, wenn er eine Systematik fordert, „die das Verbrechen nicht mit der Summe der Strafbarkeitsvoraussetzungen gleichsetzt, in ihm vielmehr eine Erscheinungsform schuldhaften Unrechts sieht und aus dem damit gegebenen Sinn- und Zweckzusammenhang heraus die einzelnen Verbrechensmerkmale zu begreifen sucht"⁸⁹. Schmidhäuser spricht im vorliegenden Zusammenhang von „der Dialektik von System als Ganzem und ins System einzugliederndem Material"⁹⁰. Es dürfe einerseits die Betrachtung des ganz konkreten einzelnen Falles nicht vernachlässigt werden, um induktiv die Natur des einzugliedernden Materials zu erkennen. Aber bei aller Induktion spiele doch immer die Deduktion ganz entschieden mit; denn es steht fest — sagt Schmidhäuser —, „daß sich dem Bemühen um induktive Erkenntnis das begegnende Material immer schon — mehr oder weniger weitgehend — in derjenigen sachlichen Struktur zeigt, die dem Betrachter vom größeren Zusammenhang des Systems her vorgezeichnet ist"⁹¹. Daher sei „bei solcher Dialektik der Momente des Erkennens letztlich fruchtbare Erkenntnis nur dadurch möglich, daß einmal das

---

[87] *Schmidhäuser*, GA 1958, 162.
[88] ZStW 67 (1955), 1.
[89] *Gallas*, a.a.O., 16.
[90] *Schmidhäuser*, GA 1958, 162.
[91] *Schmidhäuser*, a.a.O., 162.

Bemühen mehr auf das Ganze, ein andermal mehr auf das Einzelne gerichtet wird"[92].

2. Belings „Einseitigkeit"

Nunmehr wird deutlich, worin aus heutiger Sicht die eigentliche Berechtigung für den kritischen Einwand des „Formalismus" liegt. Belings Strafrechtsdogmatik erscheint uns als formal, nicht weil ihr ein System der Denkformen zugrunde liegt, sondern weil die Denkformen nicht hinreichend auf die dem Strafrecht immanenten Prinzipien bezogen sind. Die „strafrechtlichen Grundbegriffe", zu denen Beling durch die oben[93] geschilderte Errichtung eines „Denkgebäudes" gelangte, müssen nach heutiger Auffassung gewissermaßen noch korrigiert werden, indem man das Wesen des durch sie Begriffenen erforscht. So gilt es z. B., das durch die Besinnung auf die Denknotwendigkeiten gewonnene Ergebnis, die Rechtswidrigkeit liege auf der objektiven, die Schuld auf der subjektiven Tatseite, nachträglich zu berichtigen, indem man sich nunmehr noch auf das Wesen von Unrecht und Schuld besinnt und dabei feststellt, daß auch subjektive Tatmerkmale zur Kennzeichnung der sozialethischen Verwerflichkeit eines Verhaltens als des Unrechts beitragen können, oder auch aus objektiven Momenten auf das „sittlich-wertwidrige geistige Verhalten"[94] als die Schuld des Täters geschlossen werden kann. Die Denkformen „Rechtswidrigkeit" und „Schuld" werden dadurch nicht als unzutreffend und unbrauchbar entlarvt, sondern nur an den im Strafrecht liegenden Strukturen ausgerichtet[95].

---

[92] *Schmidhäuser*, a.a.O., 161. — Verwandte Gedankengänge finden sich auch bei *Roxin*, Täterschaft und Tatherrschaft (1963), 587 ff.; ZStW 75 (1963), 586 ff.; siehe auch *Schaffstein*, Festschrift für OLG Celle (1961), 178 mit Anm. 3; er führt dort aus, daß die auf einer „logisch-dogmatischen Deduktion" beruhende „systematische Aufgabe der Strafrechtswissenschaft" zur „ergänzenden Kontrolle" des Bemühens bedarf, „das Wertungsproblem zunächst unabhängig von allen begrifflichen Konstruktionen in Angriff zu nehmen und so unmittelbar zu Lösungen zu gelangen, die nicht nur die Vorzüge systematischer Folgerichtigkeit und Praktikabilität, sondern auch materialer Gerechtigkeit haben". Schaffsteins Differenzierung — so will es scheinen — ist der hier vorgenommenen Gegenüberstellung eines „logischen Systems" und eines Systems „immanenter Prinzipien" nicht unähnlich. Die „Frage nach dem Rangverhältnis beider Betrachtungsweisen" hält Schaffstein allerdings für problematisch.

[93] S. 28 ff.

[94] *Schmidhäuser*, Gesinnungsmerkmale (1958), 192.

[95] Siehe *Gallas*, ZStW 67 (1955), 24.

3. Belings „prozessuales Denken"

Karl Alfred Hall, der die geschichtlichen Wurzeln der Tatbestandslehre in einer umfassenden Monographie erforscht und sich hierbei auch mit Beling beschäftigt hat, ist zu dem Ergebnis gelangt, daß — wer die Lehre vom Tatbestand groß machen wolle — prozessual denken müsse; Beling habe prozessual gedacht[96]. Sein Verbrechensbegriff — sagt Hall — „entspricht nicht einer ‚überzeitlich-materiellrechtlichen', sondern einer prozessual-zeitgebundenen Intention. Er ist eine *Subsumtionsordnung für den prozedierenden Richter*"[97]. Das Wesen von „prozessual-zeitgebundener" Denkweise einerseits und „überzeitlich-materiellrechtlicher" Denkweise andererseits wird von Hall dahingehend erläutert, daß die prozessuale Denkweise ihre Begriffe nach den Zeitabschnitten des Prozesses forme, während für das „überzeitlich-materiellrechtliche" Denken charakteristisch sei, daß dieses sich „unabhängig von der Form und Zeitökonomie des Prozesses allein dem überzeitlichen Wahrheitswert des Systems eines materiellen Strafrechts" unterstelle[98]. Das prozessuale Denken sieht Hall allerdings nicht an die Form eines juristischen Verfahrens — des Straf- oder Zivilprozesses — gebunden; um ein solches handelt es sich nach seiner Auffassung auch schon dann, wenn bloß „nach Zeitabschnitten fortschreitend gedacht wird". „Das prozessuale Denken ist ein Denken in der Zeit. Es soll jetzt dies, dann später zu einer anderen Zeit jenes festgestellt werden."[99]

Halls Kennzeichnung der Belingschen Denkweise erscheint treffend[100]. In der Tat ist für eine auf dem Denkverfahren beruhende Systematik — wie diejenige Belings — das zeitliche Nacheinander einzelner „Denkoperationen", der „*Gedankengang*" also im eigentlichen Sinne des Wortes, charakteristisch. Berücksichtigt man noch die bereits mehrfach hervorgehobene Bedeutung einer Systematik nach dem Denkverfahren für die auf dem Wege der Subsumtion erfolgende Rechtsanwendung, so erscheint es auch berechtigt, Belings strafrechtliche Systematik als eine „Subsumtionsordnung für den prozedierenden Richter"[101] zu bezeichnen. Überhaupt geht man wohl nicht fehl, wenn man durch Halls Unterscheidung von „prozessual-zeitgebundener" und „überzeitlich-materiellrechtlicher" Denkweise den Gedanken einer Systematik nach den Denkformen einerseits und den einer Systematik nach „imma-

---

[96] *Hall*, Die Lehre vom corpus delicti (1933), 155.
[97] *Hall*, a.a.O., 160.
[98] *Hall*, a.a.O., 111.
[99] *Hall*, a.a. O., 145.
[100] Anderer Ansicht, aber nicht überzeugend *Hirsch*, Die Lehre von den negativen Tatbestandsmerkmalen (1960), 66 Anm. 145.
[101] *Hall*, Die Lehre vom corpus delicti (1933), 160.

nenten Prinzipien" andererseits hindurchleuchten sieht. So steht ihm offenbar das System „immanenter Prinzipien" vor Augen, wenn er ausführt, bei einem „so verwickelten Begriff wie dem der verbrecherischen Handlung" sei es „schier unmöglich, ‚reine' Artmerkmale herauszustellen", die scharf voneinander getrennt werden könnten. Daher müsse der „überzeitlich-materiellrechtliche" Denker „immer und immer wieder die Grenzen der Artmerkmale abändern"; er müsse „praktisch bewährte Artmerkmale verwerfen und nach neuen, reineren suchen"[102]. Demgegenüber scheint es Hall der Sache nach um das „logische System" zu gehen, wenn er den „prozessual-zeitgebundenen Denker" charakterisiert: „Als Praktiker nimmt er auf die bewährten Gewohnheiten der Subsumtion Rücksicht. Er sucht die Artmerkmale des Verbrechensbegriffs nacheinander mit der Zeit. So kommt er ganz von selbst dazu, jedes Artmerkmal allein für sich im Gegensatz zu anderen zu betrachten. Er will die Artmerkmale in dieser ihrer gegenseitigen Abgesondertheit erhalten."[103]

Daß durch Hall die Belingsche Denkweise in ganz ähnlicher Weise gekennzeichnet und gewürdigt wird wie in dieser Arbeit, erscheint erwähnenswert, weil Hall zu dem verwandten Ergebnis auf einem anderen Wege gelangt ist: nicht durch eine Besinnung auf die rechtstheoretischen und rechtsphilosophischen Ausgangspunkte Belings, sondern durch die Erforschung der rechtshistorischen Wurzeln des Kernstücks Belingscher Dogmatik, der Tatbestandslehre, die — wie eben gerade Hall nachgewiesen hat — von strafprozessualen Rechtsinstituten ihren Ausgang genommen hat: von der Lehre vom „constare de delicto" im italienischen Inquisitionsprozeß und der Lehre vom „corpus delicti" im gemeinen deutschen Inquisitionsprozeß[104].

B. Die Kritik an Belings Tatbestandslehre

Mit den letzten Ausführungen wurde bereits Belings Tatbestandslehre berührt. Wegen der hervorragenden Bedeutung, welche diese innerhalb seiner gesamten Strafrechtsdogmatik besitzt, soll sie nunmehr in einem eigenen Abschnitt — wiederum im Spiegel der ihr widerfahrenen Kritik — gewürdigt werden.

---

[102] *Hall*, a.a.O., 146.
[103] *Hall*, a.a.O., 146
[104] Bemerkenswerterweise hat Beling — wie er selbst in Autobiogr. (1925), 12 f. berichtet — den Impuls für seine Tatbestandslehre bei der Abhaltung von Strafrechtsübungen erhalten. Darin kann eine gewissermaßen im Kleinen erfolgte Wiederholung der geschichtlichen Entwicklung der Tatbestandslehre gesehen werden.

I. Die an Beling anknüpfende Entwicklung der Tatbestandslehre

Beling gilt als der Begründer der modernen Tatbestandslehre[105], weil er den terminus „Tatbestand", der zu seiner Zeit in sehr vielfältiger und unterschiedlicher Bedeutung benutzt wurde[106], zu einem dogmatischen Grundbegriff aufzuwerten versucht hat[107]. Mit diesem Versuch löste er innerhalb der Strafrechtswissenschaft eine Diskussion aus, die bis heute noch nicht ihren Abschluß gefunden zu haben scheint; diese Diskussion wurde in ihrer Richtung zunächst stark durch Belings Lehren bestimmt, hat sich aber in ihrer weiteren Entwicklung mehr und mehr von diesen entfernt und schließlich nahezu alles an Belings Tatbestandsbegriff in Frage gestellt. Es gehört nicht zum Ziel dieser Arbeit, die Entwicklung, welche die Tatbestandslehre seit Beling genommen hat, im einzelnen zu verfolgen[108]. Da es hier um eine Würdigung des *Belingschen* Tatbestandsbegriffes geht, soll die Entwicklung von vornherein nur unter einem gerade hierfür geeignet erscheinenden Blickwinkel betrachtet werden.

Es war oben[109] ausgeführt worden, daß Beling den „gesetzlichen Tatbestand" durch drei Momente charakterisiert hat; er bezeichnete ihn als „deskriptiv" (oder „wertfrei"), „objektiv" und „regulativ". An diese drei Stichwörter — insbesondere an die beiden zuerst genannten

---

[105] Siehe z. B. *Class*, Grenzen des Tatbestandes (1933), 7; *Engisch*, DJT-Festschrift, Bd. I (1960), 403; *Maurach*, Deutsches Strafrecht, A.T. (1965), 196; *Roxin*, Offene Tatbestände (1959), 35; *Schweikert*, Wandlungen der Tatbestandslehre (1957), 1.

[106] Vgl. dazu *Beling* selbst in Autobiogr. (1925), 12 f.; siehe auch L.v.T. (1930), 14 f.

[107] *Ansätze* zu einer wirklichen Tatbestandslehre gab es allerdings auch schon vor Beling, in besonders ausgeprägter Weise bei Heinrich *Luden* („Ueber den Thatbestand des Verbrechens nach gemeinem teutschen Rechte", in: Abhandlungen aus dem gemeinen teutschen Strafrechte, 2. Bd., Göttingen, 1840); siehe *Hall*, Die Lehre vom corpus delicti (1933), 105 ff., 143 ff., besonders 150 ff. Doch waren diese Ansätze zu Belings Zeit wieder verlorengegangen: „Die Lehre vom Tatbestand führte ein hoffnungsloses, unbeachtetes Dasein" (*Hall*, a.a.O., 155). — Über die Entwicklung der Tatbestandslehre bis Beling siehe außer der erwähnten Untersuchung von Hall auch *Bruns*, Kritik der Lehre vom Tatbestand (1932), 10 ff.; *Schnoor*, Ursprung und Entwicklung der Lehre vom Tatbestand bis Beling (1939); *Schweikert*, Wandlungen der Tatbestandslehre (1957), 7 ff.; *Spriestersbach*, Neue Kritik der Lehre vom Tatbestand (1960), 14 ff. Vgl. auch *Beling* selbst in L.v.V. (1906), 1 ff.

[108] Über die Entwicklung der Tatbestandslehre seit Beling ausführlich *Schweikert*, Wandlungen der Tatbestandslehre (1957); siehe auch *Roxin*, Offene Tatbestände (1959), 35 ff.; *Spriestersbach*, Neue Kritik der Lehre vom Tatbestand (1960).

[109] S. 48 ff.

— hat die strafrechtswissenschaftliche Diskussion über den Tatbestandsbegriff in ihrer weiteren Entwicklung zunächst angeknüpft[110]. Ihre Darstellung soll daher auch unter diesen drei Gesichtspunkten erfolgen.

1. Die Kritik an Belings Auffassung, der Tatbestand sei „wertfrei"

Wohl am entscheidendsten für die weitere Entwicklung der Tatbestandslehre ist die Kritik geworden, welche an Belings Feststellung anknüpfte, der Tatbestand sei rein „deskriptiv", in diesem Sinne „wertfrei"[111]. Der Anstoß ging hier von M. E. Mayer[112] aus. Dieser erkannte Belings scharfe Trennung von Tatbestandsmäßigkeit und Rechtswidrigkeit als in der Regel durchaus zutreffend an; der systematische Aufbau des Strafrechts — sagte er[113] — kann nur gelingen, „wenn man über die beiden Fragen, ob eine Handlung einem Tatbestand entspricht und ob sie einer Norm widerspricht, getrennt Buch führt". Dem Grundsatz nach werde eine Handlung im Tatbestand nur „beschrieben"[114], und zwar nach Merkmalen, „deren Verwirklichung in der Außenwelt vor sich geht, also sinnlich wahrnehmbar ist"[115]. Erst die Rechtswidrigkeit enthalte „ein *Werturteil über die Tat*"[116]. Aber diese klare Regel erfährt

---

[110] Auf völlige Ablehnung ist Belings Tatbestandslehre bekanntlich bei *Binding* und James *Goldschmidt* gestoßen. Siehe James *Goldschmidt* in GA, 54. Jg. (1907), 20 ff.; sowie Frank-Festgabe, Bd. 1 (1930), 428 ff. (463): „Meine Kritik der *Belingschen* ‚Typentheorie' hat zwar ihre Werbekraft, nicht aber ihre Richtigkeit falsch eingeschätzt." Siehe *Binding* in G.S. 76 (1910), 1 ff.; Die Normen, Bd. II, 1 (1914), 161, 230. Binding hat dem Belingschen Tatbestandsbegriff einen „objektiven Verbrechenstatbestand" entgegengesetzt, dessen „unentbehrlichstes" Merkmal die Rechtswidrigkeit sei; „ ‚Tatbestände' aufzustellen, die zugleich solche rechtmäßiger wie rechtswidriger Handlungen sein können", sei „wissenschaftlich wertlos" und führe „nach wenigen Schritten ganz in die Irre". (Die Normen, Bd. II, 1 (1914), 161). Binding hat in z. T. heftiger Weise gegen Beling polemisiert; siehe besonders a.a.O., 230 Anm. 6: es sei Belings „ganzer von ihm so hochgewerteter Tatbestandsbegriff leider ebenso unklar als ungesund"; siehe ferner: G. S. 76 (1910), 10 Anm. 2, 11 Anm. 1: „Sehr übel *Beling* ..."; 28 Anm. 2: „Ganz unbegreiflich *Beling* ..." — Über Bindings „objektiven Verbrechenstatbestand" siehe *Engisch*, DJT-Festschrift, Bd. I (1960), 440; Armin *Kaufmann*, Bindings Normentheorie (1954), 19 ff.; *Schweikert*, Wandlungen der Tatbestandslehre (1957), 31 f.

[111] Vgl. oben S. 49 ff. — Zum folgenden siehe besonders *Engisch*, Mezger-Festschrift (1954), 135 ff.; *Schweikert*, Wandlungen der Tatbestandslehre (1957), passim; *Roxin*, Offene Tatbestände (1959), 35 ff.

[112] Lehrbuch (1915), 182 ff.

[113] M. E. *Mayer*, a.a.O., 10.

[114] M. E. *Mayer*, a.a.O., 3.

[115] M. E. *Mayer*, a.a.O., 7; im Original teilweise gesperrt.

[116] M. E. *Mayer*, a.a.O., 10.

I. Die an Beling anknüpfende Entwicklung der Tatbestandslehre 125

nach Ansicht M. E. Mayers Ausnahmen in Gestalt der „normativen Tatbestandselemente"[117], die, obwohl sie Bestandteil eines tatbestandlichen Erfolges sind, „der sinnlichen Wahrnehmung nicht zugänglich sind ...; ihre Verwirklichung findet nicht in der Außenwelt, sondern ausschließlich in der Rechtswelt statt"[118]. Zu ihrer Ermittlung bedarf es daher einer Wertung. Als Beispiele nannte M. E. Mayer die „Fremdheit" einer Sache beim Diebstahl (§ 242 StGB), die „Unwahrheit" einer Tatsache bei Betrug oder Verleumdung (§§ 263 bzw. 187 StGB), die „Unbescholtenheit" des Mädchens beim Delikt der Verführung (§ 182 StGB)[119]. „Ihrer Natur nach" sind diese Merkmale — meinte M. E. Mayer — „*echte Elemente der Rechtswidrigkeit*". „Denn ein Umstand, der die Rechtswidrigkeit nicht *anzeigt*, sondern *begründet*, also nicht ratio cognoscendi, sondern ratio essendi ist, *gehört* zur Rechtswidrigkeit, er ist *ihr* Bestandteil. Die normativen Elemente des Tatbestandes haben aber gerade diese Eigentümlichkeit." Während z. B. im Fall des Diebstahls in der Wegnahme ein „Indiz" der rechtswidrigen Zueignung liegt — sagte M. E. Mayer — ist die „Fremdheit" der Sache ihr „Bestandteil"; „fällt die Wegnahme fort, so ist der *Tatbestand* des Diebstahls, fällt die Fremdheit fort, so ist die *Rechtswidrigkeit* der Aneignung aufgehoben."[120] Aber andererseits könnten die „normativen Tatbestandselemente" doch nicht allein als Merkmale der Rechtswidrigkeit gelten, denn zweifellos rechne sie der Gesetzgeber, insbesondere in § 59 StGB, zu den Tatumständen. Auch sei ihre Verknüpfung mit den äußeren Bestandteilen des jeweiligen tatbestandlichen Erfolges viel zu eng, als daß die Zusammengehörigkeit aufgehoben werden dürfte. So sei z. B. die Verbreitung der „unwahren" Tatsache im Tatbestand der Verleumdung (§ 187 StGB) ein „durchaus einheitlicher Erfolg". M. E. Mayer folgerte daraus: „*Nur innerhalb* des Tatbestandsbegriffes darf die Besonderheit gewürdigt werden." Um aber darauf hinzuweisen, daß es sich bei den „normativen Tatbestandselementen" um „Fremdkörper" in dem an sich wertfreien Tatbestand handle, bezeichnete er sie als „*unechte Tatbestandselemente*"[121]. Belings Feststellung, der Tatbestand enthalte kein Werturteil, hielt M. E. Mayer auf Grund dieser Überlegungen für „bedenklich"[122].

Es ist besonders von Roxin betont worden, daß der terminus „wertfrei" zwei unterschiedliche Bedeutungen hat, die bei M. E. Mayer „un-

---

[117] M. E. *Mayer*, a.a.O., 182.
[118] M. E. *Mayer*, a.a.O., 183.
[119] M. E. *Mayer*, a.a.O., 182.
[120] M. E. *Mayer*, a.a.O., 184 f.
[121] M. E. *Mayer*, a.a.O., 184.
[122] M. E. *Mayer*, a.a.O., 10, Anm. 22.

löslich miteinander verknüpft sind"[123]. Mit dem Urteil, der Tatbestand sei „wertfrei", kann einmal gemeint sein: „der Tatbestand enthält keine Wertung des Gesetzgebers."[124] Seine Kennzeichnung als „wertfrei" kann zum anderen aber auch bedeuten: „die Wertfreiheit gegenüber dem Richter. Ein Tatbestand ist von richterlicher Wertung frei, wenn alle in ihm enthaltenen Merkmale dem Bereiche naturwissenschaftlichen Seins entstammen und vom Richter durch reine Feststellungsurteile ermittelt werden können."[125] Wenn M. E. Mayer feststellte, im Tatbestand werde die Handlung in der Regel durch „sinnlich wahrnehmbare" Merkmale beschrieben, so stand ihm dabei offensichtlich die zuletzt genannte Bedeutung von „wertfrei" vor Augen: für die Feststellung sinnlich wahrnehmbarer Merkmale bedarf es keines Wertens. Dagegen kam die zuerst genannte Bedeutung des Begriffes „wertfrei" ins Spiel, wenn M. E. Mayer ausführte, die normativen Tatbestandsmerkmale seien „echte Elemente der Rechtswidrigkeit" und somit „Fremdkörper" in dem an sich „wertfreien" Tatbestand.

Demgegenüber war mit Belings Feststellung, der Tatbestand sei rein „deskriptiv", in diesem Sinne „wertfrei", nur die Wertfreiheit in der einen Bedeutung gemeint: die „Charakterisierung" bestimmtartiger Verhaltensweisen in den strafgesetzlichen Tatbeständen bedeute in methodologischer Hinsicht niemals eine Normierung derselben als rechtswidrig; der Tatbestand enthalte somit keine Aussage über die Rechtswidrigkeit. Wie eindeutig in diesem Sinne die Wertfreiheit des Tatbestandes bei Beling von Anfang an gemeint war, und wie fern es ihm lag, eine Wertfreiheit in der anderen Bedeutung zu behaupten, geht aus der Darstellung seiner Tatbestandslehre im 2. Kapitel dieser

---

[123] *Roxin*, Offene Tatbestände (1959), 39 i.V.m. 36 f.
[124] *Roxin*, a.a.O., 36.
[125] *Roxin*, a.a.O., 37. — Ähnlich hat schon *Class*, Grenzen des Tatbestandes (1933), 168 ff., darauf hingewiesen, daß bei dem Begriff „normativ" — welcher ja unter umgekehrten Vorzeichen dieselben Phänomene meint wie der terminus „wertfrei" — zwei Bedeutungen zu unterscheiden seien. Als „normativ" könne man Tatbestandsmerkmale einmal unter dem Gesichtspunkt bezeichnen, daß sie „in direkter Form einen Anhaltspunkt für eine Aussage über die Natur eines gesollten (bzw. nichtgesollten) Verhaltens gewähren" (a.a.O., 170), „normativ" könne man Tatbestandsmerkmale zum anderen aber auch nennen, „da sie nur unter Berücksichtigung wertbeziehender Betrachtung zur vollen Entfaltung ihrer ‚Wahrheitsleistung' gebracht werden können" (a.a.O., 172). Class meint allerdings, M. E. Mayers „normativen Tatbestandselementen" liege nur die zuerst genannte Bedeutung zugrunde (a.a.O., 167 f., 172). Dies kann nicht als zutreffend anerkannt werden; vgl. den weiteren Text. — Auf den „gefährlichen Doppelsinn" im Begriff der „Wertfreiheit" des Tatbestandes hat auch schon *Welzel* hingewiesen (JZ 1953, 120 Anm. 4 a); vgl. auch *Engisch*, Mezger-Festschrift (1954), 135.

I. Die an Beling anknüpfende Entwicklung der Tatbestandslehre 127

Arbeit hinreichend deutlich hervor[126]. Für die weitere Entwicklung ist nun aber gerade charakteristisch, daß im Zuge des sich in der Strafrechtswissenschaft durchsetzenden „wertbeziehenden Denkens"[127] die von M. E. Mayer vorgenommene Verknüpfung beider Bedeutungen der Wertfreiheit beibehalten wurde[128]. Ob dies mit vollem Recht geschah oder ob auch Belings Differenzierung in bestimmter Beziehung zutreffend war, wird sich aus späteren Ausführungen ergeben[129].

M. E. Mayers „normative Tatbestandselemente" stießen innerhalb der Strafrechtswissenschaft auf großes Interesse[130]. Mezger, der sie eingehend untersuchte[131], wies durch eine genauere Analyse der einzelnen strafrechtlichen Deliktsbeschreibungen eine nur noch schwer überschaubare Vielzahl von Tatbestandsmerkmalen nach, „die nicht einfach auf einen gegebenen Sachverhalt Bezug nehmen, sondern vom urteilenden Richter ein ergänzendes Werturteil fordern ..."[132]. Unter einem ähnlichen Blickwinkel widmete auch Grünhut den „normativen Tatbestandsmerkmalen" eine Untersuchung[133]. Der Höhepunkt dieser Entwicklung wurde erreicht, als Erik Wolf feststellte, „daß die ‚normativen' Tatbestandselemente eine regelmäßige, keine Ausnahmeerscheinung in den Tatbeständen" seien[134]. Ja, letztlich seien alle juristischen Begriffe normative[135]; denn auch bei der Feststellung von sinnlich wahrnehmbaren Tatbestandsmerkmalen — „Tatsachenfeststellungen" also — sei eine „normative Tätigkeit des Richters" notwendig, da er sich hierbei auf Erfahrungssätze stütze, die selbst wieder „dem Reiche der wertbezogenen Kultur" entstammten[136].

Je mehr man so in den Tatbeständen „eine *unaufhebbare* Strukturverschlingung von Wertelementen und Seinselementen"[137] sah, um so dringlicher erschien es aber auch, „Tatbestandsmäßigkeit und Rechts-

---

[126] Vgl. oben S. 49 ff., bes. 52 f. — Siehe auch *Class*, Grenzen des Tatbestandes (1933), 173; *Buchetmann*, Abgrenzung der Verbrechensmerkmale (1934), 83; *Roxin*, Offene Tatbestände (1959), 36 f.; a. A., aber m. E. unzutreffend *Schweikert*, Wandlungen der Tatbestandslehre (1957), 67, 79.
[127] Vgl. oben S. 107 ff.
[128] Vgl. *Roxin*, Offene Tatbestände (1959), 40.
[129] Siehe unten S. 150.
[130] Vgl. *Engisch*, Mezger-Festschrift (1954), 135 ff.
[131] Siehe Traeger-Festschrift (1926), 41 ff.
[132] *Mezger*, a.a.O., 41. — Hier handelt es sich also um die eine mögliche Bedeutung des Begriffs „wertfrei".
[133] *Grünhut*, Begriffsbildung und Rechtsanwendung (1926).
[134] Erik *Wolf*, Typen der Tatbestandsmäßigkeit (1931), 57.
[135] Erik *Wolf*, a.a.O., 11.
[136] Erik *Wolf*, a.a.O., 58.
[137] Erik *Wolf*, a.a.O., 11.

widrigkeit in einen engeren Sinnzusammenhang zu bringen"[138]. Mezger sprach eine in der Strafrechtswissenschaft sich allgemein durchsetzende Tendenz nur besonders deutlich aus, wenn er die „unnatürliche Trennung von Tatbestandsmäßigkeit und Rechtswidrigkeit"[139] verwarf und feststellte: „In Wirklichkeit verhält sich die Sache so: der Akt der gesetzgeberischen Tatbestandsschöpfung, also die gesetzgeberische Strafbarkeitserklärung als solche, *enthält* unmittelbar die Rechtswidrigkeitserklärung, die Unrechtsbegründung als speziell typisiertes Unrecht. Der Gesetzgeber schafft *durch* die Formung des Tatbestandes die spezifische Rechtswidrigkeit: die Tatbestandsmäßigkeit der Handlung ist mitnichten bloße ratio cognoscendi, sondern echte ratio essendi der (speziellen) Rechtswidrigkeit. Sie *macht* die Handlung zur rechtswidrigen Handlung, freilich nicht für sich allein, sondern nur in Verbindung mit dem Fehlen besonderer Unrechtsausschließungsgründe ... Der ‚Tatbestand' *ist* das Urteil darüber, daß die ihm unterfallende Handlung bis auf weiteres unrecht ist."[140]

Für Belings durch eine Besinnung auf das Denkverfahren gewonnenen „wertfreien" Tatbestand hatte man kein Verständnis mehr. Tatbestandsmäßigkeit und Rechtswidrigkeit wegen ihres *logischen* Verhältnisses selbständig nebeneinanderzustellen, hielt man für unzutreffend, „da doch" — wie Hegler[141] es ausdrückte — „die Funktion des Tatbestandes *teleologisch* die ist, die regelmäßig vorliegende ‚Rechtswidrigkeit', besser interessenverletzende Qualität anzuzeigen." Und Mezger meinte: „Die Bestimmung, etwas sei ‚rechtswidrig', und die Bestimmung, etwas sei ‚strafbar', sind für *unser Denken* total verschiedene Dinge, aber es wäre ein fundamentaler ... Trugschluß, aus der *logischen* Zweiheit der Sätze auf deren *existentielle* Zweiheit zu schließen, das, was ‚in unserem Denken' unterschieden ist, als auch ‚in Wirklichkeit' unterschieden zu behaupten. Ein solcher Primat des Denkens vor

---

[138] *Engisch,* DJT-Festschrift, Bd. I (1960), 404; siehe auch *Roxin,* Offene Tatbestände (1959), 40. — Hiermit schnitt man also die Frage der „Wertfreiheit" in der anderen der beiden oben (S. 126) unterschiedenen Bedeutungen an.

[139] *Mezger,* Traeger-Festschrift (1926), 11.

[140] *Mezger,* a.a.O., 11. — Ähnlich z. B. *Frank,* StGB (1931), Einl. Best. I (S. 2): die Tatbestandsmäßigkeit sei nicht bloße ratio cognoscendi, sondern echte ratio essendi der Rechtswidrigkeit; *Grünhut,* Begriffsbildung und Rechtsanwendung (1926), 4 f.: durch die Tatbestände werde rechtswidriges Verhalten „vertypt"; *Hegler,* ZStW 36 (1915), 35; *v. Liszt-Schmidt,* Lehrbuch (1932), 185 f. mit Anm. 14; *Sauer,* Grundlagen des Strafrechts (1921), 293 ff. (310): Die Tatbestandsmäßigkeit sei „typisch ausgeprägte Rechtswidrigkeit"; *Sieverts,* Beiträge (1934), 112 Anm. 92; *Erik Wolf,* Typen der Tatbestandsmäßigkeit (1931), 57: Der Tatbestand sei „nichts anderes als typisiertes Unrecht"; a.a.O., 5 Anm. 3: „wertgetränkter Tatbestandsbegriff".

[141] ZStW 36 (1915), 35 Anm. 43.

I. Die an Beling anknüpfende Entwicklung der Tatbestandslehre

dem Sein wäre methodisch unhaltbar."[142] Erik Wolf schließlich sprach gar von einer „überraschenden Leugnung" des normativen Charakters des Tatbestandes durch Beling[143]. Was schon für Belings Verbrechenslehre im allgemeinen festgestellt wurde[144], das gilt — wie sich an dieser Stelle deutlich zeigt — für seine Tatbestandslehre im besonderen: indem er in einer sehr konsequenten, aber eigenwilligen Weise neukantianische Gedanken für das Strafrecht fruchtbar zu machen suchte, geriet er mit seiner Dogmatik in einen Gegensatz zur herrschenden Lehre, der um so größer und offenkundiger wurde, je bewußter sich diese auf den ebenfalls neukantianischen Gedanken des „wertbeziehenden Denkens" stützte.

Sah man im Tatbestand den „Ausdruck ... *speziellen, typisierten Unrechts*"[145], so mußte es freilich zwangsläufig dazu kommen, daß man durch ihn *sämtliche* für die Rechtswidrigkeit maßgebenden Merkmale umfaßt wissen wollte, daß man aus dem Mezgerschen Unrechtstatbestand i. S. eines „vorläufigen Unwerturteils"[146] einen „Gesamttatbestand"[147] i. S. eines „vorbehaltlosen Unwerturteils"[148] machte, welcher, „soweit es sich um den sozialethisch orientierten Teil des Strafrechts handelt, mit umgekehrten Vorzeichen eine spezialisierte Ausgestaltung der Rechtsidee, soweit es sich um sonstige Teile des Strafrechts handelt, mit umgekehrten Vorzeichen eine spezialisierte Ausgestaltung einer Zweckidee"[149] sei. Verstand man den Tatbestand nicht nur als ratio cognoscendi, sondern als ratio essendi der Rechtswidrigkeit, so erschien es unumgänglich, ihm nicht nur die Merkmale des gesetzlichen Tatbestandes zuzuordnen, sondern auch die „ungeschriebenen Tatbestandsmerkmale"[150], „Handlungspflichtmerkmale"[151] und „Rechtfertigungsmerkmale"[152], da — wie Lang-Hinrichsen[153] es formulierte — „ratio esendi doch wohl nicht das sein kann, was nur einen Teil der Merk-

---

[142] *Mezger*, ZStW 42 (1921), 367 f.; siehe auch Strafrecht (1931), 182.
[143] Erik *Wolf*, Typen der Tatbestandsmäßigkeit (1931), 11 Anm. 2.
[144] Siehe oben S. 107 ff., besonders 110 ff.
[145] *Mezger*, Traeger-Festschrift (1926), 6 f.
[146] *Mezger*, a.a.O., 7.
[147] *Lang-Hinrichsen*, JZ 1953, 363; JR 1952, 307.
[148] *Roxin*, Offene Tatbestände (1959), 42.
[149] *Lang-Hinrichsen*, JR 1952, 307.
[150] Merkmale, „die bei zu weit gefaßten und daher ergänzungsbedürftigen Tatbeständen zu deren Einschränkung durch Interpretation hinzuzugewinnen sind ..."; *Lang-Hinrichsen*, JZ 1953, 363.
[151] Das sind die eine Erfolgsabwendungspflicht bei den unechten Unterlassungsdelikten begründenden Merkmale; *Lang-Hinrichsen*, a.a.O., 363.
[152] Die den Ausschluß der Rechtswidrigkeit begründenden Merkmale; *Lang-Hinrichsen*, a.a.O., 363.
[153] a.a.O., 363 Anm. 6.

male einer Erscheinung enthält". Diese Auffassung, daß der Tatbestand alle das Unrecht bestimmenden Momente umfassen müsse, wird heute von vielen geteilt[154], wurde aber auch schon in der Vorkriegszeit vertreten, insbesondere von Engisch[155] und Radbruch[156]. Die Entwicklung hat damit einen Punkt erreicht, von dem aus Belings Argumente für einen „wertfreien" Tatbestand „als Reste einer vergangenen Epoche angesehen werden", in welcher das „teleologische Denken im Recht noch um seine Anerkennung rang, vor allem aber das Strafrechtssystem noch ein kategoriales war"[157]. Man führt den „überholten und unhaltbaren wertfreien Tatbestandsbegriff *Belings*"[158] auf „ein irreführendes und unzulängliches Trennungsdenken"[159] zurück.

[154] Vgl. Arthur *Kaufmann*, JZ 1954, 653 ff.: Es müsse „der Tatbestand *alle* Merkmale enthalten, die *notwendig* zu dem Urteil ‚rechtswidrig' führen" (a.a.O., 656); siehe auch JZ 1956, 353 ff., 393 ff.; *Otto*, Pflichtenkollision (1965), 36: Der Vorzug des „Gesamttatbestandes" „als Grundlage ist augenfällig: Alle Handlungen, die ihm unterfallen, zeichnen sich durch ein gemeinsames Grundelement aus: Sie werden vom Gesetzgeber mißbilligt, weil sie sozialschädlich, d. h. materiell Unrecht sind". *Roxin*, Offene Tatbestände (1959), 43, 173 ff.: „Wenn der Tatbestand das Unrecht begründen soll, so muß er sämtliche unrechtsbestimmenden Merkmale umfassen und nicht nur einen Teil. Hinsichtlich der unrechtsbestimmenden Funktion besteht kein Unterschied zwischen den in den Einzelbestimmungen des Besonderen Teils umschriebenen Tatbestandsmerkmalen und den Rechtfertigungs- und Handlungspflichtmerkmalen" (a.a.O., 43); *Schaffstein*, MDR 1951, 196 ff.: „In der Tat ist nicht einzusehen, welchen Wert für ein materiales System es haben soll, den Begriff der Tatbestandsmäßigkeit des Unrechts auf die Strafdrohung zu beschränken" (a.a.O., 197 Anm. 8); ferner: ZStW 72 (1960), 369 ff., besonders 386 ff.: „Nur dieser ‚Unrechtstatbestand', der die ‚negativen Tatbestandsmerkmale' in sich einschließt, kann m. E. die Grundlage eines widerspruchsfreien Aufbaues der allgemeinen Verbrechenslehre sein ..." (a.a.O., 386); *Schröder*, ZStW 65 (1953), 178 ff.: der Tatbestand sei keine „wertfreie Rubrik, keine Figur ohne materiellen Gehalt"; vielmehr hätten seine Elemente „nur eine Funktion: die Voraussetzungen zu bestimmen, unter denen eine Handlung Unrecht ist" (a.a.O., 185). „Tatbestandsmerkmale sind die Teile, aus denen sich das Ganze der Widerrechtlchkeit ergibt, der Tatbestand die Form, deren sich das Recht für sein Urteil bedient" (a.a.O., 193); *v. Weber*, Mezger-Festschrift (1954), 183 ff.: „Der Unrechtstatbestand umfaßt somit alle Merkmale, die die Rechtswidrigkeit der Handlung ausmachen" (a.a.O., 189); siehe auch Grundriß (1946), 85 ff. — Über die — auch bei den hier Genannten überwiegend bestehende — Tendenz, neben diesem Unrechts-Tatbestand i. S. eines „vorbehaltlosen Unwerturteils" noch andere Tatbestandsarten als berechtigt anzuerkennen, vgl. unten S. 138 ff.

[155] Untersuchungen über Vorsatz und Fahrlässigkeit (1930), 7 ff.: „Das tatbestandsmäßige Verhalten ist eo ipso tatbestandsmäßiges *Unrecht*" (a.aO., 12); siehe auch DJT-Festschrift, Bd. I (1960), 406.

[156] Frank-Festgabe, Bd. I (1930), 158 ff.: „Wenn Tatbestandsmäßigkeit i. S. des Vorhandenseins der positiven und der Abwesenheit der negativen Tatumstände vorliegt, ist damit notwendig zugleich die Rechtswidrigkeit gegeben ..." (a.a.O., 165).

[157] *Lang-Hinrichsen*, JZ 1953, 366.

[158] *Schaffstein*, ZStW 72 (1960), 380.

[159] *Hardwig*, Zurechnung (1957), 181. — Hardwigs Tatbestandslehre weicht von der soeben dargestellten allerdings noch in wesentlichen Punkten ab.

I. Die an Beling anknüpfende Entwicklung der Tatbestandslehre 131

Demgegenüber hat Welzel vor einiger Zeit seiner Tatbestandslehre eine Wendung gegeben[160], welche in gewisser Weise eine Rückkehr zu Belings „wertfreiem" Tatbestand bedeutet[161]. Ganz ähnlich wie Beling[162] gründet er die Notwendigkeit und Berechtigung des Tatbestandsbegriffes darauf, daß nicht schlechthin alles rechtswidrig-schuldhafte Verhalten nach der Art einer Generalklausel unter Strafe gestellt wird, sondern daß durch eine „sachliche, gegenständliche Beschreibung des verbotenen Verhaltens"[163] nur bestimmte „Verhaltensmuster"[164] mit einer Strafdrohung versehen werden. Der Tatbestand — sagt Welzel — „ist der Inhalt der strafrechtlichen Verbotsnormen, z. B. der Verbote: Du sollst nicht töten, stehlen, ehebrechen ... usw."[165]. Er könne daher als „Verbotsmaterie"[166] bezeichnet werden. Wird das im Tatbestand begrifflich umschriebene Verhalten verwirklicht — sagt Welzel weiter —, so ist dieses wirkliche Verhalten „normwidrig, aber nicht immer auch *rechtswidrig*. Denn die Rechtsordnung besteht nicht nur aus *Normen*, sondern auch aus *Erlaubnissätzen* (,Gewährungen') ... Ihr Eingreifen verhindert, daß die allgemeine (abstrakte) Norm zur konkreten Rechtspflicht für den Täter wird. In diesem Fall ist die Verwirklichung eines Verbotstatbestandes rechtmäßig"[167]. Die Funktion des

---

Er bezeichnet den Tatbestand als „die Beschreibung eines Unrechtsverhaltens". Zu dieser Beschreibung — meint Hardwig — „gehört auch die Beschreibung der Schuld", aber nur deshalb und auch nur insoweit, „als sie den Unrechtsgehalt mitbestimmt" (ZStW 68 (1956), 35 f. mit Anm. 34 a, 35). Hardwig hält es für unzutreffend, die Voraussetzungen der Rechtfertigungsgründe als negative Merkmale in den Tatbestand aufzunehmen, um so „eine vollständige Unrechtsbeschreibung" zu erhalten; denn ob ein Verhalten Recht oder Unrecht sei, könne sich „nie aus einer geschlossenen Beschreibung, sondern immer nur aus dem Gesamtzusammenhang aller Gebote, Verbote und Erlaubnisse ergeben" (GA 1956, 376 f.). Aber die Rechtswidrigkeit als solche ist nach Hardwigs Auffassung „Voraussetzung dafür, daß ein Tatbestand gegeben ist": „Stellt sich bei der ergänzenden Rechtswidrigkeitsuntersuchung heraus, daß kein Unrecht gegeben ist, dann kann selbstverständlich auch kein Tatbestand gegeben sein; denn es fehlt ja am Gegenstand der tatbestandsmäßigen Beschreibung" (ZStW 68 (1956), 32 Anm. 26 und 27; siehe auch ZStW 74 (1962), 40 f.). Vgl. auch unten S. 159 Anm. 324 und S. 161 f. Anm. 335.
[160] Über Welzels frühere Auffassungen in der Tatbestandslehre siehe *Schweikert*, Wandlungen der Tatbestandslehre (1957), 104 ff.; *Roxin*, Offene Tatbestände (1959), 46. — Der erwähnte Auffassungswandel ist bei Welzel seit dem Jahre 1952 festzustellen; vgl. *Schweikert*, a.a.O., 109.
[161] Dies ist im Schrifttum schon mehrfach hervorgehoben worden; siehe z. B. *Engisch*, DJT-Festschrift, Bd. I (1960), 407 f.; *Gallas*, ZStW 67 (1955), 23; *Lange* JZ 1953, 13; *Roxin*, Offene Tatbestände (1959), 45, 47, 51; *Schaffstein*, ZStW 72 (1960), 380.
[162] Siehe oben S. 49 ff.
[163] *Welzel*, Strafrecht (1965), 44.
[164] *Welzel*, a.a.O., 43.
[165] *Welzel*, a.a.O., 45.
[166] *Welzel*, a.a.O., 43.
[167] *Welzel*, a.a.O., 45.

Tatbestandes, einzelne „Verhaltensmuster" „*sachlich* zu beschreiben und damit zur *gegenständlichen* Grundlage für die eindeutige Feststellung der Rechtswidrigkeit zu machen", sichert ihm nach Welzels Auffassung „die Stellung eines selbständigen, dem Rechtswidrigkeitsurteil und dem Schuldvorwurf *vorgelagerten* Verbrechenselementes"[168]. Welzels Tatbestandsbegriff ist also in dem gleichen Sinne „wertfrei" wie derjenige Belings: „die Tatbestandsmäßigkeit *enthält* die Rechtswidrigkeit noch nicht."[169] So bezeichnet er denn auch Belings Feststellung, daß die tatbestandliche Charakterisierung bestimmtartiger Verhaltensweisen noch nicht deren Normierung als rechtmäßig oder rechtswidrig bedeutet, als „eine in jeder Hinsicht zutreffende These"[170]: Gerade hierin liegt nach seiner Auffassung „der bleibende Wahrheitsgehalt des *Beling*schen Tatbestandsbegriffes"[171].

Welzel meint allerdings, Belings Satz, es liege im Tatbestand kein Werturteil, habe „die Meinung gefördert, als sei sein Tatbestand lediglich die Beschreibung eines wertindifferenten Seinsvorgangs..."[172]. „Diese bei *Beling* angelegte Deutung des Tatbestandsbegriffes" — sagt Welzel — „verkennt dessen wesentliche Funktion. Die Feststellung der Tatbestandsmäßigkeit einer Handlung ist nicht wertneutral; vielmehr schneidet sie aus der Fülle der menschlichen Handlungsvorgänge diejenigen heraus, die strafrechtlich *relevant* sind, und zwar relevant in dem besonderen Sinn, daß sie notwendig entweder *rechtswidrig* oder *rechtmäßig* ... sind. Die Bejahung der Tatbestandsmäßigkeit ist die Feststellung der strafrechtlichen Wertdifferenz einer Handlung; ja noch mehr: da der Tatbestand die Beschreibung der Verbotsmaterie ist, ‚indiziert' die Verwirklichung des Tatbestandes die Widerrechtlichkeit der Handlung."[173] Mit dem Begriffe „wertneutral" fügt Welzel den beiden erörterten Bedeutungen der „Wertfreiheit" im Grunde noch eine dritte hinzu; „wertneutral" oder „wertfrei" bedeutet hier soviel wie „rechtlich gleichgültig"[174]. Die von Welzel hier hervorgehobene „strafrechtliche Wertdifferenz" tatbestandlich geschilderter Verhaltensweisen hat auch Beling sicher nicht verkannt; sagte er doch z. B., „daß

---

[168] *Welzel*, a.a.O., 48.

[169] *Welzel*, a.a.O., 47. — Selbstverständlich leugnet Welzel nicht das Vorhandensein „normativer Tatbestandsmerkmale", behauptet also ebensowenig wie Beling eine „Wertfreiheit" des Tatbestandes in der anderen der beiden oben (S. 126) unterschiedenen Bedeutungen; siehe z. B. JZ 1953, 120 Anm. 4 a. Ausführlich zu den normativen Tatbestandsmerkmalen bei Welzel: *Roxin*, Offene Tatbestände (1959), 47 ff.

[170] *Welzel*, a.a.O., 47.

[171] *Welzel*, a.a.O., 48.

[172] *Welzel*, a.a.O., 47.

[173] *Welzel*, a.a.O., 47.

[174] Siehe *Roxin*, Offene Tatbestände (1959), 47.

I. Die an Beling anknüpfende Entwicklung der Tatbestandslehre 133

derartige Verhaltensweisen, wie sie das Strafgesetzbuch nennt, im Sinne des Rechtsordners *in gewissen Grenzen* jedenfalls rechtswidrig sind ..."[175].

Es ist wiederholt die Vermutung geäußert worden, daß hinter Welzels Wiederannäherung an die Belingsche Tatbestandslehre das Bestreben steht, innerhalb seiner Irrtumslehre zu befriedigenderen Ergebnissen zu gelangen, den Anwendungsbereich des „Tatbestandsirrtums" zugunsten des „Verbotsirrtums" einzuschränken[176]. Ob dies nun der Fall ist oder nicht, jedenfalls ist für Beling in Welzel nicht ein Kritiker, sondern ein Verfechter der Auffassung erwachsen, daß der Tatbestand „wertfrei" sei; Engisch sieht hierin mit Recht „ein schönes Zeugnis für die Überpersönlichkeit gewisser Standpunkte"[177].

2. Die Kritik an Belings Auffassung, der Tatbestand sei „objektiv"

Auch Belings Satz von der rein *objektiven* Struktur des Tatbestandes wurde bald angezweifelt. Dies hängt eng mit der soeben geschilderten Kritik an dessen „Wertfreiheit" zusammen. Wie bereits berichtet worden ist, hat das sich innerhalb der Strafrechtswissenschaft durchsetzende „wertbeziehende Denken" zur Lehre von den „subjektiven Unrechtselementen" geführt[178]. Man sagte, die Rechtswidrigkeit decke sich nicht mit der objektiven Tatseite, sondern auch subjektive, in der Täterpsyche liegende Merkmale müßten — wenn auch nicht in der Regel — für die Feststellung der Rechtswidrigkeit einer Handlung herangezogen werden. Sobald man nun im Tatbestand nur noch besonderes, typisiertes Unrecht sah, gingen diese „subjektiven Unrechtselemente" — wie Mezger[179] sagte — „in den Tatbestand als ‚subjektive' Tatbestandselemente ein".

Als eigentlicher Begründer der Lehre von den subjektiven Tatbestandselementen kann Hegler gelten[180]. Von einer teleologischen Betrachtungsweise[181] ausgehend stellte er fest: „Das Verbrechen ist ein äußeres Verhalten, welches deshalb von der Rechtsordnung mißbilligt wird, weil es als gesellschaftsschädlich, als Interessen der im Staat organisierten Gesellschaft verletzend angesehen wird."[182] Was das

---

[175] Grundzüge (1930), 13. — Vgl. auch oben S. 50.
[176] Vgl. *Engisch*, Mezger-Festschrift (1954), 159; *Gallas*, ZStW 67 (1955), 24; *Roxin*, Offene Tatbestände (1959), 110; *Schröder*, ZStW 65 (1953), 183; *Schweikert*, Wandlungen der Tatbestandslehre (1957), 118.
[177] *Engisch*, DJT-Festschrift, Bd. I (1960), 408.
[178] Vgl. oben S. 108.
[179] Strafrecht (1931), 190.
[180] Vgl. *Schweikert*, Wandlungen der Tatbestandslehre (1957), 51.
[181] Siehe oben S. 107 Anm. 14.
[182] *Hegler*, ZStW 36 (1915), 31.

"äußere Verhalten" anbelange, so müsse man allerdings genauer sagen: „es ist *immer* ein äußeres Verhalten, aber es ist nicht immer *nur* ein äußeres Verhalten, welches solche Interessenverletzung darstellt."[183] So handele z. B. im Falle des Betrugs (§ 263 StGB) nicht schon interessenverletzend, wer durch Täuschung fremdes Vermögen beschädige — etwa einen anderen in den April schicke und dadurch zu einer teuren, nutzlosen Anschaffung veranlasse —, sondern nur, wer dies in der Absicht tue, sich oder einem Dritten einen rechtswidrigen Vermögensvorteil zu verschaffen. Hegler sprach hier von Delikten „mit *überschießender Innentendenz*"[184]. Es handele sich dabei „um sozusagen ins Subjektive verflüchtigte Momente des gesellschaftsschädlichen, interessenverletzenden Verhaltens, einer Art Vordatierung der Empfindlichkeit des betreffenden Interesses"[185]. Welche einzelnen Verhaltensweisen von der Rechtsordnung nun als gesellschaftsschädlich und interessenverletzend angesehen würden, das ergebe sich aus den sog. Verbrechenstatbeständen, den „Deliktsbeschreibungen". In diesen werde in der Regel allein das objektive Verhalten einer Person beschrieben, bisweilen — wie beim Betrug (§ 263 StGB), Diebstahl (§ 242 StGB) und auch beim versuchten Delikt (§ 43 StGB) — komme aber eben auch noch eine über das objektive Verhalten hinausgehende „Innentendenz" hinzu[186]. Hegler zählte also die Merkmale „überschießender Innentendenz" zum Tatbestand, welchen er als „Beschreibung" gesellschaftsschädlichen, interessenverletzenden Verhaltens ansah[187].

Die Lehre von den „subjektiven Tatbestandselementen" wurde als notwendige Folgerung aus der Anerkennung „subjektiver Unrechtselemente" einerseits und eines „wertgetränkten", unrechtstypisierenden Tatbestandes andererseits bald anerkannt und ausgebaut[188]. Dabei ging

---

[183] *Hegler*, a.a.O., 31.
[184] *Hegler*, a.a.O., 31.
[185] *Hegler*, a.a.O., 32 f.
[186] *Hegler*, a.a.O., 35.
[187] Unabhängig von Hegler und fast gleichzeitig hat M. E. *Mayer* auf das Phänomen der — wie er sich ausdrückte — „subjektiven Rechtswidrigkeitselemente" hingewiesen (Lehrbuch (1915), 12, 185 ff.). Zusammen mit Hegler gilt er daher als Begründer der Lehre von den subjektiven Unrechtselementen. Jedoch zog er selbst hieraus — im Gegensatz zu Hegler — keine Folgerungen für die Tatbestandslehre; siehe *Class*, Grenzen des Tatbestandes (1933), 108.
[188] Siehe z. B. *Sauer*, Grundlagen des Strafrechts (1921), 343 f.; *Mezger*, G. S. 89 (1924), 260 ff.; Traeger-Festschrift (1926), 13 ff.; Strafrecht (1931), 190 i.V.m. 170 ff.; *Engisch*, Untersuchungen über Vorsatz und Fahrlässigkeit (1930), 62 f.; *Grünhut*, ZStW 50 (1930), 287; *Radbruch*, Frank-Festgabe, Bd. I (1930), 163, 170; *Liszt-Schmidt*, Lehrbuch, AT (1932), 183 f.; siehe auch *Hegler*, Frank-Festgabe, Bd. I (1930), 251 ff. — Ausführlich über die gesamte Entwicklung: *Sieverts*, Beiträge (1934), 4 ff.; ferner *Maurach*, Schuld und Verantwortung (1948), 11 ff.

I. Die an Beling anknüpfende Entwicklung der Tatbestandslehre 135

man über Heglers Fälle „überschießender Innentendenz" weit hinaus. Mezger z. B., dessen Arbeiten als für den damaligen Stand der Lehre repräsentativ gelten, unterschied drei große Gruppen von Tatbeständen, bei denen das äußere Geschehen „ein bestimmtes psychologisches Kolorit, einen bestimmten geistigen Gehalt, einen besonderen subjektiven ‚Sinn'"[189] aufweisen müsse. Ein solches „sinnerfülltes Wollen der äußeren Handlung"[190] fand er im Tatbestand

1. der „Absichtsdelikte", „bei denen die Tat gewollt wird als subjektives Mittel zu eigenem weiteren Handeln" (z. B. die Falschmünzerei, § 146 StGB),

2. der „Tendenzdelikte", „bei denen der Täter etwas tut, damit eine weitere Folge eintrete" (z. B. die Giftbeibringung, § 229 StGB),

3. der „Ausdrucksdelikte", bei denen „die Handlung als Ausdruck eines seelischen Vorgangs im Täter" erscheint (z.B. „der sog. Überzeugungseid in § 153 StGB mit § 459 ZPO, *nicht* aber der Wahrheitseid")[191].

In eine neue Phase gelangte die Lehre von den „subjektiven Tatbestandselementen", als man auch die „personal-ethische Seite des Verbrechens"[192] zu beachten begann[193]. War man bisher der Auffassung gewesen, daß sich die Rechtswidrigkeit materiell in der Rechtsguts- oder Interessenverletzung erschöpfe, so erkannte man nunmehr, daß — wie Hellmuth von Weber schon feststellte — „der Gesetzgeber grund-

---

[189] *Mezger*, Traeger-Festschrift (1926), 16.
[190] *Mezger*, a.a.O., 15.
[191] Strafrecht (1931), 172 f.; siehe auch Traeger-Festschrift (1926), 16 ff. — Mezger untersuchte auch die „subjektiven Tatbestandselemente außerhalb des Täters" eingehend und unterschied hier „Eindrucksdelikte" und „objektive Sinndelikte" (Traeger-Festschrift (1926), 25 ff.). Solche „jenseits der Täterseele" liegenden „subjektiven Tatbestandselemente" hat auch Beling nie geleugnet (siehe oben S. 55 mit Anm. 199). Mezger war daher im Unrecht, wenn er meinte, Beling habe diese erst in der 8./9. Aufl. seiner Grundzüge (1925), S. 23, anerkannt, habe „in dieser Beziehung eine bemerkenswerte und interessante Wandlung durchgemacht" (Traeger-Festschrift (1926), 9). Siehe auch *Beling* selbst in L.v.T. (1930), 11 Anm. 1. — Für eine Auffassung, nach welcher die rechtfertigenden Umstände „negative Tatbestandsmerkmale" sind, werden auch die subjektiven Rechtfertigungselemente zu „subjektiven Tatbestandsmerkmalen". Der bloße Hinweis hierauf möge im vorliegenden Rahmen genügen.
[192] *Gallas*, ZStW 67 (1955), 4.
[193] Hier sind vor allem zu nennen: *Schaffstein*, Zur Problematik der teleologischen Begriffsbildung (1934); Verbrechen als Pflichtverletzung (1935); ZStW 57 (1938), 295 ff.; *Dahm*, ZStaatsW Bd. 95 (1935), 283 ff.; ZStW 57 (1938), 225 ff.; Hellmuth *Mayer*, Strafrecht des Deutschen Volkes (1936), 60 ff.; 66 ff.; 95 ff.; 161 f.; 194 ff.; 223 ff.; Hellmuth *v. Weber*, Aufbau des Strafrechtssystems (1935); Grundriß (1946), 51 ff., 61; *Welzel*, ZStW 58 (1939), 491 ff.; Das neue Bild (1951).

sätzlich zwei Möglichkeiten hat, ein menschliches Verhalten für rechtswidrig zu erklären. Er kann entweder die Norm lediglich auf äußeres Geschehen abstellen und ein für einen Erfolg ursächliches Verhalten verbieten, oder aber er kann den Willen des Täters zugrunde legen und ein auf einen Erfolg gerichtetes Verhalten unter Strafe stellen"[194]. Neben den in der Interessenverletzung liegenden „Erfolgs- oder *Sachverhaltsunwert*" stellte man den im verbrecherischen Willen liegenden „personalen *Handlungsunwert*"[195], neben die „Rechtsgutsverletzung" die „Pflichtverletzung"[196]. Damit aber stand fest, daß das Rechtswidrigkeitsurteil an das menschliche Handeln immer gerade auch in dessen Eigenschaft als „ein von einem subjektiven Sinn gelenktes Verhalten"[197], als „finales" Handeln anzuknüpfen hatte. Von hier aus war Mezgers Argument hinfällig, „daß durch solch ‚einfaches Wollen der äußeren Handlung' (sc. im Gegensatz zum ‚sinnerfüllten Wollen der äußeren Handlung') dem interesse-(rechtsguts-)verletzenden Charakter der Tat nichts Neues hinzugefügt wird, jenes Wollen also zwar die persönliche ‚Vorwerfbarkeit' der Tat, d. h. die Schuld des Täters, begründen, nicht aber irgendwie das spezifische Unrecht der Handlung verändern kann"[198]. Subjektive Elemente im Unrechtstatbestand waren somit nicht mehr Fremdkörper, sondern regelmäßige Erscheinungen. Bis heute allerdings ist streitig, welche Folgerungen aus dieser Erkenntnis im einzelnen zu ziehen sind, ob insbesondere der Vorsatz als „strafrechtlich relevante Finalität"[199], und das soll heißen: als Wissen und Wollen der objektiven Tatbestandsmerkmale, „subjektives Tatbestandselement" ist[200] oder ob er als Bewußtsein der im konkreten Fall möglichen Verletzung eines „sozialethischen Verbots" und damit als Zeichen besonders verwerflichen „sittlich-geistigen Verhaltens" nach wie vor „ausschließlich als Moment der Schuldabstufung"[201] zu begreifen ist und allein „jener Begriff des Willens, der das Wollen als auf das Ziel beschränkt erfaßt", als wirklich „finaler" Wille subjektives Element des Unrechtstatbestandes sein kann[202].

---

[194] Hellmuth *v. Weber*, Aufbau des Strafrechtssystems (1935), 9 f.
[195] *Welzel*, Das neue Bild (1951), 19.
[196] *Schaffstein*, Verbrechen als Pflichtverletzung (1935), 8.
[197] *Gallas*, ZStW 67 (1955), 33.
[198] *Mezger*, Traeger-Festschrift (1926), 15.
[199] *Niese*, Finalität, Vorsatz und Fahrlässigkeit (1951), 56.
[200] So z. B. die „Finalisten" *Welzel*, Das neue Bild (1951), 11; Strafrecht (1965), 58 f.; *Maurach*, Deutsches Strafrecht, AT (1965), 218; *Niese*, a.a.O., 11.
[201] *Schmidhäuser*, GA 1958, 178; siehe auch GA 1957, 305 ff.
[202] So *Schmidhäuser*, ZStW 66 (1954), 27 ff.; das Zitat befindet sich auf S. 36. — Siehe auch *Gallas*, ZStW 67 (1955), 46 Anm. 89, der sich fragt, ob vielleicht dem Vorsatz „systematisch eine *doppelte* Funktion" zukomme.

I. Die an Beling anknüpfende Entwicklung der Tatbestandslehre 187

Man kann somit feststellen, daß sich die wissenschaftliche Diskussion in der Frage des objektiven Charakters des Tatbestandes weit von Beling entfernt hat. Der Verlauf der Entwicklung wird hier dadurch gekennzeichnet, daß man von vornherein andere Wege ging als Beling, weil man den Tatbestand nicht als „Denkform" verstand, sondern als „wertgetränktes" Gebilde. Daher konnte es auch nicht zu einer eigentlichen kritischen Auseinandersetzung kommen; soweit eine Auseinandersetzung dennoch stattfand, wurde sie auf beiden Seiten weitgehend durch Mißverständnisse regiert[203].

3. Die Kritik an Belings Auffassung, der Tatbestand sei „regulativ"

Noch weniger Anklang hat in der Literatur Belings Feststellung gefunden, der Tatbestand sei „regulativ". Diese in voller Deutlichkeit erst später[204] erfolgte Kennzeichnung, welche ja auf die grundbegriffliche Natur des Tatbestandes, sein Wesen als „Denkform" hinweisen sollte, ist wohl nur aus dem Gesamtzusammenhang der Belingschen Dogmatik heraus und bei Kenntnis ihrer Ausgangspunkte voll verständlich. Es ist daher auch nicht verwunderlich, daß gerade die späten Äußerungen Belings zur Tatbestandslehre[205] als sehr schwierig empfunden worden sind[206], oft auch als im Vergleich zu seinen bisherigen Lehren weitgehend neu angesehen wurden[207]. Belings Meinung, der

---

[203] Dies betonen besonders: *Class*, Grenzen des Tatbestandes (1933), 10 ff., 180 f. mit Anm. 289; *Sieverts*, Beiträge (1934), 88 ff.; *Engisch*, Rittler-Festschrift (1957), 170.

[204] Siehe oben S. 79.

[205] Insbesondere die L.v.T. (1930).

[206] Siehe z. B. *Grünhut*, ZStW 52 (1932), 148, der von einem „komplizierten Gepräge" spricht; *Maurach*, Schuld und Verantwortung (1948), 9, welcher feststellt: „Es gehört seit der ‚Lehre vom Tatbestand' (1930) fast eine besondere Auslegungslehre dazu, um das zu erkennen, was *Beling* als Tatbestand betrachtet wissen will."

[207] Siehe z. B. *Class*, Grenzen des Tatbestandes (1933), 9, 28 f., 67; *Schweikert*, Wandlungen der Tatbestandslehre (1957), 76 f.; ferner *Grünhut*, ZStW 52 (1932), 147 f.; *Mezger*, Strafrecht (1931), 176 f. Anm. 6. — Es darf an dieser Stelle aber nicht unerwähnt bleiben, daß auch Arbeiten vorhanden sind, welche sich mit Belings Dogmatik in ihrem Gesamtzusammenhang auseinandersetzen. Sicher am tiefsten in das Belingsche Werk ist *Engisch* eingedrungen, den auch persönliche Beziehungen mit Beling verbanden. (Es sei an den bereits erwähnten Briefwechsel erinnert; siehe ferner Festschrift Gießen (1957), 17 ff.; vgl. auch Logische Studien zur Gesetzesanwendung (1943), welche Beling gewidmet sind). Wie zahlreich die Stellen sind, an welchen sich Engisch mit Belings Lehren beschäftigt hat, wird durch die Zitate angedeutet, welche im Rahmen dieser Arbeit angeführt werden. — Außer Engisch sind noch zu nennen: *Buchetmann*, Abgrenzung der Verbrechensmerkmale (1934); diese Arbeit wurde als Dissertation bei Beling begonnen, aber erst nach seinem Tode abgeschlossen; sie beschäftigt sich eingehend mit Belings Methodik (a.a.O., S. 28 ff.). Siehe ferner *Class*, Grenzen

Tatbestand sei eine den Deliktstypen „logisch vorgelagerte" „begriffliche Vorstellung"[208], stellte sich den meisten als „zu intellektualistisch"[209] dar; man war der Auffassung, aus dieser „Lichtwelt reinen tatbestandlichen Denkens" zur „rauhen Wirklichkeit des Strafrechts selbst" zurückkehren zu müssen[210]. Zum Teil erkannte man dabei Belings „regulativem Leitbildtatbestand" noch einen gewissen Eigenwert zu, indem man hervorhob, daß er die Kenntnis von der Struktur des Strafrechtssatzes verfeinere und vertiefe[211] und auch „zu einer guten Ordnung für den gedanklichen Aufbau einer juristischen Fallbehandlung" führe[212]. Aber entscheidend war doch, daß man — auf dem Boden einer „materiellen Betrachtungsweise" stehend — Belings durch eine „formale Betrachtungsweise"[213] gewonnenen „regulativen" Tatbestandsbegriff als dogmatische Grundlage für unfruchtbar hielt[214].

II. Der heutige Pluralismus in der Tatbestandslehre

Die vorstehenden Ausführungen sollten zeigen, wie die strafrechtliche Diskussion zwar vom Belingschen Tatbestandsbegriff ihren Ausgang nahm, in ihrem weiteren Verlauf aber kein einziges der Merkmale gelten ließ, welche Beling als für den Tatbestand kennzeichnend angesehen hatte. Schon hieran wurde deutlich, wie weit sich die Tatbestandslehre

---

des Tatbestandes (1933); Class hat die Arbeit Ernst Beling und M. E. Mayer als seinen Lehrern gewidmet. Wenn Class allerdings Belings späte Kennzeichnung des Tatbestandes als eines „regulativen" Leitbildes zu den „verdunkelnden Nachgaben" rechnet (a.a.O., 9 i.V.m. 28 f., 67 f.; siehe auch 17 f.), so kann dem nicht zugestimmt werden. — Schließlich ist zu nennen: *Sieverts*, Beiträge (1934), 79 ff., der in Beling einen „nicht ernst genug zu nehmenden Widersacher" der Lehre von den subjektiven Rechtswidrigkeits- und Tatbestandselementen sieht und Belings Kritik „in den Zusammenhang seines ganzen Strafrechtssystems" stellt, „wie er es in seiner 1906 erschienenen ‚Lehre vom Verbrechen' und seitdem in den Grundzügen des Strafrechts bis zur 11. Aufl. entwickelt hat" (a.a.O., 79).

[208] L.v.T. (1930), 4.
[209] *Nagler*, G. S. 111 (1938), 52 Anm. 97 a.
[210] *Mezger*, Strafrecht (1931), 176 f. Anm. 6 (S. 177); siehe auch *Sieverts*, Beiträge (1934), 90; *Schweikert*, Wandlungen der Tatbestandslehre (1957), 82 m. Anm. 172.
[211] *Eb. Schmidt*, JW 1931, 189.
[212] *Grünhut* ZStW 52 (1932), 148; siehe auch *Liszt-Schmidt*, Lehrbuch, AT (1932), 181 Anm. 7; *Sieverts*, Beiträge (1934), 111 ff. Anm. 92 (S. 113); *v. Wedel*, Schw.Z.Str., 45. Jg. (1931), 378. Scharf ablehnend aber Erik *Wolf*, Typen der Tatbestandsmäßigkeit (1931), 5 Anm. 3 („völlig mißglückter Versuch").
[213] Vgl. oben S. 107 ff.
[214] Siehe z. B. *Grünhut*, ZStW 52 (1932), 148; *Liszt-Schmidt*, Lehrbuch, AT (1932), 181 Anm. 7; *Mezger*, Strafrecht (1931), 182; *Eb. Schmidt*, JW 1931, 189; *Schweikert*, Wandlungen der Tatbestandslehre (1957), 82; *Sieverts*, Beiträge (1934), 111 ff. Anm. 92 (S. 113); *v. Wedel*, Schw.Z.Str., 45. Jg. (1931), 377 f.; vgl. auch *Buchetmann*, Abgrenzung der Verbrechensmerkmale (1934), 58.

II. Der heutige Pluralismus in der Tatbestandslehre

heute von Beling entfernt hat. In vollem Umfang läßt sich dies jedoch erst ermessen, wenn man sich zusätzlich noch die in der Zeit nach 1945 immer stärker gewordene Tendenz vergegenwärtigt, mehrere Tatbestandsbegriffe zu unterscheiden[215]. So stellte schon im Jahre 1952 Lang-Hinrichsen dem bereits erwähnten „Gesamttatbestand"[216] einen „Tatbestand im technischen Sinne" — „im Hinblick auf seine Magna-Charta-Funktion kurz Garantietatbestand genannt" — gegenüber, welcher nur einen Teil der Merkmale des „Gesamttatbestandes" zusammenfasse[217]. Bald darauf beschäftigte sich Mezger mit den „Wandlungen der strafrechtlichen Tatbestandslehre"[218]; ausgehend von der Feststellung, daß „ein und derselbe Sachverhalt ... gleichzeitig in seinem ontologischen[219] Bestand Gegenstand deskriptiver Beschreibung und zugleich Gegenstand (Objekt) der Wertung sein"[220] könne, stellte er nunmehr seinem bisherigen „Unrechts-Tatbestand"[221] einen „Handlungs-Tatbestand" zur Seite, welcher als „Beschreibung eines ontologischen Sachverhalts"[222] der Feststellung diene, um welches Verbrechen es sich typisch handele[223]. Wenig später wurde dann erstmals von Engisch konstatiert: „Während *Beling* den ‚gesetzlichen Tatbestand' ... noch als eindeutiges Begriffsgebilde fassen zu können glaubte (wenn er auch zuletzt ‚Tatbestand' und ‚Deliktstypus', die er früher gleichgesetzt hatte, auseinanderhielt[224]), ist jetzt mehr und mehr die Erkenntnis zum Durchbruch gelangt, daß mehrere verschiedene Tatbestandsbegriffe zu unterscheiden sind."[225] Unter Berücksichtigung schon vorhandener Differenzierungen unterschied Engisch insgesamt 5 Tatbestandsbegriffe[226]: 1. den „Tatbestand im Sinne der Rechtstheorie"; 2. den „Ver-

---

[215] Ansätze finden sich bereits bei *Bruns*, Kritik der Lehre vom Tatbestand (1932), 21 ff., der zwischen einem „nur der Individualisierung dienenden Tatbestand", einem „auch den Vorsatz regulierenden Tatbestand" und einem „am Unrecht orientierten Tatbestand" unterscheidet, dann allerdings den Versuch unternimmt, „den allein möglichen Begriff des Tatbestandes" zu entwickeln. Siehe auch *Sieverts*, Beiträge (1934), 111 ff. Anm. 92.

[216] Siehe oben S. 129.

[217] *Lang-Hinrichsen*, JR 1952, 307.

[218] *Mezger*, NJW 1953, 2 ff.; siehe auch Studienbuch, AT (1954), 86 ff.

[219] Mezger bemerkt selbst: „‚Ontologisch' bedeutet uns einfach das Erfahrungsmäßig-Tatsächliche (Seinsmäßige)" (a.a.O., 3 Anm. 19).

[220] *Mezger*, a.a.O., 3.

[221] Siehe oben S. 128.

[222] *Mezger*, NJW 1953, 3.

[223] *Mezger*, a.a.O., 2. — Als dritten Tatbestandsbegriff nannte Mezger noch den „Tatbestand der allgemeinen Rechtslehre", der die Gesamtheit aller Voraussetzungen der Rechtsfolge „Strafe" bedeute (a.a.O., 2).

[224] Hierzu siehe unten S. 140 Anm. 229.

[225] *Engisch*, Mezger-Festschrift (1954), 129.

[226] *Engisch*, a.a.O., 130 ff.

brechenstatbestand" als „Inbegriff der (allgemeinen oder besonderen, positiven oder negativen, geschriebenen oder ungeschriebenen) Verbrechensmerkmale ..."; 3. den „Garantietatbestand"; 4. den „Unrechtstatbestand", der sämtliche Merkmale umgreife, welche die ratio essendi der Rechtswidrigkeit bildeten; schließlich 5. den „gesetzlichen Tatbestand" i. S. von § 59 StGB[227]. Der von Engisch angedeutete Weg wurde von Roxin[228] eingeschlagen. Er zeigte, daß in der Tatbestandslehre vor allem drei Funktionen dem „Tatbestand" immer zugedacht worden seien: eine „Garantiefunktion" (gem. § 2 StGB und Art. 103 II GG), eine „irrtumsregelnde Funktion" sowie eine „systematische Funktion". Demgemäß seien zumindest auch drei Tatbestandsbegriffe scharf zu unterscheiden: der „Garantietatbestand", der „Irrtumstatbestand" und der „Systemtatbestand"[229]. In jüngster Zeit hat sich schließlich auch Schaffstein[230] ganz betont zu einem Pluralismus in der Tatbestandslehre bekannt, indem er ausführte: „Wir schließen uns ... der im neueren Schrifttum immer mehr vordringenden Auffassung an, daß mit dem gleichen Terminus ‚Tatbestand' in Wahrheit funktionell und daher auch in ihrem Umfang verschiedene Begriffe bezeichnet werden. Die irreführende Beibehaltung des gleichen Worts wird allenfalls dadurch gerechtfertigt, daß allen Tatbestandsarten der gleiche Kernbestand zugrunde liegt."[231]

III. Belings Tatbestandslehre aus heutiger Sicht

Damit scheint die Tatbestandslehre wieder in ein Stadium gelangt zu sein, welches demjenigen, in dem Beling sie vorgefunden hatte, nicht unähnlich ist. Über die von ihm als „babylonische Sprachverwirrung"[232] bezeichnete Mehrdeutigkeit des Tatbestandsbegriffs, welche er 1906 durch seine „Lehre vom Verbrechen" zu überwinden suchte, berichtet Beling selbst: „Da gab es einen Tatbestand des Verbrechens,

---

[227] Siehe auch *Engisch*, DJT-Festschrift, Bd. I (1960), 409 f.

[228] Offene Tatbestände (1959), 106 ff.

[229] *Roxin* meint: „Auch Belings spätere Unterscheidung von Deliktstypus und Leitbild ... bedeutet der Sache nach eine Trennung von System- und Irrtumstatbestand, wenngleich Beling das nicht erkannte" (a.a.O., 110 Anm. 186). Eine solche Formulierung erscheint aber als irreführend, da Beling entsprechend dem Systemgedanken des Kritizismus gerade im Leitbildtatbestand — dem Kern des logischen Sinngehalts aller Deliktstypen — den systematischen Grundbegriff sah (vgl. oben S. 47 f., 70).

[230] Festschrift OLG Celle (1961), 181.

[231] Vorstehend wurden nur besonders dezidiert erscheinende Äußerungen angeführt; es sind hier z. B. aber auch noch zu erwähnen: *Sauer*, Mezger-Festschrift (1954), 118 f.; *v. Weber*, Mezger-Festschrift (1954), 186; Arthur *Kaufmann*, JZ 1954, 656; JZ 1956, 354.

[232] L.v.T. (1930), 15.

III. Belings Tatbestandslehre aus heutiger Sicht 141

einen Tatbestand des Mordes und des Diebstahls, einen Tatbestand des Vorsatzes und der Fahrlässigkeit, einen Tatbestand der Notwehr, ... einen Tatbestand des Versuchs, der Anstiftung, der Ideal- und Realkonkurrenz usw. ... Weiter hieß auch noch ein Stück des Strafgesetzes selber ebenso ... Bald meinte man den ‚allgemeinen‘, bald den ‚besonderen‘, bald den ‚abstrakten‘, bald den ‚konkreten‘; bald den ‚objektiven‘, bald den ‚subjektiven‘; bald einen Tatbestand, in dem die objektiven Bedingungen der Strafbarkeit drinsteckten, bald einen, bei dem diese Bedingungen scharf gegensätzlich waren usw...."[233] Es soll nicht verkannt werden, daß heute die Verwendung des terminus „Tatbestand" bewußter und überlegter geschieht; immerhin aber hat Welzel vor nicht langer Zeit ebenfalls von der „babylonischen Sprachverwirrung" gesprochen, „welche heute ‚Tatbestandslehre‘ heißt"[234]. Und auch Schaffstein hat offensichtlich Bedenken gegen die heutige „irreführende Beibehaltung des gleichen Worts" für unterschiedliche Sachverhalte. Bedenkt man außerdem, daß dem heutigen Pluralismus in der Tatbestandslehre die Auffassung zugrunde liegt, man müsse die durch Beling inaugurierte Zuversicht aufgeben, es lasse sich „der" Tatbestand als „ein das Strafrecht in seiner ganzen Breite und Tiefe beherrschender Grundbegriff"[235] auffinden[236], so liegt die Frage nicht mehr fern, warum Beling eigentlich noch immer mit der traditionellen Anerkennung als der Begründer der Tatbestandslehre genannt wird. Der Tatbestandsbegriff, den Beling in die Strafrechtswissenschaft einführen wollte — so könnte man argumentieren —, hat sich heute als in jeder Hinsicht unzutreffend erwiesen: nicht nur was seine dogmatische Einzelausgestaltung als „wertfrei", „objektiv" und „regulativ" anbelangt, sondern eben auch im Hinblick auf seine Aufwertung zum allein notwendigen und berechtigten dogmatischen Grundbegriff; den terminus „Tatbestand" als solchen aber hat die Strafrechtswissenschaft auch schon vor Beling gekannt. Und die bewußtere und exaktere Verwendung dieses Begriffes schließlich ist nur eine Folge der weiter fortgeschrittenen theoretischen Durchdringung des Strafrechts überhaupt. Wäre solch eine vernichtende Kritik an Belings Tatbestandslehre aber wirklich berechtigt? Stellt sich die Belingsche Tatbestandslehre heute tatsächlich nur noch als eine mehr oder weniger fruchtlose

---

[233] Autobiogr. (1925), 12.
[234] *Welzel*, Strafrecht (1956), S. III.
[235] L.v.T. (1930), 7.
[236] So z. B. heute noch: *Lange*, JZ 1953, 13; *Schweikert*, Wandlungen der Tatbestandslehre (1957), 2 Anm. 7. — Auch *Roxin* bezeichnet seinen „System"- Tatbestand — obgleich dieser doch nur *ein* Tatbestandsbegriff unter mehreren ist — immerhin als „strafrechtlichen Grundbegriff" (Offene Tatbestände (1959), 108, 166 ff.); inwieweit dies als konsequent anerkannt werden kann, darüber siehe unten S. 145.

dogmengeschichtliche Episode dar? Es soll zu zeigen versucht werden, daß eine solche Auffassung unberechtigt wäre, weil Belings Tatbestandslehre einen Wahrheitsgehalt hat, auf den sich zu besinnen gerade heute fruchtbar sein kann.

1. Belings Tatbestandsbegriff als auch heute noch fruchtbarer Ausgangspunkt in der Tatbestandslehre

Freilich ist von vornherein klarzustellen, daß es ein „Zurück zu Beling!" in der Tatbestandslehre ebensowenig geben kann wie in der Dogmatik überhaupt. Belings Tatbestandsbegriff beruht — wie oben[237] zu zeigen versucht wurde — ganz auf dem Systemgedanken des Kritizismus; er beschränkt sich auf die Erfassung der „Denknotwendigkeiten", welche die Deliktstypen für das Strafrecht mit sich bringen. Da wir heute eine Systematik allein nach dem Denkverfahren für unzureichend halten, darf auch eine Tatbestandslehre, welche in vollem Umfang überzeugend sein soll, die dem Strafrecht immanenten Sinnzusammenhänge nicht unberücksichtigt lassen.

Aber es muß andererseits doch festgestellt werden: Ist man der Auffassung — wie sie dieser Arbeit zugrunde liegt —, daß eine Systematik nach dem Denkverfahren auch heute berechtigt und erforderlich ist, daß sie nur ergänzt werden muß durch ein System „immanenter Prinzipien", so bleibt die durch Beling eröffnete Sicht des Tatbestandes als „Denkform" aktuell; nur ist diese „Denkform" mit den immanenten Sinnzusammenhängen, insbesondere den leitenden Wertprinzipien und Zweckgedanken unseres Strafrechts, in Verbindung zu bringen.

Diese Überlegungen bedeuten des näheren, daß mit Beling an den Anfang der Tatbestandslehre eine Besinnung auf das Denkverfahren zu stellen ist; da unser heutiges Strafrecht nicht alles rechtswidrig-schuldhafte Verhalten schlechthin unter Strafe stellt, sondern nur einzelne, unter Strafwürdigkeitsgesichtspunkten ausgewählte Verhaltensweisen, so sind rein denkmäßig die Charakterisierung, die „deskriptive Individualisierung"[238] solcher „bestimm*tartigen*"[239] menschlichen Verhaltensweisen von deren Normierung als rechtswidrig-schuldhaft zu unterscheiden. Demgemäß ist auch mit Beling davon auszugehen, daß von einer gerade „tatbestandlichen" Problematik zu sprechen nur dann berechtigt ist, wenn dieses unserem Strafrecht eigene „charakterisierende" oder „individualisierende" Moment im Spiel ist.

---

[237] S. 47 ff.
[238] *Beling* in einem Brief an Herrn Professor Engisch vom 17. November 1931.
[239] L.v.T. (1930), 9.

III. Belings Tatbestandslehre aus heutiger Sicht

Freilich führen diese Überlegungen allein nicht schon zu strafrechtssystematischen Folgerungen; sie müssen vielmehr noch — und darin gehen wir heute über Beling hinaus — mit den immanenten Sinnzusammenhängen des Strafrechts in Verbindung gebracht werden. Dies geschieht in der Weise, daß wir nunmehr fragen, was die einzelnen, im Besonderen Teil des StGB „charakterisierten" oder „individualisierten" Verhaltensweisen ihrem Wesen nach — „materiell" — bedeuten. Dabei stellen wir zunächst fest, daß es sich um Verhaltensweisen handelt, welche als im allgemeinen „sozialethisch verwerflich", rechtsgutverletzend oder sozialschädlich erscheinen. Wir gelangen so zum Begriff des „Unrechtstatbestandes" als des Trägers des für die jeweilige besondere Straftat *charakteristischen* Unrechtsgehalts. Ob die im Unrechtstatbestand beschriebene Verhaltensweise rechtswidrig ist, hängt freilich noch von den Umständen ab, unter welchen sie im konkreten Fall begangen wurde. So erscheint z. B. auch die Tötung eines Menschen unter den rechtfertigenden Umständen des Notwehrrechts (§ 53 StGB) als rechtlich erlaubt.

Wir stellen weiter fest, daß der Gesetzgeber zur Charakterisierung von „bestimm*tartigen*" Verhaltensweisen auch Merkmale herangezogen hat, welche das „sittlich-wertwidrige geistige Verhalten"[240] des Handelnden kennzeichnen, somit den für die jeweilige besondere Straftat charakteristischen Schuldgehalt tragen. Zu erwähnen sind hier die sog. objektiven Schuldmerkmale[241], wie z. B. die Notlage im Falle der „Notentwendung" (§ 248 a StGB) oder die Unehelichkeit des Kindes im Falle der „Kindestötung" (§ 217 StGB), und die sog. Gesinnungsmerkmale[242], wie z. B. die niedrigen Beweggründe beim Mord (§ 211 StGB) oder die gewinnsüchtige Absicht beim „Gewahrsamsbruch" (§ 133 II StGB)[243]. Wir gelangen so zum Begriff des *„Schuldtatbestandes"* als des Trägers des für die jeweilige besondere Straftat charakteristischen Schuldgehalts. Was für den „Unrechtstatbestand" festgestellt wurde, gilt — mutatis mutandis — auch hier: die einem „Schuldtatbestand" entsprechende Handlung kann im konkreten Fall auf Grund der entschuldigenden Umstände eines sog. Schuldausschließungsgrundes als schuldlos erscheinen.

Eine „Tatbestands"-Lehre im hier gemeinten Sinn erschöpft sich aber nicht in der Herausarbeitung eines Unrechts- und eines Schuld-

---

[240] *Schmidhäuser*, Gesinnungsmerkmale (1958), 192; vgl. oben S. 118.
[241] Siehe *Gallas*, ZStW 67 (1955), 30 mit Anm. 61; siehe auch oben S. 45 f.
[242] Vgl. *Schmidhäuser*, Gesinnungsmerkmale (1958), besonders S. 217 ff.
[243] Die Frage, ob Vorsatz oder Fahrlässigkeit dem Unrecht oder der Schuld zuzurechnen sind, oder inwieweit man hier zu differenzieren hat, muß im vorliegenden Rahmen offengelassen werden; bzgl. des Vorsatzes vgl. auch schon oben S. 136.

tatbestandes. Sie hat vielmehr das gesamte Strafrechtssystem daraufhin zu durchleuchten, wo überall das „charakterisierende" oder „individualisierende" Moment mit immanenten Wertprinzipien und Leitgedanken eine Verbindung eingeht. Sie wird dabei u. a.[244] auf die Begriffspaare Begehung und Unterlassung, Vollendung und Versuch, Täterschaft und Teilnahme stoßen. Beling hat zu Recht die „logische Bedeutung des Tatbestandes" in diesem Zusammenhang hervorgehoben[245]; denn es ist zunächst eine Frage der gesetzgeberischen „Charakterisierung" oder „Individualisierung", inwieweit auch „Unterlassungen" unter Strafe gestellt sind (wenn freilich auch bei den sog. unechten Unterlassungsdelikten die Nichtabwendung eines Erfolges erst durch Interpretation als von der gesetzgeberischen Charakterisierung miterfaßt festgestellt werden muß); ähnlich ist in der Lehre vom Versuch zunächst von der Überlegung auszugehen, daß der Gesetzgeber — nicht anders als im Fall der sog. Vollendung — aus dem Gesamtbereich schuldhaften Unrechts „bestimmtartige" Verhaltensweisen herausgeschnitten hat, und zwar dadurch, daß er die allerdings recht unbestimmten Merkmale „Anfang der Ausführung eines Verbrechens oder Vergehens" pauschal zu vorher charakterisierten Verhaltensweisen in Beziehung gesetzt hat (§ 43 StGB). Nichts anderes gilt schließlich für die Teilnahme; auch hier geht es zunächst um die Feststellung, daß der Gesetzgeber — wie bei der Täterschaft — „bestimmtartige" Verhaltensweisen individualisiert hat; nur daß er dabei in der Art vorgegangen ist, daß er die Merkmale „... bestimmen zu" (§§ 48, 49 a StGB) und „... Hilfe leisten zu" (§ 49 StGB) pauschal mit vorher individualisierten Verhaltensweisen in Verbindung gebracht hat. Um den Anschluß des hier im Spiel stehenden charakterisierenden Moments an immanente Wertprinzipien und Leitgedanken geht es sodann, wenn geprüft wird, unter welchen Voraussetzungen eine Unterlassung als sozialethisch verwerflich, rechtsgutsverletzend oder sozialschädlich erscheint[246] (Frage nach den Garantenpflichten), inwieweit der Gesetzgeber die in den Formen von Versuch und Teilnahme charakterisierten Verhaltensweisen als strafwürdiges Unrecht wertet, wobei die zahlreichen Versuchs- und Teilnahme-Theorien wertvolle Hilfe leisten. Es geht hier ferner um die Feststellung des jeweils charakteristischen Schuldgehalts, welcher grundsätzlich kein anderer sein kann als in den Fällen von Begehung, Vollendung und Täterschaft. Nach alledem erscheint es als durchaus berechtigt, innerhalb des Unrechts- wie Schuldtatbestandes noch jeweils zu differen-

---

[244] An eine vollständige Aufzählung ist hier, wo es nur um einige Andeutungen geht, nicht gedacht.

[245] Vgl. oben S. 59 ff.

[246] Vgl. *Schmidhäuser*, Gesinnungsmerkmale (1958), 151.

III. Belings Tatbestandslehre aus heutiger Sicht

zieren zwischen *Begehungs-* und *Unterlassungstatbestand, Vollendungs-* und *Versuchstatbestand, Täterschafts-* und *Teilnahmetatbestand*.

Zu Recht wird auch von einem „*Garantietatbestand*" gesprochen[247]. Da die durch den Grundsatz „nullum crimen, nulla poena sine lege" (§ 2 StGB, Art. 103 II GG) geforderte gesetzliche Bestimmtheit der Straftat nur im Wege der Charakterisierung oder Individualisierung bestimmtartiger Verhaltensweisen erreicht werden kann, handelt es sich hier um eine echte „tatbestandliche" Frage. Die Problematik des „Garantietatbestandes" reicht allerdings über den strafrechtlichen Bereich hinaus, weil hier neben strafrechtlichen auch verfassungsrechtliche Wertprinzipien und Leitgedanken zu berücksichtigen sind: Es geht nicht allein um die Frage der Strafwürdigkeit schuldhaften Unrechts, sondern auch um die der rechtsstaatlichen Schutzwürdigkeit der Staatsbürger als der potentiellen Täter.

Demgegenüber ist ein „Gesamttatbestand" im oben[248] erörterten Sinn mit einer Auffassung, wie sie hier vertreten wird, unvereinbar. Die bloße Zusammenfassung aller das Unrecht einer konkreten Tat bestimmenden Momente verdient nach der in dieser Arbeit für richtig gehaltenen Begrenzung der Tatbestandslehre nicht die Bezeichnung „Tatbestand". Es erscheint auch als irreführend, unter mehreren Tatbestandsbegriffen einen einzelnen als „Systemtatbestand" zu kennzeichnen[249]. Sieht man — wie es hier geschieht — in der Tatbestandslehre eine Synthese von Ergebnissen, welche einerseits durch eine Besinnung auf das Denkverfahren, andererseits durch die Berücksichtigung immanenter Prinzipien gewonnen wurden, so erscheinen alle gefundenen Tatbestandsbegriffe gleichermaßen als Systembegriffe. Schließlich ist festzustellen, daß auch in der Frage nach dem Beziehungsobjekt des Vorsatzes die dabei mitspielende „tatbestandliche" Problematik vielfach überschätzt wird. Dies beruht sicher nicht zuletzt auf der Verwendung des Tatbestandsbegriffes in § 59 StGB, an den der Streit zwischen „Vorsatztheorie" und „Schuldtheorie" anknüpft. Es muß im vorliegenden Rahmen offen bleiben, ob nach verschiedenen Irrtumsarten zu differenzieren möglich und berechtigt ist und wie eine solche Differenzierung gegebenenfalls vorzunehmen wäre. Dies jedenfalls ist festzuhalten: Um eine „tatbestandliche" Problematik geht es im vorliegenden Zusammenhang nur insoweit, als eine Bestrafung wegen „Vorsatzes" voraussetzt, daß der Täter seine Handlung als eine „bestimmtgeartete" erkannt hat; auf diese Frage kommt es z. B. beim sog. error in persona

---

[247] Siehe z. B. *Lang-Hinrichsen*, JR 1952, 307; *Engisch*, Mezger-Festschrift (1954), 131; *Roxin*, Offene Tatbestände (1959), 107.
[248] S. 129 f.
[249] So vor allem *Roxin*, Offene Tatbestände (1959), 106 ff., besonders 166 ff.; siehe oben S. 140.

vel objecto an. Man könnte in diesem Sinne von einem „Vorsatztatbestand" sprechen. Beling hatte recht, wenn er ausführte: „Vollends hat § 59 gar nichts mit der Frage zu tun, wodurch die Schuld und innerhalb ihrer Vorsatz und Fahrlässigkeit, *überhaupt* konstituiert werden; er besagt nur, daß zur Bildung einer Deliktsart ein *spezifischer* Vorsatz oder spezifische Fahrlässigkeit erforderlich ist ... Deshalb wirft § 59 für die Leugnung des Bewußtseins der Rechtswidrigkeit als Vorsatzerfordernisse gar nichts ab ..."[250] Es kann also nicht überzeugen, wenn von den Vertretern der sog. strengen Schuldtheorie — insbesondere Welzel[251] — das Unrechtsbewußtsein einschließlich der Kenntnis der rechtfertigenden Umstände deshalb nicht dem Vorsatz zugerechnet wird, weil es sich dabei nicht um „Tatbestands"merkmale handele. Aber es muß auch als irreführend erscheinen, wenn von Vertretern der sog. eingeschränkten Schuldtheorie der Inbegriff jener Merkmale, welche nach ihrer Auffassung vom Vorsatz umfaßt werden müssen — und sie rechnen bekanntlich auch die rechtfertigenden Umstände dazu —, als „Irrtumstatbestand"[252] bezeichnet wird[253].

---

[250] L.v.T. (1930), 6 mit Anm. 2; vgl. auch oben S. 57 ff.

[251] Siehe z. B. Strafrecht (1965), 70.

[252] *Roxin*, Offene Tatbestände (1959), 107 f., 111 ff.; *Schaffstein*, Festschrift OLG Celle (1961), 181. Roxin wie auch Schaffstein legen allerdings selbst keinen besonderen Wert auf den terminus „Tatbestand". Roxin meint, es handle sich hier um eine bloße terminologische Frage (a.a.O., 132 Anm. 251), Schaffstein spricht sogar selbst — wie bereits in anderem Zusammenhang erwähnt — von einer „irreführenden Beibehaltung des gleichen Worts".

[253] Das hier im Anschluß an Beling hervorgehobene „charakterisierende" oder „individualisierende" Moment in der Tatbestandslehre ist im Schrifttum niemals ganz untergegangen. In neuerer Zeit ist es besonders von *Gallas* (ZStW 67 (1955), 16 ff.) stark hervorgehoben worden. Er versteht unter „Tatbestand" oder „Deliktstypus" — die Begriffe werden gleichgesetzt (a.a.O., 28) — „den Inbegriff der die jeweilige Deliktsart als solche konstituierenden Merkmale" (a.a.O., 25). Innerhalb dieses „individualisierenden" Tatbestandes unterscheidet er zwischen einem „Unrechtstatbestand" und einem „Schuldtatbestand" (a.a.O., 16, 31). Wenn Gallas allerdings „eine gewisse Bestätigung" für die Richtigkeit seiner Auffassung darin sieht, daß auch für Beling gegen Ende seines Lebens — „wohl unter dem Eindruck der teleologischen Tendenzen dieser Zeit" — „der Deliktstypus" zum „systematischen Grundbegriff" geworden sei (a.a.O., 29), so kann dem in verschiedener Hinsicht nicht zugestimmt werden. Abgesehen davon, daß Belings Differenzierung zwischen Tatbestand und Deliktstypus nicht als Folge fremder Einflüsse, sondern als eine im Hinblick auf die gewählten Ausgangspunkte konsequente Fortbildung des eigenen Systems erscheint (vgl. oben S. 46 ff., 78 f.), ist der von Gallas gemeinte „Deliktstypus" — wie bereits erwähnt (siehe oben S. 100 Anm. 157) — ein anderer als derjenige i. S. Belings. Auch bedeutete der „Deliktstypus" für Beling keinen eigentlichen „systematischen Grundbegriff"; siehe oben S. 140 Anm. 229. Der „Deliktstypus", wie ihn Gallas meint, kann eher als eine materialisierende Fortentwicklung des Belingschen *Tatbestands*begriffes bezeichnet werden. — Außer Gallas siehe noch: Arthur *Kaufmann*, JZ 1956, 354 ff., der den Deliktstypus von Gallas übernimmt, daneben allerdings auch noch — u. a. — einen Gesamttatbestand kennt (siehe oben S. 130 Anm. 154; vgl. auch S. 140

III. Belings Tatbestandslehre aus heutiger Sicht

Die letzten Ausführungen erschienen erforderlich, um Beling bei der Würdigung seiner Tatbestandslehre aus heutiger Sicht gerecht werden zu können. Sie dürfen jedoch nur als skizzenhafte Andeutungen verstanden werden, welche zur Verdeutlichung und Festigung noch einer eingehenden Auseinandersetzung mit dem sehr umfangreichen neueren Schrifttum zur Tatbestandslehre bedürften. Eine solche Auseinandersetzung ist im Rahmen der vorliegenden Arbeit jedoch nicht geboten. Wenn nun im folgenden noch auf einige Äußerungen zur Tatbestandslehre eingegangen wird, so kann dies nur unter dem einen Gesichtspunkt geschehen: zu prüfen, inwieweit es berechtigt ist, daß die moderne Tatbestandslehre — ausdrücklich oder unausgesprochen — nahezu alles an Belings Lehren in Frage stellt.

2. Berechtigtes und Unberechtigtes am heutigen Pluralismus in der Tatbestandslehre

In diesem Sinne ist zunächst auf den „Pluralismus" einzugehen, wie er im neueren Schrifttum vielfach vertreten wird[254]. Durch ihn wird ja Belings Tatbestandslehre nicht nur in einzelnen Punkten, sondern in ihrem Kern fragwürdig gemacht, in ihrem Ziel nämlich, „den" Tatbestand zu einem strafrechtlichen Grundbegriff aufzuwerten.

Diesem heutigen Pluralismus darf in bestimmter Hinsicht die Berechtigung nicht abgesprochen werden. Sieht man im Tatbestand nicht nur eine Denkform, sondern bezieht man ihn zugleich — wie wir es heute für erforderlich halten — auf immanente Wertprinzipien und Leitgedanken, so kann man nicht mehr von „dem" Tatbestand schlechthin sprechen; denn die immanenten Prinzipien, welche unter dem Aspekt des „Charakterisierens" oder „Individualisierens" betrachtet werden müssen, sind — wie oben[255] anzudeuten versucht wurde — zahlreich; dementsprechend gibt es auch zahlreiche Tatbestandsbegriffe.

Dennoch wird Belings Tatbestandslehre gerade in ihrem Kern nicht fragwürdig. Zwar hat es sich als unmöglich erwiesen, „den" Tat-

---

Anm. 231); ferner *Maurach*, Deutsches Strafrecht, AT (1965), 193 ff., 243 ff.: „Tatbestand als bloßes *Leitbild* einer normalerweise typischen Unrechtshandlung" (a.a.O., 244). Auch durch *Welzels* Kennzeichnung des Tatbestandes als „Verbotsmaterie" (siehe oben S. 131 ff.) ist das individualisierende Moment stark hervorgekehrt worden. Aber das Abstellen allein auf die Kategorie des Verbotenseins erscheint andererseits doch als ein heute nicht mehr möglicher „Schritt zurück zur formalen Betrachtungsweise des *Beling*schen Systems" (*Gallas*, ZStW 67 (1955), 23); man darf — wie Gallas mit Recht feststellt — „im Tatbestand nicht nur die Umschreibung einer Verbotsnorm, muß in ihm vielmehr zugleich das Ergebnis einer materiellen Wertung sehen" (a.a.O., 23).

[254] Siehe oben S. 138 ff.
[255] S. 143 ff.

bestand als einen strafrechtssystematischen Grundbegriff zu entwickeln, aber es bleibt „die" Tatbestandslehre als eine strafrechtliche *Grundlehre* zu fordern. Zu Unrecht wird die Tatbestandslehre heute vielfach nur noch als eine mehr oder weniger zufällige Zusammenfassung sehr heterogener Elemente unter dem gleichen Namen angesehen. Beling hat die „Denknotwendigkeiten", welche die Typisierung unseres Strafrechts mit sich bringt, meisterhaft herausgearbeitet; in der Tat beherrschen sie „das Strafrecht in seiner ganzen Breite und Tiefe"[256]. Daher bleibt es berechtigt, von ihnen her eine strafrechtliche Grundlehre aufzubauen. Daß dies nicht immer hinreichend berücksichtigt wird, erscheint als das Unberechtigte am heutigen Pluralismus in der Tatbestandslehre.

3. Berechtigte und unberechtigte Kritik an der Einzelausgestaltung des Belingschen Tatbestandsbegriffes

a) Die Zeitgebundenheit des Belingschen Tatbestandsbegriffes

Wenn wir danach fragen, inwieweit die Einzelausgestaltung des Belingschen Tatbestandsbegriffes zu Recht kritisiert worden ist, so muß von vornherein zugestanden werden: Auf Grund der anderen Prinzipien der Systematik erscheint sie uns heute in der Tat als fragwürdig. Entsprechend dem Systemgedanken des Kritizismus[257] ging es Beling bei der Kennzeichnung des Tatbestandes als „regulativ", „wertfrei" und „objektiv" allein um dessen Erfassung als „Denkform". Sein ganzes Streben war darauf gerichtet, den durch die Deliktstypen in das Strafrecht hineingetragenen logischen Gehalt in immer größerer Reinheit herauszustellen und dabei doch zugleich noch dogmatisch möglichst anschaulich zu gestalten[258]. Da wir demgegenüber heute der Auffassung sind, daß sich die Tatbestandslehre nicht in der Herausarbeitung von „Denknotwendigkeiten" erschöpft, sondern daß sie zugleich auch „immanente Sinnzusammenhänge" des Strafrechts zu berücksichtigen hat, müssen notwendigerweise die von Beling hervorgehobenen Kriterien in Frage gestellt werden. Besonders offensichtlich ist Belings Lehre von der „*regulativen*" Natur des Tatbestandes durch seine kritizistische Grundanschauung bedingt. Mit der

---

[256] L.v.T. (1930), 7.
[257] Vgl. oben S. 20 f.
[258] *Belings* späte Schrift über „Die Lehre vom Tatbestand" (1930) erscheint als seine letzte große Kraftanstrengung in dieser Richtung. Die 11. Aufl. der „Grundzüge des Strafrechts" (1930), welche Beling nach den Ergebnissen jener Schrift umgearbeitet hat, wird von *Engisch* als „das Vermächtnis dieses großen und wahrhaft schöpferischen Dogmatikers" bezeichnet (Rittler-Festschrift (1957), 165).

III. Belings Tatbestandslehre aus heutiger Sicht

Feststellung, der Tatbestand sei „regulativ", wollte Beling — ganz im Geiste des Kritizismus — zum Ausdruck bringen, daß die den einzelnen Deliktstypen wie Mord, Diebstahl usw. „verständnisbedingend" „vorgelagerten"[259] tatbestandlichen Leitbilder „Tötung eines Menschen", „Wegnahme einer fremden beweglichen Sache" usw. dasjenige seien, was die entsprechenden Deliktstypen immer erst zu solchen mache; daß die tatbestandlichen Leitbilder „Tötung eines Menschen", „Wegnahme einer fremden beweglichen Sache" usw. das von der Fülle der sonstigen Inhaltlichkeit der entsprechenden Deliktstypen sich abhebende Logische in seiner Eigenschaft als „Charakter", „Moment", „Epitheton", „Kategorie" des Mordes, Diebstahls usw. seien[260]. Solch eine Beschränkung der Tatbestandslehre auf den bloßen „Verhaltens*charakter*"[261] des jeweiligen Deliktstypus halten wir heute weder für möglich noch für richtig; da es uns auch um die Berücksichtigung von „Sinnzusammenhängen" des Strafrechts, insbesondere um immanente Wertprinzipien und Leitgedanken geht, ist vielmehr nach dem Wesen des diesem „Verhaltens*charakter*" entsprechenden Verhaltens selbst zu fragen. Erleben wir den Wert nicht als „ein abstraktes Etwas, das wir dann bestimmten Dingen und Sachverhalten beilegen", erleben wir vielmehr „immer nur ‚Wert-volles', immer nur — soweit es sich um den sittlichen Wert handelt — Sachverhalte, denen dieser Wert zukommt"[262], so können wir die dem Strafrecht immanenten Wertprinzipien und auch Leitgedanken nur über die vom Strafgesetzgeber als „Unwertsachverhalte" geschilderten Verhaltensweisen selbst erfassen[263]. Das „regulative" Moment hat damit die selbständige Rolle, welche es in der Belingschen Tatbestandslehre spielte, verloren.

Auch die von Beling festgestellte „Wertfreiheit" der Tatbestandslehre besitzt aus heutiger Sicht nur noch bedingte Gültigkeit. Beling selbst zwar, dem es nur um die „Denknotwendigkeiten" ging, hat mit vollem Recht auf dieses Kriterium abgehoben; die Frage, ob einem Verhalten ein bestimmter „Verhaltens*charakter*" zukommt, ist denkmäßig scharf zu unterscheiden von der anderen Frage, ob dieses Verhalten als rechtswidrig zu werten ist. Dementsprechend sind auch im Denkverfahren des Rechtsordners zwei Stufen zu unterscheiden: „Erst (natürlich i. S. von *logisch* ‚erst') sagt er: ich rede jetzt von ‚Tötung eines Menschen'; dann: und diese soll rechtswidrig sein, wenn ..., und nicht rechtswidrig sein, wenn ..."[264] Von Belings eigenen Prä-

---
[259] L.v.T. (1930), 4.
[260] Vgl. oben S. 21, 47 ff.
[261] L.v.T. (1930), 11.
[262] *Schmidhäuser*, Gesinnungsmerkmale (1958), 37 f.
[263] Vgl. *Schmidhäuser*, a.a.O., 151.
[264] *Beling* in einem Brief an Herrn Professor Engisch vom 17. November 1931.

missen her erscheint also die Feststellung, der Tatbestand sei „wertfrei" in der Bedeutung: „der Tatbestand enthält keine Wertung des Gesetzgebers"[265], als durchaus zutreffend und konsequent. Will man dagegen in der Tatbestandslehre über die Denknotwendigkeiten hinaus auch immanente Sinnzusammenhänge des Strafrechts berücksichtigen, so liegen die Dinge anders; da es nunmehr nicht nur um das Vorliegen eines bestimmten „Verhaltens*charakters*" geht, sondern zugleich auch um das Wesen des diesem entsprechenden Verhaltens selbst, so finden Wertungsfragen in die Tatbestandslehre Eingang. Mit der wertenden Feststellung, eine „bestimmtgeartete" Verhaltensweise sei „sozialethisch verwerflich", rechtsgutsverletzend oder sozialschädlich, sie sei ferner Ausdruck eines „sittlich-wertwidrigen geistigen Verhaltens"[266], geht es bereits um Elemente des Unrechts- und Schuldurteils. Die Tatbestandslehre ist somit nicht mehr „wertfrei".

Als fruchtbar an Belings Lehre von der „wertfreien" sowohl als auch „regulativen" Natur des Tatbestandes bleibt aber die in ihr liegende formelle Begrenzung der Tatbestandslehre festzuhalten. Auch nach einer „Materialisierung der Tatbestandslehre" bleibt zu unterscheiden zwischen der einem „Verhalten*scharakter*" entsprechenden Verhaltensweise selbst — diese freilich schon betrachtet in dem ihr als solcher anhaftenden Unrechts- und Schuldgehalt — und dem endgültigen Unrechts- wie Schuldurteil, welche erst von den konkreten Umständen abhängen, unter welchen diese „bestimmtgeartete" Verhaltensweise begangen wurde[267].

Auch Belings Festhalten schließlich an der rein *„objektiven"* Natur der Tatbestandslehre ist durch seine kritizistischen Ausgangspunkte bedingt. Seine Meinung, daß der „Charakter" eines Verhaltens nur von dem objektiven, äußeren Geschehen abgeformt werden könne, daß man an dem, was in der Seele jemandes vorhanden sei, nicht die „Artung" seines Verhaltens ablesen könne[268], basiert letztlich auf den Ergebnissen, zu denen er durch die „logische Zergliederung"[269] des Rechtsbegriffes und damit zusammenhängend des „Sinnbildes Impe-

---

[265] *Roxin*, Offene Tatbestände (1959), 36; vgl. oben S. 126.
[266] *Schmidhäuser*, Gesinnungsmerkmale (1958), 192; vgl. oben S. 118, 143.
[267] Von der hier vertretenen Auffassung aus völlig zutreffend führt *Gallas* aus: „... In diesem Sinn bedeutet die Tatbestandsmäßigkeit für das Verbotensein der konkreten Tat zwar nur ein widerlegbares Indiz, steht damit aber andererseits fest, daß die Tat den materiellen Unrechtsgehalt aufweist, der für die betreffende Deliktsart typisch ist. Tötung kann — etwa im Fall der Notwehr — erlaubt sein. Die für das Tötungsdelikt typische Rechtsgutverletzung wird dadurch jedoch nicht aus der Welt geschafft" (ZStW 67 (1955), 23).
[268] Siehe oben S. 54.
[269] *Beling* in einem Brief an Herrn Professor Engisch vom 14. März 1924.

III. Belings Tatbestandslehre aus heutiger Sicht

rativ"[270] gelangt war[271]. Recht war ihm eine Ordnung des *äußeren* menschlichen Zusammenlebens, eine „Güterordnung", ein „Normenkomplex", „der die Gegebenheiten des sozialen Daseins mit positiven oder negativen Wertvorzeichen versieht und so festlegt, was sein soll und was nicht sein soll"[272]. Ein subjektives Element kam für Beling erst sekundär und nur insofern ins Spiel, als solch eine äußere Ordnung nur auf dem Wege menschlicher Entschließungen erreichbar sei; das „Rechtsordnungssubjekt" habe daher der Ordnung des äußeren menschlichen Zusammenlebens einen umfassenden, an die Seelen der einzelnen gerichteten Imperativ hinzugefügt: „Danach richtet Euch."[273] Dementsprechend mußten in Belings Augen auch die Verhaltensweisen, an welche ein staatliches Strafleiden geknüpft werden sollte, dem Bereich des *äußeren* menschlichen Zusammenlebens entnommen werden[274].

Engisch[275] hat die Frage aufgeworfen, ob Beling nicht sehr wohl vom Boden seines eigenen Systems aus subjektive Tatbestandselemente hätte anerkennen können. Der gesetzliche Tatbestand, solange man ihn als „abstraktes Gebilde", als „Begriff einer besonderen Verbrechensart" nehme, meine auch dann, wenn man ihn als einen „engeren Merkmalsinbegriff" aus dem Deliktstypus herausschäle, „jeweils nur solche Verhaltensweisen, welche, platonisch gesprochen, am Eidos teilnehmen", wie ja auch Beling selbst für das Verständnis der tatbestandlich charakterisierten Verhaltensweisen auf den Lebenssprachgebrauch verwiesen habe[276]. „Dann" — meint Engisch — „sollte man auch die Konsequenz ziehen, dort, wo die Beziehung des Tatbestands auf be-

---

[270] *Beling,* a.a.O.,
[271] Vgl. oben S. 38 ff.
[272] ARWP, 20 (1926/27), 71.
[273] Krit. Vierteljahrsschr. 56 (1923), 340.
[274] *Belings* Argument, daß bei der Anerkennung subjektiver Tatbestandselemente die subjektive Tatseite, insbesondere der Vorsatz, „ein ganz verquältes Gebilde" werden müßte (siehe oben S. 55), erscheint demgegenüber als nur von sekundärer Bedeutung. Siehe auch *Engisch,* Rittler-Festschrift (1957), 171 f.; Mezger-Festschrift (1954), 133; DJT-Festschrift, Bd. I (1960), 427, welcher dieses Argument nicht einmal für begründet hält und meint, daß sich der Täter durchaus auch subjektive Momente „reflektierend vergegenwärtigen und somit in den Vorsatz aufnehmen" könne (DJT-Festschrift, Bd. I (1960), 424); spreche man freilich von einem „auf die Absicht gerichteten Vorsatz" so würden „die natürlichen Realitäten hinter einem Schleier von Abstraktionen" verschwinden (Rittler-Festschrift (1957), 172); a. A. aber z. B. *Welzel,* Das neue Bild (1952), 14 f. Anm. 1 (S. 15): „...die Tatumstände, auf die sich nach § 59 der Tätervorsatz erstrecken muß, können selbstverständlich nur die *objektiven* sein ..."; ähnlich NJW 1953, 329 Anm. 14.
[275] Rittler-Festschrift (1957), 165 ff., besonders 177 ff.
[276] Vgl. oben S. 59 ff., besonders 62, 64 f.

stimmt geartete Verhaltensweisen nur unter der Bedingung sinnvoll ist und dem Lebenssprachgebrauch entspricht, daß bestimmte subjektive Elemente vorliegen, eben diese zum gesetzlichen Tatbestand hinzuzunehmen."[277]

Erscheint Engischs „immanente Kritik"[278] als berechtigt? Hinter Belings Hinweis auf den Lebenssprachgebrauch stand die zutreffende Auffassung, die Deliktstypen seien aus dem Gesamtbereich schuldhaften Unrechts herausgeschnittene „typische Lebensbilder"[279]. Betrachtet man nun diese Lebensbilder oder Lebensvorgänge als das, was sie ihrem *Wesen* nach sind: als „wertwidrige Wirklichkeiten"[280], als „Sinneinheiten"[281], so kann es keinem Zweifel unterliegen, daß es auch auf subjektive Elemente ankommt. Nimmt beispielsweise jemand in einem Gasthaus einen fremden Mantel vom Garderobenhaken, so kann man diesem Vorgang als solchem noch nicht ansehen, ob es sich um die im Deliktstypus „Diebstahl" (§ 242 StGB) beschriebene „wertwidrige Wirklichkeit" handelt: hat der Betreffende den fremden Mantel nur beiseite genommen, um seinen eigenen vom Haken nehmen zu können, so hat sein Verhalten mit dem in § 242 StGB gemeinten nichts gemeinsam; hatte er dagegen die Absicht, sich den fremden Mantel zuzueignen, so kann ein „Anfang der Ausführung" (§ 43 StGB) einer Diebstahlhandlung vorliegen[282]. Entsprechend dem Systemgedanken des Kritizismus ging es Beling in seiner Tatbestandslehre nun aber nicht darum, die Lebensbilder als „wertwidrige Wirklichkeiten" zu erfassen; der Tatbestand sollte vielmehr nur das an diesen Lebensbildern „Charakteristische" oder „Kategoriale"[283] umfassen; und als das „Charakteristische" oder „Kategoriale" an den Lebensbildern erschien Beling nicht ihr „Eidos" — worunter Engisch doch wohl gerade die Erfassung eines Lebensbildes als „Sinneinheit" versteht —, sondern ihr sichtbares „Leitbild" als Teil des *äußeren* menschlichen Zusammenlebens. Nach heutiger Auffassung erscheint Belings Versuch einer Beschränkung auf den bloßen „Charakter" menschlicher Verhaltensweisen, welcher ihrem äußeren Erscheinungsbild „abgelauscht"[284] ist, undurchführbar; vielmehr meinen wir, daß eine Verhaltensweise erst eindeutig „identifiziert" ist, wenn sie zugleich auch in ihrem spezifischen Sinngehalt begriffen wird; dafür aber ist die Heranziehung täterpsychischer

---
[277] *Engisch*, Rittler-Festschrift (1957), 180 f.
[278] *Engisch*, a.a.O., 171.
[279] Methodik (1922), 61; vgl. oben S. 47.
[280] *Schmidhäuser*, Gesinnungsmerkmale (1958), 151.
[281] *Gallas*, ZStW 67 (1955), 28.
[282] Das Beispiel stammt von *Engisch*, Rittler-Festschrift (1957), 178.
[283] Siehe oben S. 148 f.
[284] L.v.T. (1930), 11.

III. Belings Tatbestandslehre aus heutiger Sicht

Merkmale unumgänglich. Beling war selbst nicht frei von Zweifeln; so ist Engisch von dem oben erwähnten Beispiel bekannt, „daß es seinerzeit auch *Beling* stutzig gemacht hat"[285]. Kern[286] berichtet von hinterlassenen Papieren[287], auf welchen sich die folgenden, Belings Zweifel deutlich zum Ausdruck bringenden Notizen fanden:

„Subjektive Tatbestandselemente sind möglich bei Äußerungsdelikten, wo schon das äußere Tatbestandsbild (der objektive Sinn) in seinem Vorhandensein oder Nichtvorhandensein bedingt ist durch das Vorhandensein innerer Momente — nicht bei Beleidigung und Bedrohung, wohl aber bei Verabredung, deren objektives Bild der Scheinabrede entgegengesetzt ist; auch hier ist aber Rechtswidrigkeit und Schuld zu trennen. Vorsatz liegt nur vor, wenn der Täter nicht bloß den schon zum gesamten Tatbestand gehörigen Entschluß hatte, sondern auch das Bewußtsein der Rechtswidrigkeit. Es ist also nicht richtig, daß der Tatbestand stets vom Seelischen abstrahiert: es kann zwar kein Tatbestand im rein Seelischen bestehen, wohl aber kann der Tatbestand aus objektiven und psychischen Elementen zusammengesetzt sein. Nur die Schuld liegt immer jenseits des Tatbestandes, mit ihr Vorsatz, Fahrlässigkeit und schuldliche Sonderelemente. Wo der Tatbestand einen Entschluß bestimmten Inhalts in sich birgt, wird damit der Frage nicht vorgegriffen, ob dieser Entschluß ein schuldhafter und vorsätzlicher war."

Beling ist also selbst immer mehr zu der Erkenntnis gedrängt worden, daß die Beschränkung auf einen objektiven „Verhaltenscharakter" unbefriedigend ist. Wie er jedoch eine tatbestandliche Erfassung auch des „objektiven Sinns" menschlicher Verhaltensweisen, die Berücksichtigung ihres Wesens als „wertwidrige Wirklichkeiten", mit seinen Prinzipien der Systematik hätte vereinbaren können, ist nicht ersichtlich; eine solche wird erst möglich bei einer Ergänzung des „logischen Systems" durch ein System „immanenter Prinzipien". Von Belings auf die „Denknotwendigkeiten" beschränktem System aus — so will es scheinen — ist es nur konsequent, wenn man von den Lebensbildern lediglich einen objektiven „Verhaltens*charakter*" abformt; ob ein konkretes Verhalten, welches diesen objektiven „Charakter" aufweist, ein vom Strafgesetzgeber tatsächlich gemeintes ist, erscheint von hier aus als eine jenseits der „apriorischen Grundlegung" liegende Frage; „nicht der Systematiker, sondern der Kommentator"[288] muß sie beantworten. Dieser freilich berücksichtigt, daß der Gesetzgeber „die Deliktstypen und mit ihnen die Tatbestände als deren Leitbilder nach praktischen Werterwägungen" gebildet hat[289].

---

[285] *Engisch*, Rittler-Festschrift (1957), 178 Anm. 25.
[286] G. S. 103 (1933), 52 f.
[287] Der Sohn Ernst Belings — Herr Oskar Beling, München — hat mir in einem Brief vom 23. November 1964 mitgeteilt, daß der gesamte wissenschaftliche Nachlaß seines Vaters bei einem Luftangriff im Juli 1944 vernichtet worden ist.
[288] *Beling* laut *Kohnstamm*, JW 1931, 188; vgl. oben S. 62 mit Anm. 248.
[289] Grundzüge (1930), 37.

Belings Lehre von der rein objektiven Natur des Tatbestandes erscheint somit als von seinen eigenen Prämissen her konsequent, zugleich aber auch als zeitgebunden. Eine Tatbestandslehre, welche — wie die heutige — auch immanente Sinnzusammenhänge des Strafrechts berücksichtigt, hat in nicht unerheblichem Umfang täterpsychische Elemente heranzuziehen. Dies gilt selbstverständlich in ganz besonderem Maße für den Bereich des „Schuldtatbestandes"[290]; die Schuld ist in erster Linie[291] aus subjektiven Tatmerkmalen zu erschließen. Aber auch schon im Bereich des „Unrechtstatbestandes" kommen subjektive Elemente ins Spiel, wenn man nach dem Wesen der tatbestandlich charakterisierten Verhaltensweisen fragt; so sind die Vertreter der sog. finalen Handlungslehre durch eine Besinnung auf die aus der Natur der Sache sich ergebenden Sinnzusammenhänge[292] zu dem Ergebnis gelangt, daß die in den „vorsätzlichen Verbrechenstatbeständen" charakterisierten Verhaltensweisen „sich ohne die sie tragende und beseelende Willenstendenz gar nicht erfassen" lassen[293]; zu einem ähnlichen Ergebnis führt auch die Berücksichtigung der „personal-ethischen Seite des Verbrechens"[294] als eines unserem Strafrecht immanenten Wertprinzips[295]. Wahr ist an Belings Auffassung von der objektiven Natur des Tatbestandes nur geblieben, daß der *Schwerpunkt* der Tatbestandslehre auf objektivem Gebiet liegt. Es erscheint bemerkenswert, daß gerade Welzel, der Vorkämpfer des „Finalismus", hierauf nachdrücklich hingewiesen hat[296], indem er ausführte: „Verbrechen ist ja nicht lediglich böser Wille, sondern der sich in einer *Tat verwirklichende* böse Wille. Reale Grundlage jedes Verbrechens ist die Objektivation des Willens in einer äußeren Tat. Die äußere Tat ist daher die Basis des dogmatischen Verbrechensaufbaues ..."[297]

b) *Die ungenügende Beachtung der Belingschen Prämissen*

Damit sind wir zu dem Ergebnis gelangt, daß alle drei von Beling zur Kennzeichnung der Tatbestandslehre herangezogenen Kriterien als solche nicht mehr verwendbar sind; sie sind daher zu Recht in der weiteren Entwicklung der Tatbestandslehre abgelehnt worden. Dennoch

---

[290] Siehe oben S. 143.
[291] Wenn auch nicht allein, wie sich aus der Anerkennung der sog. objektiven Schuldmerkmale ergibt.
[292] Vgl. oben S. 117 f.
[293] *Welzel*, Strafrecht (1965), 57.
[294] *Gallas*, ZStW 67 (1955), 4.
[295] Vgl. oben S. 135.
[296] Vgl. *Engisch*, Rittler-Festschrift (1957), 183 Anm. 33.
[297] *Welzel*, Strafrecht (1965), 57.

ist die Kritik an der Einzelausgestaltung des Belingschen Tatbestandsbegriffs nicht immer gerecht gewesen, weil sie die ihn bedingenden dogmatischen Ausgangspunkte außer Betracht ließ. Man hat Beling wiederholt vorgeworfen[298], er habe bei der Auseinandersetzung mit abweichenden Tatbestandslehren „völlig ignoriert"[299], daß diesen ganz andere Prämissen als seinen eigenen Lehren zugrunde gelegen hätten; es handele sich bei ihm daher weitgehend um „ein Daranvorbeireden"[300]. So sehr dies in mancher Hinsicht zutrifft — der Grund dafür liegt in Belings Verabsolutierung der eigenen kritizistischen Ausgangspunkte[301] — so sehr ist doch auch umgekehrt festzustellen, daß es bei der *Beling* widerfahrenen Kritik gleichfalls so gut wie ganz an einem Eingehen auf seine rechtstheoretischen und rechtsphilosophischen Prämissen fehlte. Man legte an seine Tatbestandslehre statt dessen das Maß der „materiellen Betrachtungsweise" an[302] und übersah dadurch die erst bei einer „formalen Betrachtungsweise" ins Blickfeld kommenden Aspekte, welche Beling so scharf gesehen hat. Besonders aufschlußreich ist hier die strafrechtswissenschaftliche Diskussion, welche an die von Beling hervorgehobenen Merkmale der „Wertfreiheit" und des rein „regulativen" Charakters des Tatbestandes anknüpfte; hinter diesen beiden Kriterien liegt ja — wie im Vorangehenden zu zeigen versucht wurde — hauptsächlich der Wahrheitsgehalt, auf den sich zu besinnen auch heute noch fruchtbar erscheint.

Während Beling unter „Tatbestand" lediglich eine Denkform verstand, die er zu Recht als „wertfrei" kennzeichnete[303], hob man in der Folgezeit unter dem Blickwinkel der „materiellen Betrachtungsweise" allein darauf ab, daß die Deliktsbeschreibungen des „Besonderen Teils" ihrem Wesen nach „spezifische Rechtswidrigkeit"[304] seien, und sprach daher von einem „Unrechtstatbestand" als der ratio essendi der Rechtswidrigkeit. Aus dieser Sicht erschien der Tatbestand mit Recht nicht als „wertfrei", sondern als „wertgetränkt"[305]; denn stellt man nicht — wie Beling — auf den „Verhaltens*charakter*" ab, sondern betrachtet man das Wesen des Verhaltens selbst, so geht es um eine wertende Fest-

---

[298] Siehe z. B. *Class,* Grenzen des Tatbestandes (1933), 173 f.; *Schweikert,* Wandlungen der Tatbestandslehre (1957), 79 ff.; *Sieverts,* Beiträge (1934), 88 ff.; Erik *Wolf,* Typen der Tatbestandsmäßigkeit (1931), 61 Anm. 3.
[299] *Schweikert,* a.a.O., 80.
[300] *Sieverts,* Beiträge (1934), 90 Anm. 177.
[301] Vgl. oben S. 107.
[302] Vgl. oben S. 123 ff.
[303] Siehe oben S. 149 f.
[304] *Mezger,* Traeger-Festschrift (1926), 11.
[305] Erik *Wolf,* Typen der Tatbestandsmäßigkeit (1931), 5 Anm. 3.

stellung von Elementen des Unrechts[306]. Daß man damit aber den Begriff „wertfrei" in einer anderen Bedeutung als Beling verwendete und man daher Belings Lehre, der Tatbestand sei „wertfrei", in ihrem Kern gar nicht widerlegt, sie vielmehr nur ergänzt hatte, wurde nicht hinreichend beachtet. Daher erscheint es auch weniger als das Ergebnis einer zutreffenden Erfassung der Phänomene, sondern mehr als die noch nicht vollständig vollzogene Loslösung vom Herkömmlichen, wenn dieser „wertgetränkte Unrechtstatbestand" zunächst durchaus noch die „individualisierende" Funktion besaß, d. h. nur die unrechts*begründenden* Merkmale umfaßte. Das „individualisierende" oder „charakterisierende" Moment in der Tatbestandslehre beruht, wie zu zeigen versucht wurde[307], auf der durch Beling vorgenommenen Besinnung auf das Denkverfahren; gerade eine solche aber sah man — die eigenen Ausgangspunkte nicht weniger als Beling die seinen verabsolutierend — als einen „methodisch unhaltbaren" „Primat des Denkens vor dem Sein" an[308]. Von den Prämissen einer allein „materiellen Betrachtungsweise" aus war es dann auch nur konsequent, diesen „Unrechtstatbestand" im Sinne eines „vorläufigen Unwerturteils"[309] zu einem „Gesamttatbestand" im Sinne eines „vorbehaltlosen Unwerturteils"[310] mit der Begründung auszuweiten, daß „ratio essendi doch wohl nicht das sein kann, was nur einen Teil der Merkmale einer Erscheinung enthält"[311]. Da man nur noch einseitig materiell auf das Wesen der unter Strafe gestellten Verhaltensweisen abstellte, mußte auch Belings Kenn-

---

[306] Siehe oben S. 150.

[307] Siehe oben S. 142 f.

[308] *Mezger*, ZStW 42 (1921), 368; vgl. oben S. 128 f. — Bemerkenswerterweise ist bei Mezger in der Zeit nach 1945 eine Wiederannäherung an die Belingsche Tatbestandslehre festzustellen; in seinem bereits zitierten Aufsatz über die „Wandlungen der strafrechtlichen Tatbestandslehre" (NJW 1953, 2 ff.) führte Mezger aus: „... In dem offensichtlichen Bestreben, die Wertfreiheit des Tatbestandes (unbeschadet seiner Wertbezogenheit) als eines bloßen ‚Typus', einer bloßen ‚Form' ganz scharf zu betonen, spricht *Beling* nur noch von einem strafgesetzlichen ‚Leitbild' ... Wir halten diesen Gedanken heute wieder für besonders wichtig ..." „Im Lehrbuch (1931/33, S. 176) haben wir uns auf die Bedeutung und auf die Verwendung des Tatbestandes im Wertungs-Akt ‚Unrecht' beschränkt ..." (a.a.O., 2). Auf Grund dieser Überlegungen stellte Mezger seinem „Unrechtstatbestand" den bereits erwähnten (siehe oben S. 139) „Handlungstatbestand" gegenüber, welcher als „Beschreibung eines ontologischen Sachverhalts" der Feststellung dienen sollte, um welches Verhalten es sich typisch handele (a.a.O., 2 f.). Mezger bemerkte hierzu noch: „Dies ist die wichtige Wahrheit, die es heute erneut festzuhalten gilt. Schon *Beling* hat in der ‚Wertfreiheit' seines Tatbestandes um diese Wahrheit gerungen" (a.a.O., 3); siehe auch Studienbuch, AT (1954), 86 ff.

[309] *Mezger*, Traeger-Festschrift (1926), 7.

[310] *Roxin*, Offene Tatbestände (1959), 42.

[311] *Lang-Hinrichsen*, JZ 1953, 363 Anm. 6.

zeichnung des Tatbestandes als eines bloßen „regulativen Verhaltenscharakters" befremdlich, als aus der „Lichtwelt reinen tatbestandlichen Denkens"³¹² stammend, erscheinen.

c) Die unberechtigte Preisgabe der Belingschen Differenzierung zwischen „Tatbestand" und „Deliktstypus"

Indem man nun meinte, daß „alle Lehren, die ausgesprochen oder unausgesprochen einen selbständigen Tatbestand voraussetzen, als Reste einer vergangenen Epoche angesehen werden" müßten, in welcher das „teleologische Denken im Recht noch um seine Anerkennung rang, vor allem aber das Strafrechtssystem noch ein kategoriales war"³¹³, verkannte man den an Belings Lehre fruchtbaren Aspekt, daß für die Tatbestandslehre in ihrem Untersuchungsobjekt — dem Phänomen der strafgesetzlichen Charakterisierung bestimmtartiger Verhaltensweisen — eine formelle Begrenzung liegt, die auch bei einer „materiellen Betrachtungsweise" beachtet werden muß³¹⁴. Damit ging der Strafrechtsdogmatik zugleich Belings klärende Differenzierung zwischen „Tatbestand" und „Deliktstypus" verloren. Zu Unrecht wird nicht mehr unterschieden zwischen den strafgesetzlich umrissenen Verhaltensweisen als solchen, welche allein den Gegenstand einer wirklichen „Tatbestands"-Lehre bilden³¹⁵, und den „Deliktstypen"³¹⁶, zu welchen diese Verhaltensweisen erst im Falle ihrer Rechtswidrigkeit und Schuldhaftigkeit werden.

So hat z. B. Schaffstein, der in sehr dezidierter Weise das für die Tatbestandslehre hier in Anspruch genommene „charakterisierende" oder „individualisierende" Moment bestreitet, einerseits immerhin eingeräumt, daß dem „Indiztatbestand", der nicht die „negativen Tatbestandsmerkmale" der Rechtfertigungsgründe mit umfasse, „eine gewisse begrenzte Funktion" zuzugestehen sei, insofern er nämlich diejenigen Merkmale aufweise, „die das Besondere der jeweiligen Deliktsart ausmachen, sie also in dem Sinn individualisieren, als sie dadurch von anderen Deliktsarten unterschieden wird"³¹⁷. Damit stellt er der Sache nach nichts anderes fest als Beling, der auf den jedem „Deliktstypus" eigenen „Verhaltens*charakter*" hinwies. Andererseits aber macht

---

³¹² *Mezger*, Strafrecht (1931), 176 f. Anm. 6 (S. 177); siehe oben S. 138.
³¹³ *Lang-Hinrichsen*, JZ 1953, 366; siehe oben S. 130.
³¹⁴ Es erscheint unverständlich, daß man in der Tatbestandslehre die „materielle Betrachtungsweise" für die allein berechtigte hielt, wohingegen man doch z. B. den Begriff der sog. materiellen Rechtswidrigkeit nur als Ergänzung der „formellen Rechtswidrigkeit" ansah.
³¹⁵ Vgl. oben S. 142 ff., 147 f., 150.
³¹⁶ Siehe oben S. 98 ff.
³¹⁷ *Schaffstein*, ZStW 72 (1960), 387.

Schaffstein seine Feststellung für die Differenzierung zwischen „Tatbestand" und „Deliktstypus" nicht fruchtbar, sondern verdeckt sie viel eher, wenn er etwas später ausführt: Treffe es auch zu, daß die Tatbestände „Unrechtstypen"[318] darstellten und ihnen insofern eine individualisierende Funktion zukomme, so dürfe darüber doch nicht übersehen werden, daß sie „*Unrechts*typen" enthielten; solche aber stellten die in den „Indiztatbeständen" beschriebenen Handlungen nur insoweit dar, als sie durch die Hinzunahme der negativen rechtfertigenden Merkmale ergänzt würden[319]. Schaffstein fährt fort: „Wer die Rechtfertigungsgründe als negative Tatbestandsmerkmale anerkennt, mißt ihrer Unterscheidung von den Merkmalen der Indiztatbestände eine lediglich formale Bedeutung zu. Ob die Einschränkung des vom Gesetzgeber in den Deliktsdefinitionen als Unrecht gekennzeichneten Verhaltens durch eine entsprechende restriktive Fassung des Indiztatbestandes oder durch die Aufstellung besonderer Rechtfertigungsgründe erfolgt, ist dann nur eine nebensächliche Frage, deren Lösung von dogmengeschichtlichen und stilistischen Zufälligkeiten oder gesetzestechnischen Zweckmäßigkeitserwägungen abhängt."[320]

Es ist Schaffstein darin zuzustimmen, daß das „charakterisierende" Moment der Tatbestandslehre zunächst auf „formalen" Erwägungen beruht[321]; aber es handelt sich dabei nicht um solche in der Tat „nebensächlichen", wie Schaffstein sie aufführt, sondern um Folgerungen, die sich aus einer Besinnung auf die „Denknotwendigkeiten" ergeben und daher im System berücksichtigt werden müssen[322]. Die Beschränkung des Belingschen Tatbestandes auf den „Verhaltenscharakter" beruht auf der an sich zutreffenden Überlegung, daß die die Individualität der einzelnen „Deliktstypen" jeweils begründenden Verhaltensweisen nur in ihrer besonderen „Artung", nicht aber im Hinblick auf ihre Rechtswidrigkeit abschließend umschrieben werden können. Zu Recht hob Beling hervor, „daß sich die Welt des rechtswidrigen Verhaltens, in die der Gesetzgeber seine Unrechtstypen hineinzeichnet, von der Welt des nicht rechtswidrigen Verhaltens nicht derart scheidet, als falle bestimm*tartiges* Verhalten *nur* in die Unrechtswelt, das übrige *nur* in die andere, daß vielmehr alles Verhalten, wie immer geartet es ist, erst je nach den Umständen in den Umkreis des Unrechts oder des Nichtunrechts hineinfällt..."[323]. Welches diese Umstände seien,

---

[318] *Schaffstein* klammert die Schuldfrage aus.
[319] *Schaffstein*, a.a.O., 388.
[320] *Schaffstein*, a.a.O., 389.
[321] Daß es auch in der Sache begründet liegt, darüber siehe unten S. 160 ff.
[322] Vgl. oben S. 116 ff.
[323] L.v.T. (1930), 9; vgl. oben S. 51.

müsse durch Einzelauslegung ermittelt werden. Dabei komme es auf die gesamte Rechtsordnung an. Bei den „Unrechtsausschließungsgründen" handele es sich nur um eine besondere gesetzliche Aufzählung solcher Umstände[324].

Von hier aus erscheint es nicht als zutreffend, wenn Schaffstein von einem „in den Deliktsdefinitionen als Unrecht gekennzeichneten Verhalten"[325] spricht. „Deliktsdefinitionen" stellen vielmehr nur die von Schaffstein sog. Indiztatbestände dar, welche eine Verhaltensweise in ihrer Bestimmtartigkeit charakterisieren. Diese tatbestandlich charakterisierten Verhaltensweisen werden zwar erst zu „Deliktstypen", wenn sie sich als rechtswidrig und schuldhaft erwiesen haben. Aber die Vielzahl der Umstände, von denen Rechtswidrigkeit und Schuld im Einzelfall abhängen, sind deshalb nicht individualisierende Merkmale der Deliktstypen, Bestandteile von „Deliktsdefinitionen". Es ist nicht einseitig „materiell" abzustellen auf das Wesen des in „Deliktsdefinitionen" als *Unrecht* gekennzeichneten Verhaltens — dann freilich stellen die den „Verhaltenscharakter" ausmachenden Momente nicht anders als die hinzukommenden Umstände einfach nur „für das Unrecht bedeutsame Merkmale"[326] dar —, sondern es ist unter gleichzeitiger Berücksichtigung des durch Beling so deutlich herausgearbeiteten „formalen" Aspekts der „Charakterisierung" auszugehen von dem in „Deliktsdefinitionen" gekennzeichneten *Verhalten*, das seinem Wesen nach (strafwürdig) schuldhaftes Unrecht ist.

Der eine Verhaltensweise in ihrer Bestimmtartigkeit charakterisierende „Indiztatbestand" enthält freilich mehr Merkmale als Belings nur als „Kategorie" gedachtes Leitbild. Da wir uns nicht auf den äußerlich gemeinten „Verhaltens*charakter*" beschränken, sondern zugleich auch nach dem Wesen des charakterisierten Verhaltens selbst fragen, kommt es nicht nur auf diejenigen Merkmale an, welche dem

---

[324] Grundzüge (1930), 14. — Den gleichen Gedanken wie Beling vertritt heute *Hardwig* mit großer Deutlichkeit, wenn er ausführt: „Ein Straftatbestand beschreibt nicht Unrecht, sondern beschreibt die Spezifität eines vorausgesetzten Unrechts ... Eine solche Beschreibung (sc. von Unrecht) wäre sogar unmöglich. Sie wäre nur dann möglich, wenn Unrecht ein geschlossenes Erscheinungsbild wäre. Aber das ist es gerade nicht. Unrecht ist vielmehr ausschließlich bestimmt nach dem Widerspruch eines Verhaltens zum Recht. ... Das Recht ist ein Zusammenhang aller Gebote, Verbote und Erlaubnisse. Diese Gebote, Verbote und Erlaubnisse haben gar nicht die Eigenart, sich zu geschlossenen Erscheinungsbildern von Recht und Unrecht zusammenzuschließen. Ob ein Verhalten Recht oder Unrecht ist, kann sich nie aus einer geschlossenen Beschreibung, sondern immer nur aus dem Gesamtzusammenhang aller Gebote, Verbote und Erlaubnisse ergeben" (GA 1956, 376 f.; vgl. schon oben S. 130 f. Anm. 159).
[325] *Schaffstein*, ZStW 72 (1960), 389.
[326] *Schaffstein*, a.a.O., 386.

entsprechenden „Deliktstypus" „unmittelbar die besondere ‚Färbung' verleihen"[327] — wie z. B. „Wegnahme einer fremden beweglichen Sache", „Tötung eines Menschen"[328] —, sondern auch auf solche, die — wie z. B. die Merkmale „vorsätzlich", „fahrlässig, „Verletzung einer Garantenpflicht" — erst zu den „primären Merkmalen"[329] hinzugenommen werden müssen, um eine charakterisierte Verhaltensweise in ihrem Wesen — als schuldhaftes Unrecht — erfassen zu können[330].

Damit wird allerdings vorausgesetzt, daß der durch Beling als Teil des „logischen Systems" herausgearbeitete „Verhalten*charakter*" eine Entsprechung im System „immanenter Prinzipien"[331] findet, daß es sachlich begründet erscheint, gerade nach dem Unrechts- und Schuldgehalt zu fragen, welcher den charakterisierten Verhaltensweisen als solchen anhaftet. Es kann nun aber nicht zweifelhaft sein, daß die tatbestandlich charakterisierten Verhaltensweisen Sinngebilde sind, welche in der Sache selbst begründet liegen. Sie bedeuten nicht „bloße juristische Kunstprodukte", sondern sie sind „von Lebensvorgängen abgezogen, die als solche eine Sinneinheit darstellen"[332]. So gehen wir auch bei der Feststellung von Unrecht[333] in der Weise vor, daß wir zunächst nach dem Unwertgehalt einer bestimmtgearteten Verhaltensweise als solcher fragen, wobei wir dann gegebenenfalls feststellen, daß sie „sozialethisch verwerflich", interessenverletzend[334] und rechts-

---

[327] *Gallas*, ZStW 67 (1955), 28.

[328] *Schaffstein*, ZStW 72 (1960), 387 f., nimmt dies offensichtlich an.

[329] *Gallas*, ZStW 67 (1955), 28.

[330] Im Ergebnis ebenso *Gallas*, a.a.O., 28 f. — Da Beling sich auf die tatbestandliche Erfassung nur des Verhalten*charakters* beschränkte, mußte er außertatbestandliche, die Individualität des „Deliktstypus" dennoch mitbestimmende Merkmale anerkennen; so ordnete er insbesondere wegen der rein objektiven Natur seines Leitbildtatbestandes auch solche „öfter hinzutretenden Sondermomente" (Grundzüge (1930), 30) wie die Zueignungsabsicht beim Diebstahl (§ 242 StGB) oder die „Überlegung" beim Mord (§ 211 a.F.StGB) dem „Schuldtypus" ein (vgl. oben S. 56, 62 Anm. 245).

[331] Vgl. oben S. 116 ff.

[332] *Gallas*, ZStW 67 (1955), 28. Gallas stellt auch zu Recht fest, Welzels Kennzeichnung des Tatbestandes als „Verbotsmaterie" (siehe oben S. 131 f.) laufe ebenfalls „auf eine Berücksichtigung des sachlichen Eigen-Sinns des tatbestandsmäßigen Verhaltens hinaus" (a.a.O., 28). — In der gleichen Richtung liegt es auch, wenn Beling auf den Lebenssprachgebrauch hingewiesen hat; er meinte nur, sich *systematisch* auf den „Verhalten*charakter*" beschränken zu müssen; vgl. oben S. 152 f.

[333] Von der Schuld wird hier zur Vereinfachung abgesehen.

[334] *Schaffstein*, ZStW 72 (1960), 390 ff., weist darauf hin, daß es zahlreiche und wichtige „Indiztatbestände" gebe, die neben der die Interessenverletzung kennzeichnenden Merkmalen auch „einschränkende Modalitäten" enthalten, „deren komplexe Bedeutung zum mindesten *auch* in der Klarstellung liegt, daß das bezeichnete Interesse nicht unter allen Umständen, sondern nur gegen bestimmt geartete Beeinträchtigungen geschützt werden soll" (a.a.O., 391); die „Indiztatbestände" übernähmen damit in vielen Fällen schon selbst,

III. Belings Tatbestandslehre aus heutiger Sicht

gutsverletzend[335] ist; dann erst prüfen wir, ob besondere Umstände vorliegen, welche diese Verhaltensweise im konkreten Fall dennoch als rechtlich erlaubt erscheinen lassen. Wir erleben also schon die Verhaltensweisen in ihrer Bestimmtartigkeit als eigenständige Unwertsachverhalte, die freilich für die endgültige Feststellung von Rechtswidrigkeit und Schuld noch nicht ausreichen.

---

was den sachlichen Gehalt auch der Rechtfertigungsgründe ausmache: „die Ausklammerung jener Situationen und Modalitäten, unter denen die Interessenverletzung nicht rechtswidrig ist" (a.a.O., 391). Demnach könne man nicht sagen, daß der „Indiztatbestand" die das jeweilige Delikt kennzeichnende Interessenverletzung beschreibe, während die Rechtfertigungsgründe nur die besonderen Umstände festlegten, unter denen die Interessenverletzung erlaubt sei (a.a.O., 390). Mithin könne auch die Interessenverletzung kein „materales Unterscheidungskriterium" zwischen den Merkmalen des „Indiztatbestandes" und den Rechtfertigungsmerkmalen sein (a.a.O., 392). — In dem von Schaffstein gemeinten Sinn soll im Text auf die interessenverletzende Qualität der tatbestandlich charakterisierten Verhaltensweisen aber auch nicht hingewiesen werden. Der Begriff „Interessenverletzung" ist nur einer unter mehreren, welche gewissermaßen hilfsweise herangezogen werden, um den materiellen Unwert der einzelnen Verhaltensweisen möglichst erschöpfend zu erfassen. Es geht hier um das oben S. 93 ff.) erörterte Probleme der begrifflichen Erfassung von Sinneinheiten, als welche die strafrechtlich charakterisierten Verhaltensweisen eben betrachtet werden müssen. Schaffsteins Gegenüberstellung von „Interessenverletzung" und „Umständen, unter welchen eine Interessenverletzung erlaubt ist", ist auch in Wahrheit gar keine „materiale" Differenzierung, sondern eine ebenso „formale" wie die zwischen „charakterisierter Verhaltensweise" und „Rechtswidrigkeit"; unser Strafrecht baut aber nicht auf „Interessenverletzungen", sondern auf „charakterisierten Verhaltensweisen" auf.

[335] *Hardwig* (vgl. oben S. 130 f. Anm. 159) meint allerdings, ohne die entgültige Feststellung der Rechtswidrigkeit hätten die Tatbeschreibungen „nur eine formale Bedeutung" (ZStW 74 (1962), 40): sie wählten aus den möglichen sozialen Geschehnissen diejenigen aus, welche Anlaß für eine rechtliche Nachprüfung gäben. Daher nenne er auch „nur die Materialität dieser Tatbeschreibungen, nämlich ihre Rechtswidrigkeit vorausgesetzt, Tatbestände" (a.a.O., 41). Insbesondere sei es unzutreffend, die solchen Tatbeschreibungen entsprechenden Verhaltensweisen als rechtsgutverletzend zu bezeichnen; denn Rechtsgüter — sagt Hardwig — „sind solche Güter, die durch das Recht geschützt werden. Sobald aber diese Güter in einer besonderen Situation rechtlich nicht mehr geschützt werden, d. h. sobald jemand den Eingriff in solche Güter zu dulden hat, mögen sie insoweit noch Güter sein, aber eben gerade nicht Rechtsgüter". „Rechtlich kommt es letztlich nur darauf an, ob sich jemand rechtsnormwidrig verhalten hat oder nicht" (a.a.O., 41). Wenn man den Begriff des Rechtsguts in der von Hardwig beschriebenen Weise verwendet, so kann es zur Vermeidung von Mißverständnissen in der Tat angebracht erscheinen, statt von der rechtsgutsverletzenden nur von der gutsverletzenden Qualität der tatbestandlich charakterisierten Verhaltensweisen zu sprechen. Damit ändert sich aber nichts an der Tatsache, daß den tatbestandlichen Verhaltensweisen schon als solchen ein materieller Unwertgehalt anhaftet, der eben durch die in ihnen liegende Gutsverletzung umschrieben werden kann. Daher besitzen diese Verhaltensweisen auch schon als solche „Materialität"; die gerade „tatbestandliche" Problematik hängt nicht — wie Hardig meint — von der endgültigen Feststellung der Rechtswidrigkeit ab. Hierauf kommt es erst

Schaffstein[336] und Roxin[337] bestreiten, daß die in den „Indiztatbeständen" charakterisierten Verhaltensweisen „Sinneinheiten" darstellen. Der brutale Totschlag, die zur Verteidigung notwendige Niederschießung eines Räubers und die Tötung eines Feindes im Kriege — drei angeblich im Sinne des § 212 StGB tatbestandsmäßige Handlungen — stellten durchaus keinen einheitlichen Handlungstypus mit einem „sachlichen Eigen-Sinn" dar; „nicht nur rechtlich, sondern auch in moralischer, sozialer und psychologischer Hinsicht" handele es sich um „völlig verschiedenartige Vorgänge", deren „einziger Zusammenhang" in einer „gewissen Ähnlichkeit des äußerlich-naturalistischen Tatbildes" liege[338]. „Der Typ ‚Tötung eines Menschen' " — sagt Roxin — „ist tatsächlich ein ‚juristisches Kunstprodukt' ohne ‚Eigen-Sinn', und ein systematischer Mangel kann in seiner Vernachlässigung nicht erblickt werden. Erst die Begriffe ‚Totschlag', ‚Tötung im Kriege' und ‚Tötung in Notwehr' umschreiben echte soziale Sinneinheiten..."[339] Diese Argumentation kann jedoch nicht überzeugen. Wie läßt sich leugnen, daß die vorsätzliche Tötung eines Menschen, die Vernichtung gerade des Gutes „Leben", ein Unwertsachverhalt ist, dem als solchem ein „Eigen-Sinn" zukommt? Gleichgültig, unter welchen begleitenden Umständen sie begangen wurde, wird die Tötung eines Menschen bei unbefangener Betrachtung immer als eine „Sinneinheit" angesehen werden. Gallas sagt zu Recht: „Töten hört, wenn in Notwehr begangen, zwar auf, *verbotenes* Töten, nicht aber auf, *Töten* zu sein."[340] Die begleitenden Umstände des Tötens — daß man einen Räuber abwehrt, daß man sich im Kampfe mit einem feindlichen Soldaten befindet — stellen zwar Modifikationen in vielerlei Hinsicht dar, können dem Töten als solchem aber nicht seinen Bedeutungsgehalt nehmen, es zu einem „äußerlichnaturalistischen Tatbild" machen. Die strafgesetzlich charakterisierten Verhaltensweisen sind Sinneinheiten, auf denen unser Strafrecht aufbaut; in ihrer Vernachlässigung läge durchaus ein „systematischer Mangel". Die zu den Verhaltensweisen von Fall zu Fall modifizierend hinzukommenden Umstände sind unübersehbar. Wollte man im Ernst auf die jeweiligen Modifizierungen als „soziale Sinneinheiten" abstellen — wie „Tötung im Kriege", „Tötung in Notwehr" usw. —, so würde man das Strafrecht nicht systematisieren, sondern „atomisieren". Die modi-

---

für den „Unrechtstypus" i. S. Belings an. In gewisser Hinsicht stellt Hardwigs Tatbestandsbegriff also eine Kombination des formalen Belingschen Leitbildtatbestandes mit Belings Unrechtstypus dar.

[336] ZStW 72 (1960), 388 f.
[337] Offene Tatbestände (1959), 180 f.
[338] *Roxin*, a.a.O., 181; ähnlich *Schaffstein*, a.a.O., 389.
[339] *Roxin*, a.a.O., 181.
[340] *Gallas*, ZStW 67 (1955), 28.

III. Belings Tatbestandslehre aus heutiger Sicht

fizierenden Umstände in ihrer unübersehbaren Vielzahl können nicht als solche, sondern nur enthalten in dem endgültigen Unrechts- und Schuldurteil systematisch berücksichtigt werden. Die oben[341] erwähnte Individualität der Deliktstypen beruht allein auf den „bestimmtgearteten" Verhaltensweisen.

Wir sind damit am Ende unserer Würdigung der Belingschen Tatbestandslehre angelangt. Zusammenfassend können wir feststellen: Belings Tatbestandslehre ist mit Recht als zu einseitig „formal" kritisiert worden. Doch ist man bei der Kritik seinerseits von einer allzu einseitigen „materiellen" Sicht ausgegangen. Dadurch wurde der an Belings Lehre zutreffende Aspekt des „Charakterisierens" verkannt. Die Besinnung auf diesen Aspekt und seine Verknüpfung mit den heute über Beling hinausgehenden Erkenntnissen könnte zu einer Tatbestandslehre führen, welche eine innerhalb unserer Strafrechtsdogmatik eigenständige und sinnvolle Rolle spielt.

---

[341] S. 99 f.

Schlußbetrachtung

Es sollte in dieser Arbeit gezeigt werden, wie Beling das Strafrecht „in seiner ganzen Breite und Tiefe"[1] nach bestimmten rechtsphilosophischen und rechtstheoretischen Vorstellungen zu durchdenken und zu systematisieren unternommen hat; darin liegt seine Größe als Strafrechtsdogmatiker. Er war von der Allgemeingültigkeit und Wahrheit der kritizistischen Grundlagen, auf welchen er sein System errichtete, zutiefst überzeugt; das gab ihm die Kraft, seine Lehren mit äußerster Konsequenz auszubauen und an ihnen trotz starken Gegenströmungen unbeirrt festzuhalten. Freilich geriet er dadurch auch nahe an die Grenze eines Doktrinarismus[2]; eine Systematik allein nach dem Denkverfahren erscheint uns aus heutiger Sicht als eine Verabsolutierung eines einzelnen Aspekts. So zeigt sich hier, daß auch ein großer Dogmatiker an der Zeitgebundenheit seiner Grundlagen Grenzen findet. Aber andererseits hat Belings Dogmatik doch — gerade weil sie in so kompromißloser Folgerichtigkeit aufgebaut ist — bleibende Erkenntnisse gebracht; dies zeigt sich besonders deutlich bei der Tatbestandslehre, welche erst durch Belings Besinnung auf das Denkverfahren den Rang einer strafrechtlichen Grundlehre erlangt hat.

---

[1] L.v.T. (1930), 7.

[2] Vgl. *Engisch,* Festschrift Gießen (1957), 20, welcher bemerkt, Beling sei „nicht frei von Doktrinarismus" gewesen; siehe auch *Class,* Grenzen des Tatbestandes (1933), 172 f.: Beling habe „orthodox" an seiner Lehre von der wertfreien Natur des Tatbestandes festgehalten.

Literaturverzeichnis

I. Die in der Arbeit verwendeten Schriften Belings (in zeitlicher Ordnung)

1899 Grundzüge des Strafrechts zum Gebrauch bei Vorlesungen, Jena, 1899.

1902 Grundzüge des Strafrechts, 2., verbesserte Auflage, Jena 1902.

1905 Grundzüge des Strafrechts, 3., völlig umgearbeitete Auflage, Tübingen, 1905.

1906 Die Lehre vom Verbrechen, Tübingen, 1906 (zitiert als: L. v. V.).
Strafrechtsreform und „richtiges Recht", in: ZStW, Bd. 26, 1906, S. 693 ff.

1907 Begünstigung und Hehlerei, in: Vergleichende Darstellung des deutschen und ausländischen Strafrechts. Besonderer Teil, VII. Bd., Berlin, 1907, S. 1—241.

1908 Die Vergeltungsidee und ihre Bedeutung für das Strafrecht, in: Kritische Beiträge zur Strafrechtsreform, Bd. 1—4, Leipzig, 1908, S. 1—160.

1910 Unschuld, Schuld und Schuldstufen im Vorentwurf zu einem Deutschen Strafgesetzbuch, Leipzig, 1910.

1912 Grundzüge des Strafrechts, 4., überarbeitete und erweiterte Auflage, Tübingen, 1912.

1919 Besprechung von: Willem Zevenbergen, Eenige beschouwingen over het strafrechtelijk schuldbegrip, Amersfoort, 1913, in: Krit. Vierteljahrsschr., Bd. 54, 1919, S. 97 ff.

1920 Grundzüge des Strafrechts, 6. und 7., überarbeitete Auflage, Tübingen, 1920.

1921 Besprechung von: Wilhelm Sauer, Grundlagen des Prozeßrechts, Stuttgart, 1919, in: ZStW, Bd. 42, 1921, S. 257 ff.

1922 Methodik der Gesetzgebung, insbesondere der Strafgesetzgebung. Zugleich ein Beitrag zur Würdigung des Strafgesetzbuchentwurfs von 1919, Berlin-Grunewald, 1922. Zuerst erschienen in: ARWP, Bd. 15, 1921/22, S. 14 ff., S. 133 ff.
Neue Einsichtswege? in: ZStW, Bd. 43, 1922, S. 189 ff.

1923 Rechtswissenschaft und Rechtsphilosophie, in: Sozialphilosophische Vorträge und Abhandlungen, herausgegeben von Ernst Beling, Moritz Geiger und Adolf Weber, Augsburg, 1923 (zitiert als: Rechtsw. u. Rechtsph.).
Revolution und Recht, in: Sozialphilosophische Vorträge und Abhandlungen, herausgegeben von Ernst Beling, Moritz Geiger und Adolf Weber, H. 3, Augsburg, 1923.

	Besprechung von: Wilhelm Fuchs, Logische Studien im Gebiete der Jurisprudenz, Hannover, 1920, in: Krit. Vierteljahrsschr., Bd. 56, 1923, S. 33 ff.
1924	Die strafrechtliche Verantwortlichkeit des Arztes bei Vornahme und Unterlassung operativer Eingriffe, in: ZStW, Bd. 44, 1924, S. 220 ff.
1925	Grundzüge des Strafrechts, 8. und 9., überarbeitete Auflage, Tübingen, 1925.
	Besprechung von: Felix Somló, Juristische Grundlehre, Leipzig, 1919, in: Krit. Vierteljahrsschr., Bd. 57, 1925, S. 50 ff.
	Besprechung von: Erich Kaufmann, Kritik der neukantischen Rechtsphilosophie, Tübingen, 1921, in: Krit. Vierteljahrsschr., Bd. 57, 1925, S. 92 ff.
	Der amtliche Entwurf eines Allgemeinen Deutschen Strafgesetzbuchs, in: G. S., Bd. 91, 1925, S. 348 ff.
	Beitrag zu: Die Rechtswissenschaft der Gegenwart in Selbstdarstellungen, herausgegeben von Hans Planitz, Bd. 2, Leipzig, 1925, S. 1 ff. (zitiert als Autobiogr.).
1926/27	Das Rechtsordnungssubjekt, in: ARWP, Bd. 20, 1926/27, S. 56 ff. Erstmals erschienen in italienischer Übersetzung, in: Rivista internazionale di filosofia del diritto, 4. Jg., 1925, S. 26 ff.
1927	Besprechung von: Rudolf v. Laun, Recht und Sittlichkeit, Hamburg, 1925, in: Krit. Vierteljahrsschr., Bd. 58, 1927 ff., S. 153 ff.
	Besprechung von: Siegfried Marck, Substanz- und Funktionsbegriff in der Rechtsphilosophie, Tübingen, 1925, in: Krit. Vierteljahrsschr., Bd. 58, 1927 ff., S. 162 ff.
1928	Deutsches Reichsstrafprozeßrecht mit Einschluß des Strafgerichtsverfassungsrechts, Berlin/Leipzig, 1928 (zitiert als: Strafprozeßrecht).
1930	Grundzüge des Strafrechts, 11. Auflage, Tübingen, 1930.
	Die Lehre vom Tatbestand, Tübingen, 1930 (zitiert als: L. v. T.).
	Apriorität des Rechtsbegriffs? in: Studi filosofico-giuridici dedicati a Giorgio del Vecchio, volume I, Modena, 1930, S. 26 ff.
1931	Vom Positivismus zum Naturrecht und zurück, in: Festgabe für Philipp Heck, Max Rümelin, Arthur Benno Schmidt, Tübingen, 1931, S. 1 ff.
	Besprechung von: Karl Larenz, Das Problem der Rechtsgeltung, Berlin, 1929, in: Krit. Vierteljahrsschr., Bd. 60, 1931, S. 366 ff.
1932	Der gegenwärtige Stand der strafrechtlichen Verursachungslehre, in: G. S., Bd. 101, 1932, S. 1 ff. Nach einem im November 1930 in der Juristischen Studiengesellschaft München gehaltenen Vortrage; siehe dazu den Sitzungsbericht von Kohnstamm, JW, 1931, S. 188.

Zur Ergänzung und Abrundung der veröffentlichten Äußerungen Belings werden noch Briefe fachlichen Inhalts herangezogen, welche mir Herr Professor Engisch aus seiner zehnjährigen Korrespondenz mit Ernst Beling freundlicherweise zur Verfügung gestellt hat.

II. Die übrige Literatur

Binding, Karl, Der objektive Verbrechenstatbestand in seiner rechtlichen Bedeutung, in: G. S., Bd. 76, 1910, S. 1 ff.
— Die Normen und ihre Übertretung, Bd. II 1, 2. Aufl., Leipzig, 1914.

Bruns, Hermann, Kritik der Lehre vom Tatbestand, Bonn/Köln, 1932.

Buchetmann, Franz, Die Abgrenzung der Verbrechensmerkmale nach Belings Lehre vom Tatbestand veranschaulicht am Hausfriedensbruch, Diss., München, 1934.

Busch, Richard, Moderne Wandlungen der Verbrechenslehre, Tübingen, 1949.

Class, Wilhelm, Grenzen des Tatbestandes, in: Strafr. Abh., H. 323, 1933.

Coing, Helmut, Die obersten Grundsätze des Rechts. Ein Versuch zur Neubegründung des Naturrechts, Heidelberg, 1947.
— Grundzüge der Rechtsphilosophie, Berlin, 1950.
— Geschichte und Bedeutung des Systemgedankens in der Rechtswissenschaft, „Frankfurter Universitätsreden", H. 17, 1956; zitiert nach einem Neuabdruck in: Zur Geschichte des Privatrechtssystems, Frankfurt/M., 1962, S. 9 ff.

Dahm, Georg: Verrat und Verbrechen, in: ZStaatsW, Bd. 95, 1935, S. 283 ff.
— Der Methodenstreit in der heutigen Strafrechtswissenschaft, in: ZStW Bd. 57, 1938, S. 225 ff.

Eisler, Rudolf, Handwörterbuch der Philosophie, 2. Aufl., Berlin, 1922.

Emge, Carl-August, Einführung in die Rechtsphilosophie, Frankfurt a. M./Wien, 1955.

Engisch, Karl, Untersuchungen über Vorsatz und Fahrlässigkeit im Strafrecht, Berlin, 1930.
— Interessenjurisprudenz und Strafrecht, in: Mon.Krim.Psych., 25. Jg., 1934, S. 65 ff.
— Die Einheit der Rechtsordnung, Heidelberg, 1935.
— Logische Studien zur Gesetzesanwendung, Heidelberg, 1943.
— Der Begriff der Rechtslücke. Eine analytische Studie zu Wilhelm Sauers Methodenlehre, in: Festschrift für Wilhelm Sauer, Berlin, 1949, S. 85 ff.
— Besprechung von: Helmut Coing, Die obersten Grundsätze des Rechts, Heidelberg, 1947, in: ARSP, Bd. 38, 1949/50, S. 271 ff.
— Der rechtsfreie Raum, in: ZStaatsW, Bd. 108, 1952, S. 385 ff.
— Die Idee der Konkretisierung in Recht und Rechtswissenschaft unserer Zeit, Heidelberg, 1953.
— Die normativen Tatbestandselemente im Strafrecht, in: Festschrift für Edmund Mezger, München/Berlin, 1954, S. 127 ff.
— Bemerkungen zu Theodor Rittlers Kritik der Lehre von den subjektiven Tatbestands- und Unrechtselementen, in: Festschrift für Theodor Rittler, Aalen, 1957, S. 165 ff.
— Gießener Juristen der letzten 100 Jahre, in: Festschrift zur 350-Jahrfeier der Ludwigs-Universität/Justus-Liebig-Hochschule, 1607—1957, Gießen, 1957, S. 17 ff.
— Sinn und Tragweite juristischer Systematik, in: Stud.gener., 10. Jg., 1957, S. 173 ff.

Engisch, Karl, Die Relativität der Rechtsbegriffe, in: Deutsche Landesreferate zum V. Internationalen Kongreß für Rechtsvergleichung in Brüssel 1958, herausgegeben von Murad Ferid (keine Angabe von Erscheinungsort und -jahr), S. 59 ff.
— Der Unrechtstatbestand im Strafrecht. Eine kritische Betrachtung zum heutigen Stand der Lehre von der Rechtswidrigkeit im Strafrecht, in: Festschrift zum hundertjährigen Bestehen des Deutschen Juristentages, Bd. I, Karlsruhe, 1960, S. 401 ff.
— Zur „Natur der Sache" im Strafrecht, in: Festschrift für Eberhard Schmidt, Göttingen, 1961.
— Besprechung von: Karl Larenz, Methodenlehre der Rechtswissenschaft, Berlin/Göttingen/Heidelberg, 1960, in: ZStW, Bd. 75, 1963, S. 619 ff.
— Einführung in das juristische Denken, 3. Aufl., Stuttgart, 1964.
Fechner, Erich, Rechtsphilosophie. Soziologie und Metaphysik des Rechts, Tübingen, 1956.
Frank, Reinhard v., Über den Aufbau des Schuldbegriffs, in: Festschrift für die Juristische Fakultät in Gießen, Gießen, 1907, S. 519 ff.
— Das Strafgesetzbuch für das Deutsche Reich, 18. Aufl., Tübingen, 1931.
Gallas, Wilhelm, Zum gegenwärtigen Stand der Lehre vom Verbrechen, in: ZStW, Bd. 67, 1955, S. 1 ff.
Goldschmidt, James, Die „Typentheorie". Eine kritische Besprechung von Belings „Lehre vom Verbrechen" und der 3. Auflage seiner „Grundzüge", in: GA, 54. Jg., 1907, S. 20 ff.
— Normativer Schuldbegriff, in: Festgabe für Reinhard v. Frank, Bd. I, 1930, S. 428 ff.
Grünhut, Max, Begriffsbildung und Rechtsanwendung im Strafrecht, Tübingen, 1926.
— Besprechung von: Edmund Mezger, Vom Sinn der strafrechtlichen Tatbestände, Traeger-Festschrift, Berlin, 1926, S. 187 ff., in: ZStW, Bd. 50, 1930, S. 285 ff.
— Besprechung von: Ernst Beling, Die Lehre vom Tatbestand, Tübingen, 1930; Derselbe, Grundzüge des Strafrechts, 11. Aufl., Tübingen, 1930, in: ZStW, Bd. 52, 1932, S. 146 ff.
Hall, Karl Alfred, Die Lehre vom corpus delicti, Stuttgart, 1933.
Hardwig, Werner, Der materielle Gehalt des Verbrechens. Ein Beitrag zur materiellen Auffassung des Rechts, Diss. Hamburg, 1949.
— Die Gesinnungsmerkmale im Strafrecht, in: ZStW, Bd. 68, 1956, S. 14 ff.
— Sachverhaltsirrtum und Pflichtirrtum, in: GA, 1956, S. 369 ff.
— Die Zurechnung. Ein Zentralproblem des Strafrechts, Hamburg, 1957.
— Vorsatz bei Unterlassungsdelikten, in: ZStW, Bd. 74, 1962, S. 27 ff.
Hartmann, Nicolai, Das Problem des geistigen Seins, 2. Aufl., Berlin, 1949.
— Ethik, 3. Aufl., Berlin, 1949.
Heck, Philipp, Begriffsbildung und Interessenjurisprudenz, Tübingen, 1932.
Hegler, August, Die Merkmale des Verbrechens, in: ZStW, Bd. 36, 1915, S. 19 ff., S. 184 ff.
— Subjektive Rechtswidrigkeitsmomente im Rahmen des allgemeinen Verbrechensbegriffs, in: Festgabe für Reinhard v. Frank, Bd. I, Tübingen, 1930, S. 251 ff.

Hegler, August, Zum Aufbau der Systematik des Zivilprozeßrechts, in: Festgabe für Philipp Heck, Max Rümelin, Arthur Benno Schmidt, Tübingen, 1931, S. 216 ff.

Heinitz, Ernst, Das Problem der materiellen Rechtswidrigkeit, Breslau, 1926.

Henkel, Heinrich, Einführung in die Rechtsphilosophie, München/Berlin, 1964.

Hirsch, Hans-Joachim, Die Lehre von den negativen Tatbestandsmerkmalen. Der Irrtum über einen Rechtfertigungsgrund, Bonn, 1960.

Hoffmeister, Johannes, Wörterbuch der philosophischen Begriffe, 2. Aufl., Hamburg, 1955.

Jescheck, Hans-Heinrich, Die Entwicklung des Verbrechensbegriffs in Deutschland seit Beling im Vergleich mit der österreichischen Lehre, in: ZStW, Bd. 73, 1961, S. 179 ff.

Kadečka, Ferdinand, Willensstrafrecht und Verbrechensbegriff, in: Gesammelte Aufsätze, Innsbruck, 1959, S. 9 ff.

Kaufmann, Armin, Lebendiges und Totes in Bindings Normentheorie. Normlogik und moderne Strafrechtsdogmatik, Göttingen, 1954.

— Probleme rechtswissenschaftlichen Erkennens am Beispiel des Strafrechts, in: „Wissenschaft und Verantwortung", Universitätstage 1962, Berlin, 1962.

Kaufmann, Arthur, Das Unrechtsbewußtsein in der Schuldlehre des Strafrechts, Mainz, 1949.

— Zur Lehre von den negativen Tatbestandsmerkmalen, in: JZ, 1954, S. 653 ff.

— Tatbestand, Rechtfertigungsgründe, Irrtum, in: JZ, 1956, S. 353 ff., S. 393 ff.

Kern, Eduard, Ernst Beling. Ein Nachruf, in: G. S., Bd. 103, 1933, S. 37 ff.

Lange, Richard, Irrtumsfragen bei der ärztlichen Schwangerschaftsunterbrechung, in: JZ, 1953, S. 9 ff.

— Die Systematik der Strafdrohungen, in: Materialien zur Strafrechtsreform, 1. Bd., Gutachten der Strafrechtslehrer, Bonn, 1954, S. 69 ff.

Lang-Hinrichsen, Dietrich, Tatbestandslehre und Verbotsirrtum, in: JR, 1952, S. 302 ff., S. 356 ff.

— Die irrtümliche Annahme eines Rechtfertigungsgrundes in der Rechtsprechung des Bundesgerichtshofes, in: JZ, 1953, S. 362 ff.

— „Ernst von Beling", in: N. D. B., herausgegeben von der Historischen Kommission bei der Bayerischen Akademie der Wissenschaften, 2. Bd., Berlin, 1955, S. 28 f.

Larenz, Karl, Rechts- und Staatsphilosophie der Gegenwart, 1. Aufl., Berlin, 1931; 2. Aufl., Berlin, 1935.

— Methodenlehre der Rechtswissenschaft, Berlin/Göttingen/Heidelberg, 1960.

Lask, Emil, Rechtsphilosophie, Gesammelte Schriften, Bd. I, Tübingen, 1923, S. 275 ff.

— Die Logik der Philosophie und die Kategorienlehre, Gesammelte Schriften, Bd. II, Tübingen, 1923, S. 1 ff.

Liepmann, Moritz, Besprechung von: Ernst Beling, Methodik der Gesetzgebung, Berlin-Grunewald, 1922, in: ZStW, Bd. 43, 1922, S. 713 ff.

Liszt, Franz v., Lehrbuch des deutschen Strafrechts, 12./13. Aufl., Berlin, 1903; 26. Aufl., I. Bd., neubearbeitet von Eberhard Schmidt, Berlin/Leipzig, 1932.

Maurach, Reinhart, Schuld und Verantwortung im Strafrecht, Wolfenbüttel/Hannover, 1948.
— Deutsches Strafrecht, AT, Karlsruhe, 3. Aufl., 1965.
Mayer, Hellmuth, Das Strafrecht des Deutschen Volkes, Stuttgart, 1936.
— Strafrecht, AT, Stuttgart/Köln, 1953.
Mayer, Max Ernst, Der allgemeine Teil des deutschen Strafrechts, Lehrbuch, Heidelberg, 1915.
Mezger, Edmund, Die subjektiven Unrechtselemente, in: G. S., Bd. 89, 1924, S. 205 ff.
— Vom Sinn der strafrechtlichen Tatbestände, Sonderabdruck aus: Festschrift für Traeger, Berlin, 1926.
— Strafrecht. Ein Lehrbuch, München/Leipzig, 1931.
— Wandlungen der strafrechtlichen Tatbestandslehre, in: NJW, 1953, S. 2 ff.
— Strafrecht, AT, Ein Studienbuch, 5. Aufl., München/Berlin, 1954.
Mittasch, Helmut, Die Auswirkungen des wertbeziehenden Denkens in der Strafrechtssystematik, Berlin, 1939.
Nagler, Johannes, Die Problematik der Begehung durch Unterlassung, in: G. S., Bd. 111, 1938, S. 1 ff.
Niese, Werner, Finalität, Vorsatz und Fahrlässigkeit, Tübingen, 1951.
Nowakowski, Friedrich, Das österreichische Strafrecht, in: Mezger-Schönke-Jescheck, Das ausländische Strafrecht der Gegenwart, Bd. III, Berlin, 1959, S. 415 ff.
Otto, Harro, Pflichtenkollision und Rechtswidrigkeitsurteil, Hamburg, 1965.
Radbruch, Gustav, Besprechung von: Ernst Beling, Die Lehre vom Verbrechen, Tübingen, 1906, in: Mon.Krim.Psych., 3. Jg., 1907, S. 570 f.
— Grundzüge der Rechtsphilosophie, Leipzig, 1914.
— Zur Systematik der Verbrechenslehre, in: Festgabe für Reinhard v. Frank, Bd. I, Tübingen, 1930, S. 158 ff.
— Rechtsphilosophie, 5. Aufl., herausgegeben von Erik Wolf. Stuttgart, 1956.
Rickert, Heinrich, Die Grenzen der naturwissenschaftlichen Begriffsbildung, 1. Aufl., Tübingen, 1902.
— Kulturwissenschaft und Naturwissenschaft, 4./5. Aufl., Tübingen, 1921.
Rittler, Theodor, Lehrbuch des österreichischen Strafrechts, AT, Wien, 2. Aufl., 1954.
— Die finale Handlungslehre im Strafrechtssystem Maurachs, in: Jur.Bl., 77. Jg., 1955, S. 613 f.
Roxin, Claus, Offene Tatbestände und Rechtspflichtmerkmale, Hamburg, 1959.
— Die provozierte Notwehrlage, in: ZStW, Bd. 75, 1963, S. 541 ff.
— Täterschaft und Tatherrschaft, Hamburg, 1963.
Sauer, Wilhelm, Grundlagen des Strafrechts nebst Umriß einer Rechts- und Sozialphilosophie, Berlin/Leipzig, 1921.
— Die beiden Tatbestandsbegriffe. Zur Lehre von den äußeren Strafvoraussetzungen, in: Festschrift für Edmund Mezger, München/Berlin, 1954, S. 117 ff.

Schaffstein, Friedrich, Zur Problematik der teleologischen Begriffsbildung im Strafrecht. Sonderausgabe aus der Festschrift der Leipziger Juristenfakultät für Richard Schmidt, Leipzig, 1934.
— Das Verbrechen als Pflichtverletzung, Berlin, 1935.
— Rechtswidrigkeit und Schuld im Aufbau des neuen Strafrechtssystems, in: ZStW, Bd. 57, 1938, S. 295 ff.
— Putative Rechtfertigungsgründe und finale Handlungslehre, in: MDR, 1951, S. 196 ff.
— Soziale Adäquanz und Tatbestandslehre, in: ZStW, Bd. 72, 1960, S. 369 ff.
— Tatbestandsirrtum und Verbotsirrtum, in: Göttinger Festschrift für das Oberlandesgericht Celle, Göttingen, 1961, S. 175 ff.
Scheler, Max, Der Formalismus in der Ethik und die materiale Wertethik, 3. Aufl., Halle a. d. S., 1927.
Schmidhäuser, Eberhard, Willkürlichkeit und Finalität als Unrechtsmerkmal im Strafrechtssystem, in: ZStW, Bd. 66, 1954, S. 27 ff.
— Zum Begriff der bewußten Fahrlässigkeit, in GA, 1957, S. 305 ff.
— Der Begriff des bedingten Vorsatzes in der neuesten Rechtsprechung des BGH und in § 16 Komm. Entw. StGB Allg. Teil 1958, in: GA, 1958, S. 161 ff.
— Gesinnungsmerkmale im Strafrecht, Tübingen, 1958.
— Von den zwei Rechtsordnungen im staatlichen Gemeinwesen. Ein Beitrag zur Allgemeinen Rechtstheorie, Berlin, 1964.
Schmidt, Eberhard, Besprechung von: Ernst Beling, Grundzüge des Strafrechts, 11. Aufl., Tübingen, 1930, in: JW, 60. Jg., 1931, I. Bd., S. 189 f.
Schnoor, Otto-Ernst, Ursprung und Entwicklung der Lehre vom Tatbestand bis Beling und ihre Bedeutung für die heutige Zeit, Diss. Hamburg, 1939.
Schönke, Adolf, Strafgesetzbuch, Kommentar, 12. Aufl., neubearbeitet von Horst Schröder, München/Berlin, 1965.
Schröder, Horst, Die Irrtumsrechtsprechung des BGH, in: ZStW, Bd. 65, 1953, S. 178 ff.
Schweikert, Heinrich, Die Wandlungen der Tatbestandslehre seit Beling, Karlsruhe, 1957.
Schwinge, Erich, Teleologische Begriffsbildung im Strafrecht, Bonn, 1930.
Sieverts, Rudolf, Beiträge zur Lehre von den subjektiven Unrechtselementen im Strafrecht, Hamburg, 1934.
Spriestersbach, Horst, Neue Kritik der Lehre vom Tatbestand, Diss. Bonn, 1960.
Weber, Hellmuth v., Zum Aufbau des Strafrechtssystems, Jena, 1935.
— Grundriß des deutschen Strafrechts, Bonn, 1946.
— Negative Tatbestandsmerkmale, in: Festschrift für Edmund Mezger, München/Berlin, 1954, S. 183 ff.
Wedel, Hasso v., Wandlung der Tatbestandslehre? in: Schw.Z.Str., 45. Jg., 1931, S. 359 ff.
Welzel, Hans, Naturalismus und Wertphilosophie im Strafrecht, Mannheim/Berlin/Leipzig, 1935.
— Studien zum System des Strafrechts, in: ZStW, Bd. 58, 1939, S. 491 ff.

— Das neue Bild des Strafrechtssystems, Göttingen, 1951; 2. Aufl., Göttingen, 1952.
— Naturrecht und materiale Gerechtigkeit, 1. Aufl., Göttingen, 1951; 3. Aufl., Göttingen 1960; 4. Aufl., Göttingen, 1962.
— Anmerkung zu dem Urteil des BGH vom 28. 10. 1952 — 1 StR 450/52, in: JZ, 1953, S. 119 ff.
— Das deutsche Strafrecht, 5. Aufl., Berlin, 1956; 9. Aufl., Berlin, 1965.

Wieacker, Franz, Privatrechtsgeschichte der Neuzeit, Göttingen, 1952.
— Die juristische Sekunde. Zur Legitimation der Konstruktionsjurisprudenz, in: Festschrift für Erik Wolf, Frankfurt a.M., 1962, S. 421 ff.

Windelband, Wilhelm, Geschichte und Naturwissenschaft, in: Präludien. Aufsätze und Reden zur Einleitung in die Philosophie, 3. Aufl., Tübingen, 1907, S. 355 ff.

Wolf, Erik, Strafrechtliche Schuldlehre, 1. Teil, Mannheim/Berlin/Leipzig, 1928.
— Die Typen der Tatbestandsmäßigkeit, Breslau, 1931.
— Große Rechtsdenker der deutschen Geistesgeschichte, 4. Aufl., Tübingen, 1963.

Wolff, Hans J., Typen im Recht und in der Rechtswissenschaft, in: Stud. gener., 5. Jg., 1952, S. 195 ff.

Würtenberger, Thomas, Die geistige Situation der deutschen Strafrechtswissenschaft, 2. Aufl., Karlsruhe, 1959.

Printed by Libri Plureos GmbH
in Hamburg, Germany